近代朝鮮の境界を越えた人びと

李盛煥・木村健二・宮本正明【編著】

日本経済評論社

本書の関係地図

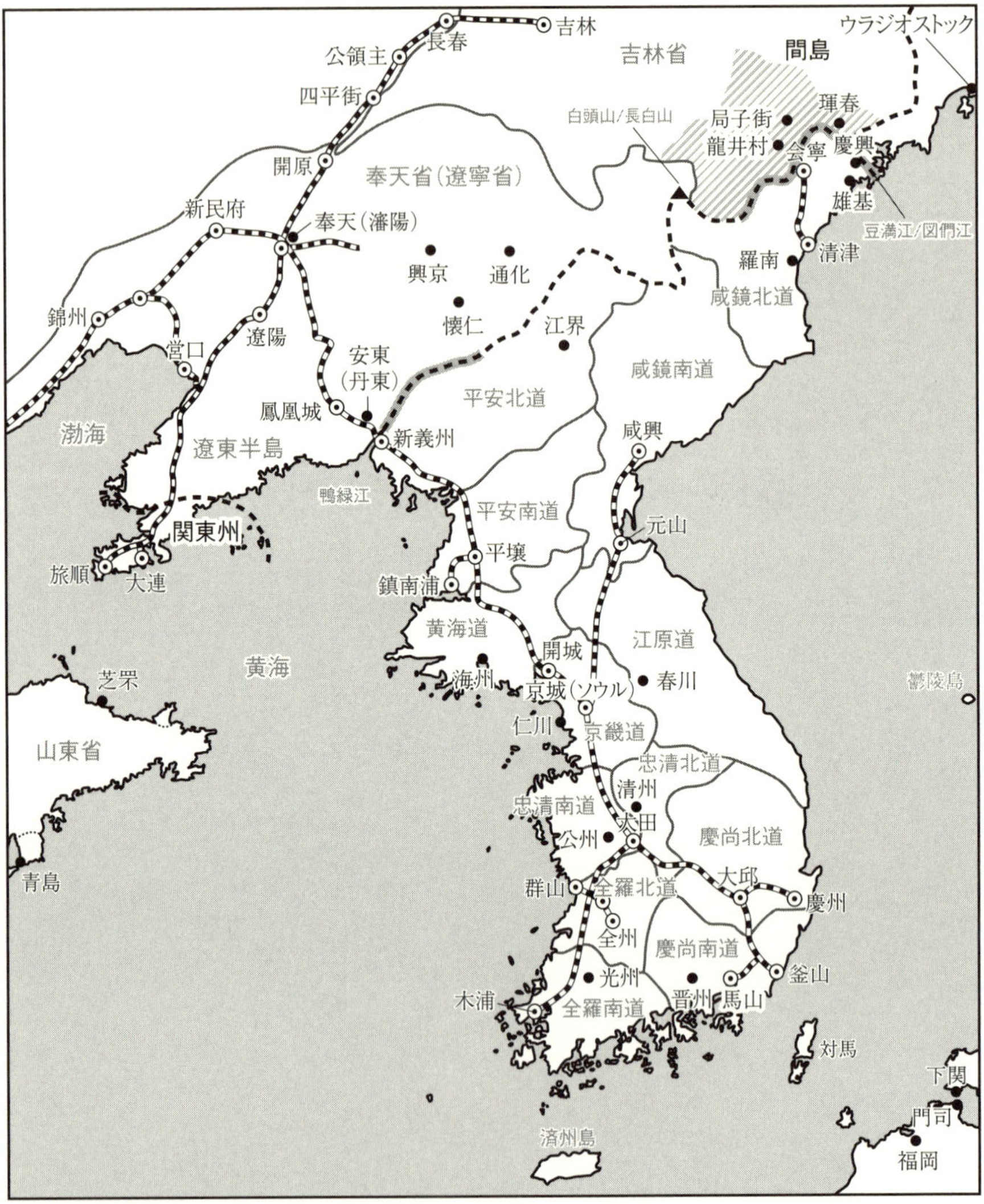

出所：『植民地資料事典』（第１巻、日本図書センター、2003年）所収の拓殖局編『殖民地要覧』（拓殖局、1920年）添付地図の「朝鮮及南満洲」をもとに作成。
注：一部、現在の地名を（　）で併記した。「間島」は朝鮮での延辺地域の呼称で、そのおおよその範囲を▨で示した。

目　次

凡例

一、引用文中の漢字表記は、原則として日本の現代漢字とし、かなは旧仮名遣いとした。
二、ハングル文献には*を付した。日本語に訳した場合と原文のまま記載したものがある。
三、国名・地名表記は、基本的に当時のままとし、初出のみ（現在の……）と注記した。
四、年号はすべて西暦に統一して表した。
五、各章末の参考文献は、主な研究文献のみ掲載した。

序　章　本書の視点と課題

木村　健二

一　本書の課題と研究動向

本書は、主として朝鮮近代という時間軸と、日本の勢力圏から植民地支配下にあった朝鮮という空間軸という二つの軸に従って、「境界」を越えた人びとが、どのような背景のもとに移動し、定着あるいは再移動し、さらには帰還ないしは残留し、そののち自らの移動をいかに位置付けたのかといった点に関して、いくつかの事例を取り上げて検討することを課題としている。

朝鮮の「近代」においては、主として帝国主義国日本との関係のもとで、「文明」の扶植や「工業化」、「都市化」が進められていった。そしてその過程で、ヒト・モノ・カネ、情報・文化などの移動が繰り広げられたのである。本書では、これらのうち、人の移動に焦点をあてる。その方向は、もとより朝鮮と日本本国・内地との間に止まらず、日本の対外膨張政策に規定されつつ、朝鮮から「満洲」（現在の中国東北部、以下カッコをはずす）、樺太、中国本部、南洋群島方面へも拡大していったことはいうまでもない。

当該テーマに関連する研究史としては、各章に関するものは、それぞれの箇所で言及されるであろうから、ここでは近年の境界をめぐる論点に関してのみ取り上げておくことにする。その際、我々の研究の出発点ともいうべきものは、歴史学研究会において一九九〇年、九一年と連続して大会テーマとして取り上げられた「歴史認識における〈境界〉Ⅰ・Ⅱ」であろう。そこでは、境界概念には「地理的政治的」なものと「文化的社会的」なものが含まれるとした上で、境界を越えて移動した人びと（エスニック・グループ）から国民国家を問い直し相対化するということが試みられたのであった。(1)

こうした問題提起にいち早く反応したものとして挙げられるのは、朝鮮人の越境について書いた杉原達の研究であろう。(2)そこでは、近代の大阪に越境してきた朝鮮人を、当該期の日本・アジア関係史の本質ととらえつつ、「他者」としての朝鮮人との社会的・文化的な摩擦や日本人側による『同化』のまなざし」について言及している。近代都市大阪という場における「出会い」のありさまをいかんなく述べている点は、参考にすべきところ大であるが、議論を直ちに現代に直結させるのではなく、情況が激動する時期である戦時下の皇民化＝同化政策のもとで、どのように「境界」が「解体」され、あるいは「変容」していったのか、その際に、朝鮮人と日本人との関係ばかりでなく、朝鮮人間の関係についても追究していく必要があろう。

蘭信三は、自らの満洲移民・中国残留者研究をベースとしながら、日本帝国の形成と崩壊に起因する人口移動の「国際社会学」的視角からの研究を組織し、歴史学研究者の参加を得つつ、朝鮮・満洲・樺太・台湾・南洋の五部構成で十九章とその他研究ノート、研究紹介からなる大部の共同研究書を公刊した。そこでは、「国境」を越えた多様で大量な人口移動の流れを、「内地・外地間」、「外地間」、「人口還流」に区分しつつ捉え、「日本帝国の勢力圏をめぐる人口移動全般をカバーする本格的研究書」となったとしている。(3)ここでは、「国境」をより広く境界としておさえ、かつ先の歴史学研究会における概念を援用しつつ位置付け、そこを越えることによって生じた諸事象が個々の越境者にいかなる諸結果をもたらしたかを掘り下げていく。

また近年、日本人の境界を越えた移動について、近現代政治史の立場から、時期的にも空間的にも総合的に論じたものとして、塩出浩之の研究が特筆すべきである(4)。そこでは、一八六八年から一九五〇年代に至る日本をめぐるヒトの移動が、アジア太平洋地域の政治秩序といかなる関係にあったかを明らかにしようとする観点から、北海道、ハワイ、そして日本の植民地・勢力圏に関して、すなわち明治以降日本が新たに支配した領域と日本以外の国家が支配した領域における日系（大和）住民の政治的権利を要請する言説や活動がどのように展開されたかを明らかにしたものとして、我々の研究を進めていく上でも重要な視点を提示している。こうした政治的権利の要請のほかに、在留民の抱える諸課題がどのようなものであったか、さらに具体的な分析が残されているといえよう。

なお、歴史学以外の分野では、政治学者の杉田敦は、国民国家の創出した国民文化が、「同質性」を作り出し、それは人びとが共存するうえで不可欠の条件ではないにもかかわらず、人びとは、その同質性を以前からあったものと意識して、「少数民族や移民集団の存在」が、リスクを増大させる元凶として認識するようになる、として「境界」の人為性、歴史性に注意を喚起している(5)。「近代朝鮮の境界」とは、さしあたり、帝国主義日本が、人為的に設定した植民地・租借地・勢力圏などの「領域」の一つということになるが、それは、単なる「国境」に止まるものではなく、重層的かつ広域的性格をもって、歴史的に変動していったものと見なければなるまい(6)。

以下では、前述の「地理的政治的」および「文化的社会的」なものを包含する概念としての境界論を継承しつつ、議論の方向を「境界を越えた人びと」に措定し、「境界越え」がそれぞれの人びとにとって意味するものを掘り下げることを試みている。本書の内容を紹介する前に、日朝間の人の移動に関わる政策の推移を、日本人の移動と朝鮮人の移動について対比的に論じたうえで、一九四〇年という時点に視座を定め、朝鮮という境界を越えた人びとにつき、数量的に概観してみよう。

二　境界を越えた人びと

1　日朝間の人の移動に関わる政策

日朝間の不平等条約の締結、韓国保護国化、関東州の租借、樺太南部の領有、韓国併合、南洋群島の委任統治、傀儡国家満洲国の創設、日中全面戦争といった日本の膨張政策の下で、日本から朝鮮への人の移動に即してみると、朝鮮居留地における治外法権の取得、移民保護法の適用外、旅券の携帯の免除、居留民団法の制定にもとづく居留民団の設置、本国同様の学校制度の拡充、さらに特権的給与体系としての在勤加俸の支給などもあって、在朝日本人にとっての朝鮮との境界は大きく開かれ、それをプル・ファクター（引き付ける力）としつつ、多くの日本人が進出し、朝鮮の人びとに対する優越的地位を享受したのである。

その一方、とりわけ一九一〇年併合前後の朝鮮においては、国政選挙権のないことを筆頭に、言論の抑圧や会社令による会社設立の制限、商業会議所令の制定による朝鮮人団体との共同化などによって、在朝日本人の社会経済活動は、朝鮮人並みに制限される側面もまたあったのである。そこにもまた一定の境界を見出すことができよう。そして先の朝鮮人に対する優越的地位と朝鮮人との共通化による制限的立場は、日本人と朝鮮人の境界をより増幅させるものとして作用することにもなったのである。

他方、日本に渡航する朝鮮の人びとに関しては、併合までの方が「自由」であって、併合後は、内務省警保局による徹底した監視体制に置かれるとともに、(7)「朝鮮人労働者募集ニ関スル通牒」、「朝鮮人労働者取締規則」、「朝鮮人ノ旅行取締ニ関スル件」、「朝鮮人ニ対スル旅行証明書ノ件」、「釜山における条件付き渡航許可」（日本語能力、旅費以外の携帯金一〇円以上、就職口の確定、モルヒネ患者でないことを条件）、「渡航証明書制度の導入」などの制限が付され、(8)

日本人の朝鮮への自由渡航と大きな隔りがあった。それにもかかわらず日本内地への渡航者が増加し続けたのは、ひとえに政治的圧迫とともに、土地調査事業や産米増殖政策などとりわけ農民層の窮迫化を推し進めるプッシュファクター（押し出す力）としての植民地支配政策があったことはいうまでもない。かくして内地在留朝鮮人においては、選挙権を有する「権利」を享受したが、「外国人労働者」同様の制度と賃金などの差別的待遇のもとに置かれ、さらには皇民化政策のもとで同化を強いられ、精神までも蹂躙されるという、「外国人」以上に苛酷な状況に置かれた。そのことがまた、解放後における祖国との境界や同一民族内部における境界など、越えがたい境界の出現に直面することにもなったのである。

朝鮮北部の人びとの満洲やロシア方面への移動の場合も、一九〇七年の統監府間島派出所の設置や、一九一五年の対華二一ケ条における「南満東蒙条約」など日本の大陸膨張政策とその方針変更に規定されつつ、その地位は変動し、かつまた中国人・ロシア人からは排日の対象にもされていったのである。

2　日本人の越境

表序－1は一九四〇年時点の植民地・勢力圏在住日本人数を、主として同年一〇月一日に実施された国勢調査の数値によって示したものである[9]。人数的には満洲国がもっとも多く八〇万人台、それに朝鮮七〇万人台、樺太、台湾、中国本部、関東州、そして南洋群島と続く。なお、同年の国勢調査では、「兵役の関係」（応召中の軍人・軍属等）も「縁故世帯」[10]の一員として調査することとなっており、朝鮮の場合は、内地人七万五九八〇人、朝鮮人六八二人が記録されている。これらの数値を含めたうえで、現地の人口比からすると、もともと人口数の少ない樺太が大部分を、南洋群島が過半数を占めており、他方人数的に上位を占める満洲国、朝鮮は現地住民の多さによって二％前後にとどまる。しかしこれを欧米の東南・南アジア植民地における宗主国人の比率と比較するならば[11]、それらが小数点一桁以下の比

表序－1　1940年の植民地・勢力圏在留日本人

（単位：人、％）

地域	日本人男	日本人女	日本人計	総人口	日本人比率
台湾	161,834	150,552	312,386	5,872,084	5.3
朝鮮	374,212	333,530	707,742	24,326,327	2.9
樺太	224,474	170,129	394,603	414,891	95.1
関東州	103,435	94,753	198,188	1,367,334	14.5
南洋群島	44,143	32,868	77,011	131,258	58.7
満洲国	481,027	338,587	819,614	43,203,880	1.9
中華民国	163,382	120,639	284,021	—	—
計	1,552,507	1,241,058	2,793,565	—	—

出所：台湾・朝鮮・樺太・関東州・南洋群島は「民籍及国籍ニ依リ分チタル帝国版図内ノ人口及世帯数」（『昭和十五年国勢調査統計原表――第十表』）、満洲国は『政府公報』第2503号（康徳９年９月22日付、256頁）、中華民国は外務省調査局編纂『昭和十五年海外在留本邦人調査結果表』（1943年、１頁、1940年１月１日現在）。

率であって、日本人の植民地・勢力圏への進出規模がいかに大きいものであったかが知られよう。

そしてこれらの日本人は、教員・警察官や鉄道員を中心とする官吏と中小商工業者にぶ厚い層を形成していたのであって、それはあたかも英国植民地における印僑あるいは華僑、そしてヨーロッパ人との混血（アングロ・インディアン）の役割を、日本人中間層が果たしていたということができるのである。

すでに述べたように、植民地化した地域については、日本人の渡航に関しては、「安寧妨害」と「風俗壊乱」を取締るための、一八九六年の「清国及韓国在留帝国臣民取締法」のほかにはまったく規制するものはなく、当該規則においても、閔妃虐殺事件のような「思わぬ」軋轢を当該国とのあいだに生じさせないという限りでの、また韓国併合以降は在満朝鮮人の取締りのための法律であって[12]、そうした部分を除いては、「満韓移民集中論」に見られるように[13]、推進する方針で臨んだのである。

3　朝鮮人の越境

表序－2は同じく一九四〇年時点における朝鮮人の在外（日本の植民地・勢力圏）在留者数を示したものである。満洲国がもっとも多く、一四五万人規模となっており、ついで日本内地の一二四万人、これに中華民国、樺太が続く。

比率的には、樺太がもっとも高く四・七〇%、ついで満洲国の三・三六%、日本内地は一・七〇%であったが、市レベルでみると、大阪市は二一万五千人で六・七%であり[14]、山口県宇部市は一万三千人で一二・八%となっている[15]（いずれも一九四〇年国勢調査結果による）。

このほかに、ソ連に在留し、一九三七年にウズベク、カザフへ強制移住させられた朝鮮人が一七万一七八一人であったといわれており[16]、これらをあわせると二九六万五三四六人となり、一九四〇年の朝鮮内朝鮮人二三五四万七四六五人[17]とこれらの朝鮮外朝鮮人二九六万五三四六人をあわせた二六五一万二八一一人の実に一一・二%が朝鮮外に在留していたことになる。

表序-2　1940年の在外朝鮮人数

（単位：人、%）

地域	男	女	計	総人口	朝鮮人比率
日本内地	744,296	497,019	1,241,315	73,114,308	1.70
台湾	1,026	1,350	2,376	5,872,084	0.04
樺太	14,914	4,591	19,505	414,891	4.70
関東州	3,769	2,615	6,384	1,387,334	0.46
南洋群島	2,284	1,188	3,472	131,258	2.65
満洲国	789,575	660,809	1,450,384	43,202,880	3.36
中華民国	27,462	26,999	54,461	—	—
計	1,583,326	1,194,571	2,777,897		

出所：日本内地は1940年10月1日現在（総理府統計局『昭和15年国勢調査報告』第一巻、1961年、362頁）、その他は表序-1に同じ。

こうした越境の多くが、日本の統治政策や膨張政策の結果であったことはいうまでもなく、さらに戦争が進行していくにともない、その数を増やしていったこともいうまでもないところである[18]。そしてその結果は、日本人の大量の引揚げと朝鮮人の帰還という現象を生むことになったこともまた周知の事実である[19]。

本書ではこれらのうち、日本人の朝鮮進出（日露戦争前後、戦時期）と引揚げ、日本人の朝鮮から満洲への進出（一九一〇～二〇年代）、朝鮮人の内地渡航と帰還、朝鮮人の満洲・南洋群島渡航と、それらをめぐって発生する諸問題を取り上げることになる。

三　本書の構成

第一章の尹裕淑の論文は、近代の前史として、近世期に豊臣秀吉の朝鮮侵略の際、日本軍によって日本に連行された朝鮮人捕虜のうち、とくに一般の被虜人によって形成された、西日本地域の集団居住地の実態を、権力の政策、存続期間、現地社会との同化の如何、朝鮮系住民の社会的地位などに関して明らかにしようとするものである。具体的には、一定の被慮人帰還者がいた一方で、蜂須賀氏の阿波城下周辺では、朝鮮人同士が親しく接触したり、日本人とも親しく交流したりする反面、多様な仕事を強いられ、脱出しようとした場合は殺されたりしたこと、九州や四国各地には「高麗町」や「唐人町」と呼ばれる地域が存在したこと、二世以降は日本式姓名を使い朝鮮系住民にのみ強制される法制的制裁はなかったこと（長崎）、陶工を中核とした町が形成されたこと（福岡高取、佐賀名護屋近在、有田）、石工や豪商、俳人などを輩出したこと（松山）、藩主より優遇され、豆腐販売権を与えられたりしたこと（高知）などを明らかにし、今後そうした境遇の背景に関してさらなる分析を進めたいとしている。

宮本正明の補論は、秀吉の侵攻にともない、被虜人として朝鮮から日本へ抑留され、薩摩の地で陶工村を形成した人びとが、江戸時代には「朝鮮風俗」維持政策、明治以降は差別自体が継続する中で、とくに韓国併合以降は日本人と朝鮮人の「相互提携」のモデルとして位置づけられ、さらに皇民化政策期には「内鮮一体」のスローガンのもとに旧長州藩の陶工と比較しつつ、「習俗が形に於て其の儘残って居る」として批判の対象となったことが指摘される。

第二章の金明洙の論文は、大韓帝国期のお雇い日本人技術者・井上宜文の諸活動を通じて、韓国近代化過程においてどのような役割を果たしたか、また日本が周辺国に及ぼした「技術の政治性」の内実、実際には植民地化にどのような役割を果たしたかを検討することを課題としている。具体的には、井上の技術者・企業家としての事績を示す貴重な写真帖を利用して、漢城電気会社に納入する電気軌道車両の製作請負に始まり、韓国平式院の技術者として韓国政府の依頼を受け度量衡制度の形成と軍器廠の建設を主導し、日露戦時には従軍して臨時兵営を建設し、さらに一九一〇年にはロンドンの日英博覧会で科学技術面で辣腕をふるった様子を検討した。植民地期に入ってから企業人として携わった薬販売や鉱山業などにおいてはあまり成功は収めなかったものの、一連の企業活動が前田正名の所論に即しており、殖産興業政策の実践者として活動した結果であることを明らかにした。全体として井上は、韓国政府の近代化要請を部分的に受け入れ、先進的な日本の技術を導入し定着させることによって、日本の政治的な侵略に対する韓国側の抵抗を和らげる役割を果たした。要するに、井上は日本に合わせた度量衡器の統一や日露戦時の戦争遂行への協力などを通じて、日本帝国主義の対外膨張と対韓経済侵略という国策遂行に協力したと結論づける。

第三章の柳沢遊の論文は、まず長州閥軍人や政治家によって提起され推進された「鮮満一体化」政策について述べたうえで、日露戦争と韓国保護国化以降一九二〇年代にかけて、日本内地からの日本人の朝鮮や「満洲」への進出が強まるばかりではなく、それまで朝鮮に在留していた日本人を満洲方面へと向かわせることになったことを以下の5パターンを事例として検討していく。すなわち、⑴民間人の満洲再進出、⑵官僚経験者の満洲進出、⑶警察経験者・憲兵の渡満、⑷朝鮮銀行員・東洋拓殖株式会社員の満洲進出、⑸朝鮮鉄道員から満鉄社員への転身である。これらはとりもなおさず、日本政府による「鮮満一体化」政策を人的レベルで体現したものであり、軍用達商を中心とする新たな利権や市場、活動場所を求めた民間業者、官僚機構の日満連携、警察・憲兵の人的連携により登用された統治・管理経験者、国策的企業の境界を越えた活動にともない派遣された人材などで構成されており、そうした境界をまたいだ活動が、いったん後退しつつも、一九三〇年代に朝鮮における「満洲企業ブーム」や「支那企業ブーム」を支えていくことになると展望している。

第四章の李盛煥の論文は、一九世紀半ば以降一九二〇年前後に至る時期に間島に移り住んだ朝鮮人及びそこで形成された朝鮮人社会が、いかなる特質を有していたかに関して、領有権問題、民族問題、経済問題、共産主義運動など多岐にわたる問題が絡み合って展開する複合体としての「間島問題」を軸に考察したものである。具体的には、朝鮮人の移住と農業経営を中心に、これら朝鮮人と日本、中国の三者間に重層的に形成される間島の政治社会構造を念頭に置きつつ論じていく。すなわち、日露戦争前後から続く間島の土地所有権をめぐる角逐、中国人地主と朝鮮人地主の下にある朝鮮人小作人の移動性や水田経営がもたらす契約条件の相異が、民族的葛藤や政治的対立を深化させつつ展開し、そこに日本の間島介入が加わってより先鋭化し、間島を国民（朝鮮人）、領土（中国）、統治権（日本）が別々に分散した「解体された『国家』」のような特異な地域としていった。そのような統治構造の亀裂の中で、人口の八〇％以上を占めている朝鮮人が自立（律）性を求めていく政治的構造を分析している。

第五章の今泉裕美子の論文は、日本内地を中心とした労働動員政策が実施される直前の一九三九年六月に、南洋群島パラオ諸島バベルダオブ島に「官有地開拓」を目的に設立された豊南産業株式会社を取り上げ、そこでの朝鮮人募集のあり方を、それ以前や以後との対比の中で明らかにしようとするものである。まずそれ以前の、南洋庁による植民地区画地への移住者募集に関しては、「内地居住者」「外地居住者」「群島内移住者」に区分して条件が提示され、農業経験をもち、自作農として永住する妻帯男性で、二五〇円以上（二人の場合）準備金を有するものなどが要件として求められた。その一方、渡航費割引や農業経営資金の貸し付け、補助金の給付なども行われ、さらに五町歩内外の国有未墾地の無償貸し付けと開墾後の譲渡も約束された。これに対して豊南産業の募集では、南洋庁と朝鮮総督府との間で交渉が行われ、平安北道からの土木工事労働者の転用は不可能となったのち、大旱害下で困窮農民が多かった慶尚南道・慶尚北道から上記条件にほぼ等しい形で募集がなされたが、キャッサバ栽培や耕作地の手入れに関しては厳しい条件が課されたという。さらに同年の第二回移民では、第一回移民に比して年齢構成や教育程度の悪化（要するに募集の困難化）が見られ、太平洋戦争末期には南洋群島の兵站基地化が最優先される中で、食糧増産を目的とする労働を強いられていくなど、境界を越えた朝鮮人農民の境遇は、大きく転換していくことになると展望している。

第六章の木村健二の論文は、戦時下に山口県の中学校を卒業後、朝鮮総督府鉄道局に就職し、戦後は山口県に引揚げた一個人を取り上げ、その人物がたどったライフヒストリーを、戦時・戦後の時代状況と関連づけつつ論じたものである。当時の山口県内の新卒者の進路動向（進学率の上昇や工場への就職）や朝鮮側の求人動向（鉄道複線化や他所への転職増加による求人増）などを明らかにしつつ、朝鮮での就職が実現したこと、ついで職場での状況を職種や賃金水準、各種訓令にみる勤務姿勢、加俸をめぐる日朝格差について検討し、最後に敗戦後の勤務状況や引揚げ過程、引揚げ後の再就職に関して検討している。これらを通して、この人物が、激動の戦時・戦後を、朝鮮という境界を越えることによって、まずは朝鮮においては、朝鮮人に対する優越的地位を保持しつつ判任官という官僚の地位を昇っていったこと、日本への引揚げ後は、朝鮮でのキャリアや閣議決定による後押しによって、国家公務員の地位を獲得していったことを明らかにしている。

第七章の宮本正明論文は、アジア・太平洋戦争期から日本の敗戦後にわたる日本本国在留朝鮮人の動向について、特に協和会に象徴される戦争協力団体の関係者に焦点をあて、その役割や帰趨に関して考察したものである。具体的には地方官庁の官吏、地方議会の議員、町内会長・隣組組長や協和会を中心とする戦争協力団体の役員・構成員となった在日朝鮮人を対象とし、とりわけ一九三九年に設立された協和会の補導員・指導員として、商工自営業者やかつての労働運動の主導者、キリスト教関係者、知識人、新聞経営者などが活動したこと（その際には一定の生活擁護的役割を果たしたものもあった）、日本の敗北後は初期段階ではこうした協和会関係者も共に活動する側面がみられたが、在日朝鮮人連盟が結成されて以降はそこから排除され、民団に合流したり、「帰化」したりしたことを明らかにし、「戦時」下での経験が、「戦後」日本において多様に分岐していく在日朝鮮人の歩みといかにつながりをもつかについて追究しようとしたものである。

第八章の崔範洵の論文は、植民者二世として朝鮮で生まれた小林勝が、植民地の経験と記憶を文学的に表現しはじめた先駆的な存在として、引揚げ後に執筆した「ある朝鮮人の話」（一九五二年作、朝鮮戦争中に強制送還される炭坑労働者出身の朝鮮人の話）と、「赤い壁の彼方」（一九五八年作、植民者二世である一七歳の少年の戦後経験の深淵）の二つの作品によりつつ、戦後における朝鮮半島と日本の境界をめぐる問題を送還と帰還という観点から検討しようとする。「ある朝鮮人の話」については、朝鮮戦争中の朝鮮人強制送還に注目しながら、当該措置をめぐる戦後の日本政府の問題点とともに、当時の李承晩政権の対応にも反省を迫るものとしてとらえた。また、「赤い壁の彼方」については、植民者二世で軍国少年であった「十七才の私」の戦後経験に注目して、少年のアイデンティティーの根幹が「ぶちのめされる」過程の問題の深淵を、一九五〇年代後半の文脈から読み解こうとした。両者ともに、戦前まで朝鮮半島と日本の境界をめぐる人の移動が戦後にどのような問題として継続されたのかを、一九五〇年の日本社会内部における排除と疎外の観点から見ようとしたものである。

以上から明らかなように、本書は、朝鮮近代の時期を中心に、そこでの朝鮮人・日本人の境界を越えた経験を取り上げ、それらの越境の歴史的意義とその後の展開を、特定の個人のライフヒストリーや集団の動向に即して検討したものである。これらの考察を通して、日本の膨張政策や日本が引き起こした戦争にともなって発生した人の移動における、地理的政治的側面の作用や、文化的社会的ないしは環境面や思想面における、よりリアルな状況を抉り出すことができたのではないかと考える。そして、そこで越えた境界は、各人にとって飛躍や再出発の契機となった場合もあるし、また新たな境界を作り出した場合もあり、さらにそれは地域間だけの問題に留まらず、人と人との関係を新たな形に再構築する場合もあったのである。そのような意味において本書で設定した「境界」は、人の移動の分析においてきわめて重要な枠組みとして位置づけられることになるといえよう。

注

（1）『歴史学研究』第六一三号、一九九〇年一一月増刊号、同第六二六号、一九九一年一一月増刊号。

（2）杉原達［一九九八］『越境する民——近代大阪の朝鮮人史研究』新幹社。なお同書に対する木村健二の書評（『社会経済史学』六五巻五号、二〇〇〇年）も参照のこと。このほか、「見える境界と見えざる境界」、「境界、境界越えへのまなざしと思い」といった類似の観点から、モンゴル人世界を照射したものとして、ユ・ヒョジョン、ボルジギン・ブレンサイン編著［二〇〇九］『境界に生きるモンゴル世界——20世紀における民族と国家』八月書館がある。

（3）蘭信三編著［二〇〇八］『日本帝国をめぐる人口移動の国際社会学』不二出版。

（4）塩出浩之［二〇一五］『越境者の政治史——アジア太平洋における日本人の移民と植民』名古屋大学出版会。なお同書に対する木村健二の書評（日本移民学会『移民研究年報』第二三号、二〇一七年三月）も参照のこと。

（5）杉田敦［二〇一五］『境界線の政治学』岩波書店、四〜五頁。

（6）このほか近年、移民を、頻繁に国境を往来する「境界人」として位置づける社会学・文化人類学的観点からの研究（森本豊富編著［二〇〇九］『移動する境界人——「移民」という生き方』現代史料出版）や、民俗学の立場から国境を往来する人びとに焦点をあてた研究（篠原徹編［二〇〇三］『越境——現代民俗誌の地平1』朝倉書店）、さらに教育学・教育史の観点からアメリカ日系人二世の「越境教育」あるいは「架け橋論」に関する研究（吉田亮編著［二〇一二］『アメリカ日系二世と越境教育——一九三〇年代を主にして』不二出版、同［二〇一六］『越境する「二世」——一九三〇年代アメリカの日系人と教育』現代史料出版）など、二つの領域をまたがって生きる人びとに関する研究が盛んである。本書で対象とする「越境者」においても、そうした存在を、初期の在朝日本人居留民や日本内地の上級学校への進学者、そして日本内地への出稼ぎ朝鮮人労働者などに見出すことができるが、大韓帝国に雇用された「お雇い日本人」や満洲地域へ転勤する会社員について触れるに止まり、基本的には一カ所に拠点を定めた（定住した、定住を目的とした、定住せざるを得なかった）ものを中心に検討している。また細谷亨は、「外地」からの引揚者と戦後日本社会との関係について、「包摂と排除」の観点から研究史をまとめ、そこに「地域の視点」を盛り込むことの重要性を指摘している（細谷亨［二〇一九］『日本帝国の膨張・崩壊と満蒙開拓団』有志舎）。

（7）水野直樹・文京洙［二〇一五］『在日朝鮮人——歴史と現在』岩波書店、一〇頁。

（8）外村大［一九九四］『在日朝鮮人社会の歴史学的研究——形成・構造・変容』緑蔭書房、および岩佐和幸［二〇一三］「近代大阪の都市形成と朝鮮人移民の構造化」（高嶋修一・名武なつ紀編著［二〇一三］『都市の公共と非公共——20世紀の日本と東アジア』

日本経済評論社）一〇四～一〇五頁。一九二八年の渡航証明書制度に付随して、一時帰郷者のために「内地在住証明書」の発行がなされたが、簡単には発行されなかったという（木村健二［二〇一七］『一九三九年の在日朝鮮人観』ゆまに書房、一五一頁）。

（9）恐らくこれは速報値とみられ、一九四四年にまとめられた朝鮮総督府官房調査課編『朝鮮昭和十五年国勢調査結果要約』一九四四年一二月、六～七頁）によれば、日本人数は七〇万七三三七人で外地人が六三三人（この両者の合計値は等しいし、朝鮮の総人口も等しい）に修正されているが、日本人比率に大きな差はないため、この数値を使用する。

（10）総理府統計局［一九六一］『昭和十五年国勢調査報告』第一巻、六頁および前掲『朝鮮昭和十五年国勢調査結果要約』一二八～一二九頁。

（11）たとえば、一九三一年のCensus of India, Vol 1, pp. 420-421によれば、インド在留イギリス人は九万八一五五人（うち軍人が六〇・九％の五万九七三一人）、アングロ・インディアンは三万八七四四人に過ぎず、一九三〇年のオランダ領スマトラにおける「欧人」は八万五千人で、〇・四一％でしかなかった（『スマトラ重要統計』一九四三年）。

（12）当該規則に関しては、李昇燁［二〇一五］「植民地・勢力圏における『帝国臣民』の在留禁止処分——『清国及朝鮮国在留帝国臣民取締法』を中心に」（『人文學報』第一〇六号、四月）を参照のこと。

（13）さしあたり一九〇九年の小村寿太郎外相の帝国議会での発言をあげておく。

（14）岩佐和幸前掲［二〇一三］、一二三頁。

（15）木村健二［二〇一七］四〇頁。

（16）岡奈津子［一九九八］「ロシア極東の朝鮮人——ソビエト民族政策と強制移住」（『スラブ研究』第四五号）一九四頁。

（17）「民籍及国籍ニ依リ分ケタル帝国版図内ノ人口及世帯数」（『昭和十五年国勢調査統計原表——内容目次及び各表様式例』）には朝鮮内朝鮮人数も記載されている。

（18）具体的には、朝鮮の日本内地人は一九四四年五月一日現在で七一万二五八三人に増加する（ただし男三四万五五六一人、女三六万七〇二二人で男女数が逆転する、朝鮮総督府『人口調査結果報告』其ノ一、一九四四年九月、一頁）。また日本内地の朝鮮人は、労務動員政策によって一九四五年までに約七〇万人強が動員されたという（外村大［二〇一二］『朝鮮人強制連行』岩波新書、二一一頁）。もちろんこの数字は、当初の二年契約を延長したり（それには強制もあったという）、同一人が繰り返し動員に応じた場合もあって、あくまで延べ人数と解釈すべきなのであろう（宮地英敏［二〇一六］「戦時期の日本における朝鮮人労働者についての再検討」『福岡地方史研究』第五四号、九月）。しかしそれらの同一人がどの程度いたかについては不明であって、それだけの人数分の「動員」があったことは疑いないところである。このほか、台湾の一九四二年の内地人は三八万四八四七人、朝鮮人は二六九二人となり（台湾総督府［一九四四］『昭和十七年台湾総督府第四十六統計書』一八～一九頁）、樺太が一九四一年末で内地人が三八万六〇五八人、朝鮮人は一万九七六八人となり（樺太庁［一九四三］『昭和十六年樺太庁統計書』一九頁）、南洋群島が一九四一年末で内地人が八万四二四五人、朝鮮人が五八二四人となり（南洋庁［一九四二］『昭和十七年版南洋群島要覧』三七頁）、満洲国では、一九四三年が内地人一一四万八千人、朝鮮人が一六三万四千人となり（大蔵省［一九四八］『日本人の海外活動に関する歴史的調査』）、中華民国では一九四四年一月一日で、内地人は五三万八一六二人、朝鮮人は八万五〇六〇人（大東亜省総務局調査課編［一九四四］『中華民国在留本邦人及第三国人人口概計表』八月、一頁）となるなど、いずれも大幅にその数を増加させていくのである。

(19)　日本人の朝鮮からの引揚げについては、李淵植［二〇一五］『朝鮮引揚げと日本人――加害と被害の記憶を超えて』（舘野晳訳、明石書店）を、朝鮮人の帰国については、鈴木久美［二〇一七］『在日朝鮮人の「帰国」政策――一九四五～一九四六年』（緑蔭書房）を参照のこと。

第一章　近世初、西日本地域の「朝鮮人集団居住地」について

尹　裕　淑

はじめに

近世の日本社会に朝鮮人が定住するようになった発端は、豊臣秀吉の朝鮮侵略（一五九二～九三年、九六～九八年）の際、日本軍によって日本に連行された朝鮮人捕虜、被虜人の存在に由来する。[1] 被虜人に関する先行研究としては、薩摩藩の集団居住政策下に置かれていた朝鮮人陶工（鹿児島県苗代川村）に関する研究が最も先駆的である。[2]

以後、朝鮮通信使による被虜人刷還活動を取り上げる論考や、被虜人が残した記録、被虜人に対する認識の問題、近世日本社会に定着した朝鮮人の社会的存在形態を追究した論考によって、日本居住となった被虜人の生活像が次第に明らかになってきている。その成果には、特定地域を対象としたものもあるが、個人の事例を紹介するものがより多数を占めているような感がある。比較的多くの研究が出されている「薩摩藩の朝鮮陶工の集住村」を除けば、一般の被虜人を中心に形成された集住地の実態に関しては、いまなお基礎的な研究が乏しいと言ってよい。

朝鮮侵略に参加した大名が多かった西日本地域の場合、例えば九州・中国・四国には、拉致された朝鮮人の人数も多く、そのため西日本には、被虜人を居住させるために作られた所や、自然と形成された朝鮮人村、すなわち「唐人

町」や「高麗町」が散在した。

そこで本章は、西日本地域に存在した朝鮮人の集団居住地の実態を検討する。詳しくは、そこの住民である朝鮮人や、彼らの子孫にあたる「朝鮮系住民」に対する日本の公権力、例えば幕府や大名権力の支配政策、現地社会との同化の如何、朝鮮系住民の社会的な地位、などを可能な限り明らかにしたい。

一　被虜人の帰還と日本残留

現在、日本の歴史系学界の「近世日本社会における異民族の定住」に関する視角は、「非キリスト教徒であり、日本の風俗・習慣に同化していれば、その人種は問わないというのが幕藩権力の基本態度であった」というのが一般的である。(3)陶磁器の生産のような特殊業種に従事することを強いられた一部の陶工と違って、一般の朝鮮人が集団で居住するようになった背景には、固有の由来とともに異民族居住地特有の生活様相が存在したものと推定される。

ところが、近世の薩摩藩にあった朝鮮人集住村のような特殊な例を除いて、被虜人が中心になって形成されたところは、年月が経つにつれ次第に現地の日本社会に同化されてしまったため、集団居住地の民族的な特性を見出しにくいというのが一般論でもある。このような研究上の限界を克服するためには、江戸時代初期と中期における該当地域の藩政史料を綿密に分析する必要がある。しかし、西日本に位置した各藩の藩政史料を調査すること自体、見当の付かないほどの時間を要する作業である。

そういった本格的な調査は、今後の課題にしておき、本章では、今後の研究に向かっての基礎作業として、西日本の数カ所にしぼって朝鮮人集住村の形成について検討したい。なお、被虜人が作成した捕虜体験記録から、集住村が本格的に形成される前に、被虜人たちはどのような生活を営んでいたのかについても触れる。

壬辰倭乱の際に、朝鮮人が日本に連行されるケースは、日本軍によって各大名の領国に直接移送される場合と、人身売買を目的とする日本の商人によって日本に拉致されていく場合があげられる。日本の商人とは、日本軍について朝鮮に渡った商人のことで、なかには人身売買を目的とする商人も多かったとされる。日本軍は、戦地についてきた商人に拉致した朝鮮人を売り渡すこともあった(4)。人身売買商人は、鉄砲や白糸の代わりに朝鮮人をポルトガル商人に引き渡し、さらにポルトガル商人は、朝鮮人をアジア各地やポルトガルの植民地に転売したりした。

このように、日本からマニラ・マカオ・インド・ヨーロッパなどに奴隷として転売されたため、日本に連行された被虜人全員の人数を把握することはできないが、日本の学界ではおおよそ数万人、韓国では最高十万人以上という推定人数が出されている(5)。そのうち朝鮮に刷還された被虜人の総人数につき、内藤雋輔《しゅんすけ》が七五〇〇名以上であると主張したが、六一〇〇名という意見が新たに提示された(6)。いずれにしろ結果的に数万人に達する朝鮮人が日本に残留したわけである。

壬辰倭乱が終わったあと、被虜人が帰国する経緯は大きく三つ存在した。第一は、戦争後、朝鮮との国交再開を急いでいた対馬によって、第二は被虜人本人の自力によって、第三は日本を訪れた朝鮮通信使によってであった。被虜人を朝鮮に連れ戻すことを刷還というが、朝鮮通信使による被虜人刷還は、一六〇七年・一六一七年・一六二四年・一六三六年・一六四三年に至るまで、約半世紀近くにわたって行われた。日朝の国交が再開し刷還が始まると、帰国を望む人びとが殺到し、一六〇七年の通信使は、男女合わせて一四一八名の朝鮮人を朝鮮に刷還することができた(7)。

その後、帰国者の人数はしだいに減少して行き、一六四三年の通信使によって刷還された人数は僅か一二名であり、これで通信使による公式な被虜人の刷還は、事実上一段落したに等しい。なかには、最初通信使一行に帰国の意思を示したものの、最終的な局面で帰国を諦める人や、帰国するよう勧誘しても全く応じない人が段々増えていった。その理由は多様であった。日本での生活が長期化していくにつれ、日本で家庭を作った人や、経済的な面において安定さを確保した人が増加していったことがあげられる。また、幼少年期に日本に連行された人の場合、自分の故郷や家族に関する記憶がなく、朝鮮に戻っても縁故不在の状態から出発しなければいけないという事情があった。

それに加えて、被虜人に対する朝鮮政府の待遇が原因の一つとして指摘されている。米谷均は、当初朝鮮政府が彼らに約束した免罪（日本軍の捕虜になった「罪」を赦すこと）・免賤・復戸・忠臣・親孝行人・烈女などの特典が、実際どれほど実行されたか疑わしく、また、朝鮮に着いてから通信使が被虜人を釜山の近くに置き去りにしたことがあることから、帰国後の被虜人個々人の足跡に関する追跡調査が重要であるという指摘をした。被虜人送還制度とともに、彼らの帰国後の実態についても、より具体的な検討がなされるべきである(8)。

では、被虜人の年齢分布や男女の比率は、どうであったか。被虜人は、青年・壮年層の男性と女性、未成年者で占められていた。青壮年の男性と女性は、労働力として商品価値があるうえに、長期労働力として活用できる利点があった。加賀藩では、被虜人と思われる一三名の朝鮮系住民のうち、少なくとも五名が一〇歳以下であった(9)。このように子供が占める比率が高かったのは、成人に比べて身体能力が衰弱して反抗や逃亡の成功率が低いこと、なお、成長してからも性別に関係なく長期労働力として、あるいは技術奴隷としての活用価値が高かったからであろう。男性に比して女性は、拉致と連行の対象として容易であり、主に家内使役などに充てられた。

出身地域別にみると、被虜人のほとんどが慶尚道と全羅道出身であった。それは、日本軍と日本の商人による民間人捕獲や拉致が主に慶尚道と全羅道で行われたからである。漢城を陥落させたのち、日本軍は、そこで滞留するあいだに非戦闘員の両班や女性を略奪しており、とりわけ女性は両班家の人が多かった(10)。

日本に連行された朝鮮人は、人身売買によって永代奉公や乳母のような被雇用人になる場合もあったが(11)、年月が経つにつれて僧侶・医者・儒者・商人・大名の家来・陶工になって自立的な生活を営む人も増えていった。多くの朝鮮人が当初は奴隷として監視下に置かれていたが、比較的早めに奴隷の地位から脱する例が多かったからである。

このように、朝鮮人が日本の社会で多様な地位を獲得して自立の道を歩めた理由として、当時日本社会の奴隷概念が指摘されたりする。すなわち、日本の人身売買は、その人身に対する支配権の終身継続のほかに、有期的な譲り渡しの形式もあり、実質的な奉公関係を設定することも意味した。したがって、日本人は彼らを自分の子息のように扱い、庶民は彼らを養子に入れたり、自分の子息や親戚と結婚させたりした。また、奴隷が手に入れたものは奴隷本人の所有となり、なおかつそれを処分することも可能であった。朝鮮人は、以上のような過程を踏んで日本人と通婚したり、主の養子となったりして、自立の機会を得ることができた[12]。一方、女性は豊臣家・徳川家のような大名家や旗本家で侍女で働いたり、武士の女房になったりするケースが見受けられる。

ところで、農業労働力としてではなく、農業以外に専門的な職種に従事する朝鮮人の事例が多く確認されることから、多くの被虜人が職能集団として城下町などの都市的環境下に住んでいた可能性が高いとの見解が提起されたこともある。また、代替労働力となって農村の耕作に投入された場合にも、村請制度の末端として組織されたのではなく、一時的・補助的労働力として機能したとする見解もある。この見解の相違は、日本に連行された朝鮮人が各地の大名領国で使役された事実を伝えてくれる史料がまだ見つかっていないことに基づく[13]。一方、日本軍が被虜人を拉致したのは、軍事力の欠損を補強するためとする主張もある[14]。

二　日本体験記にみる被虜人の生活

被虜人によって記録された日本体験記は、壬辰倭乱中における被虜人の生活像や、朝鮮人に対する大名の待遇・管理政策などをうかがえる数少ない史料である。たとえば、朝鮮に戻ることに成功した被虜人の鄭希得が残した『月峯海上録』がそれである。士人の鄭希得（一五七五～一六〇三年）の生涯と活動は詳しく知られていないが、彼は全羅道咸平月岳里で生まれたとされる。『月峯海上録』は、捕虜になった彼が日本で一年半ほど、被虜人の生活をしたのち、帰国して作成したものである。

彼を連れて行ったのは、四国の現徳島県を支配していた蜂須賀氏の水軍であった。鄭希得一家は、日本軍の北上から逃れようと船で移動する途中、一五九七年九月、現在の霊光郡沿海に差し掛かったところで捕まってしまった。彼の母・女房・妹は自ら海に投身し、彼は同年一一月、約一〇〇名の朝鮮人とともに連行され、一二月から蜂須賀氏の居城が位置する現在の徳島市で生活し始めた。

ところが一五九九年六月、突然鄭希得は十数名の被虜人とともに一年半ぶりに帰国することができた。一五九八年に秀吉が死亡し、日本軍の撤退が始まると、蜂須賀氏が鄭希得に帰国を許可したためである。蜂須賀氏は、配下の家来を同行させて下関まで見送るようにしたので、鄭希得一行は壱岐で船を購入し、対馬の府中をへて釜山に帰還することができた。彼の帰還は、いわゆる大名の好意による帰国といえよう。

『月峯海上録』をもとにし、被虜人の生活の特徴をまとめてみると次のようになる。一つ目として、被虜人同士の接触や日本人との接触など、相互の往来や手紙のやり取りが自由に行われており、徳島城下での行動や通行もある程度許可されていたようである。

四日逢槐山、槐山乃槐山人故名曰槐山、壬辰被虜入来時年八歳、今已十四、自云士族家子而、見我流涙、我亦為之沾衣、橋上逢河天極、阿波城下有長江、江上有虹橋、橋上毎逢十人、八九我国人也、河君晋州名族、服倭廝蕘之役、我国人月夜聚橋上、或歌或嘯、或論懐抱、或呻吟哭泣、夜深而罷、此橋上可坐百余人(15)〔傍線——引用者〕

右の史料にもあるように、蜂須賀氏の阿波城（徳島城）の周辺には、多くの朝鮮人が居住しており、鄭希得は先に連行されてやってきていた人びとと日ごろ親密に付き合っていた。多くの朝鮮人と手紙をやり取りしており、そういった朝鮮人同士の接触を日本側が阻止したような記述は見当たらない。被虜人は、被虜人同士で精神的、経済的に助け合っていたが、鄭希得のような士族は、士族の被虜人と交流したようである。これは、四国の伊予に連行されたのち、一六〇〇年に帰国した文臣の姜沆[16]も同様であった。

鄭希得は、現地の医僧の長延や福聚寺の僧侶の半雲子という日本人とも親しく交流した。彼らは、鄭希得と頻繁に詩文を取り交わしており、家族を失った鄭希得の悲痛な心情に同情の念を示したり、病気に効く薬やお米を送ってくれたりして、つねに丁寧な態度で接してくれたようである。鄭希得本人も「自分が無事帰国できたのは、長延と半雲子のお陰である」と記したほどである。

その一方で、被虜人は、多様な仕事を強いられていた。多くの被虜人が牛小屋の労働のような肉体労働に強制的に使役されたり、僧侶の従子、通訳などをこなしたりした。鄭希得は、帰国時に使う船の購入代金を稼ぐために本を筆写して売った[17]。また、被虜人には移動の自由がある程度許容されていたが、脱出に失敗して捕まった人は容赦なく殺された。実際、梁乭萬という名の朝鮮人より脱出の誘いがあったとき、鄭希得は悩んだ末に結局脱出を諦めたが、梁乭萬の脱出船は土佐で追っ手に捕まってしまい、乗船者のほぼ半分の人が惨殺されたという[18]。姜沆が二度目の脱出に失敗した時にも、通訳と道案内の役割を成していた被虜人二人は処刑され、姜沆に対する監視と統制が強化されたとされる[19]。

三　西日本の朝鮮人集団居住地

近世日本の各地に存在した朝鮮人居住地のなかには、「唐人町」または「高麗町」と呼ばれたところが少なくない。

唐人町は、戦国時代から江戸時代の前期にかけ、おもに西日本を中心にして各地に形成されていた。唐人町は、中国人集住地あるいは朝鮮人集住地を指しており、中国人と朝鮮人が共住するところも唐人町と呼ばれた。

周知のように、明の時代に海外貿易を目的に渡日した中国人が日本に華僑社会を作り始めた。一六世紀中期以降、勘合貿易の廃絶によって中国と日本の間に公式な官貿易が途絶えると、明朝の海禁政策に逆らい、日中間の仲介貿易に従事する中国人の海商集団の活躍が盛んになっていった。東南アジア海域まで広域的な貿易活動を行う中国人海商の日本往来や居住が増えていき、一七世紀初頭になると日本には数万人の中国人が各地に「大唐街」を形成するようになった。[20]中国商人は、一族の規模で渡日して各地で別居したり、航海中、日本に漂着した人がそのまま住み着いたりした。[21]

中国人によって形成された九州の唐人町は、豊後府内・臼杵・肥前口ノ津・肥後伊倉・熊本・大隅串良と国分・薩摩坊津・久志・川内・阿久根などに分布した。[22]このように、中国人の唐人町が商業移住や漂着を契機としてできあがったことに対し、朝鮮人の唐人町は、おおよそ壬辰倭乱の時に強制連行された被虜人が集住することに始まった。朝鮮人の唐人町や高麗町は、長崎・肥前佐賀城下・筑前福岡・肥後人吉などに分布した。以下では、西日本の各地に存在した朝鮮人の唐人町について紹介しよう。

1　長崎

長崎に居住した朝鮮人の動向を知り得る史料に、日本イエズス会宣教師が残した記録がある。一六世紀末、日本イエズス会は、長崎をはじめ、有馬・天草・大村など、九州のキリシタン大名の領内に居住していた朝鮮人捕虜の動向に大きく関心をそそいでいた。

一五九三年、長崎でクリスマスの日にキリシタンに改宗した一〇〇人のほとんどが朝鮮人捕虜であり、大村領内で新たに改宗した九〇〇人のなかにも多数の朝鮮人が含まれていた。イエズス会宣教師が記した『一五九六年日本年報』[23]によると、「長崎に居住する高麗捕虜の男女子供、多くの人にキリスト教を教えてきた。彼らは、一三〇〇名を超える。ほとんどの人が二年前に洗礼をうけており、短い時間にもかかわらず日本語を習って告解聖事などに通訳がほとんど要らない」と報告している[24]。朝鮮と日本が戦争の真っただ中であった一五九六年に、長崎に住んでいた一三〇〇人ほどの朝鮮人がキリシタンになったことから考えると、終戦後、通信使が被虜人の刷還活動に本格的に乗り出した頃、長崎には恐らく二三〇〇を上回る朝鮮人が居住していたであろうと思われる。

長崎の場合、日本残留の道を選んだ朝鮮人キリシタンは、自ら「信心会（confraria）」を組織し、一六一〇年に長崎の外郭に土地を購入して「聖ロレンツ教会」という名の教会を建立した。聖ロレンツ教会は、一六一四年、江戸幕府の「禁教令」発表時にも存続したが、一六二〇年二月、結局破壊されたという。現在、「聖ロレンツ教会」の位置は明らかにされていない[25]。

なお、長崎外郭の海岸沿いの榎津町の周辺には、「高麗町」と呼ばれた被虜人集落があった。長崎が発展し、高麗町周辺地域を含めて市内の真ん中を流れていた中島川一帯が長崎の中心地に編成されると、高麗町に住んでいた朝鮮人たちは、中島川の「高麗橋」という橋一帯へと移住したとされる[26]。高麗橋の一帯は、一七世紀後半まで「新高麗町」という地名で呼ばれたという。高麗橋は、一六五二年、中国人によって建設されたもので、数回の改修や補修をへて現在に至っている。今は伊勢町と呼ばれている[27]。

一方、長崎には、上記の朝鮮人集住地でない地域で個別に生活する朝鮮人も存在した。一七世紀初頭に長崎に居住していた朝鮮人の生活像を知り得るごくわずかな史料に、「平戸町・横瀬浦町人数改帳（一六三四年）」・「平戸町人別生所糺（一六四二年）」があげられる[28]。この二つの史料は、江戸幕府がキリスト教禁圧を目的にして作成したもので、該当地域の住民を網羅しており、名前・年齢・家族関係・出生地・キリシタンから仏教徒に改宗するようになった経緯と事情・所属寺・父母などが明示されている。

この史料を分析した中村質の研究(29)によれば、一六四二年の平戸町の全体住民四九戸・二二三名のうち、被雇用人を含めて朝鮮系の人が存在する家戸が一三戸、朝鮮系住民が二四名、朝鮮人一世が一〇名である。これは、平戸家戸の二七%、人数では一一%を占めるもので、長崎に朝鮮系住民がいかに多かったかを物語ってくれる。当時平戸町は、長崎六六の町の中で、ポルトガルとの貿易が始まった時に初めて成立した六カ所の町のうちの一つでもあった。平戸町は、居住や貿易売買の立地条件では、長崎の一等地に該当するところであった。当時の長崎の人口は四万名で、当初はキリシタンであったが、大概はのちに幕府の禁圧政策のもとで仏教信者となった。

上記の二つの史料には、被虜人出身とみえる朝鮮人一世・二世・三世の在り方があらわれている。もっとも注目される点は、いわゆる公権力（長崎奉行所）の指示で作成されたこれらの公的文書から、一七世紀初頭における朝鮮系住民に対する日本の公権力の支配政策の一端を探ることができるということである。これらの史料は、朝鮮を「高麗」、朝鮮で生まれた人を「高麗人」と記載しており、たとえ両親が「高麗人」であっても、日本で生まれた人は「高麗人」と記載しなかった。これは、長崎在住の中国人の場合も同様であって、いわゆる現代の「出生地主義」に類似した発想といえよう。

ここに記載された朝鮮人一世は、一〇歳前後のときに日本に連行された人たちであった。彼らは、朝鮮から長崎に直接やってきたり、あるいは西日本のほかの地域に連れてこられてから再び転売されて長崎に入ってきた人たちである。彼らは、長崎にきてからほぼ例外なくキリシタンとなり、幕府のキリシタン禁圧が絶頂に向かっていく過程でまたほとんどが仏教徒となった。したがって、長崎に住み着いた朝鮮人の絶対多数は、幕府の宗教弾圧が本格化するまでの一定の期間中、キリシタンとして生きていたと推測される。長崎に住んでいた朝鮮人がキリシタンになった理由は、人口のほとんどがキリシタンという長崎の特殊な環境によるであろうが、朝鮮人捕虜に対する宣教師の積極的な教化活動がキリスト教への入信につながったものと思われる。

平戸町の朝鮮系住民は、商人・被雇用人（下女・乳母）などで生計を立てており、朝鮮人同士や日本人と結婚して家庭をつくった。朝鮮人一世は、「高麗人」という理由で確実な身分保証人を立てなければならなかったが、日本で生まれた二世・三世は、父母の片方、あるいは両方が高麗人であっても身分保証人を必要としなかった。なお、公権力は朝鮮式本姓と名前の使用を法律で禁止することはなかった。にもかかわらず、一世を含めて二世以後の世代は、みんな日本式姓名をつかっており、朝鮮式本姓と名前を名乗る人は、ほとんどいなかった。これは、当時の在日中国人と大きく異なる点でもあった[30]。朝鮮人一世が日本式姓名をつかったのは、彼らの日本に連れられてきた時期が幼少期だった事実と関係あるであろう。

幼くして被虜人となった人の帰国に対する姿勢は、通信使（一六一七年）の従事官をつとめた李景稷が残した『扶桑錄』の以下の箇所によく現れている。

（前略）所経道路、或有被虜人、而其数不多、到倭京之後、則連有来謁者、而願帰者甚少、年過十五以後而被虜者、稍知本国郷土、稍解言語、似有欲歸之心、而毎問本国苦楽如何、投足左右、未定去就、丁寧開説、反覆懇諭、解惑者亦少、被虜於十歳以前者、言語挙止、直一倭人、特以自知其朝鮮人氏、故聞使臣之来、偶然来見、而略無向国之心、且此欲帰未決、徘徊於彼此者、皆傭賃喫苦之人、至於生計稍優、已着根本者、頓無帰意、（後略）[31]

いずれにしろ、長崎では朝鮮人一世に限って身分保証人をたてること以外、結婚・居住・職業選びなどにおいて朝鮮系住民だけに強要される特別な法制的制裁はなかったようである。長崎という特定の地域でみられる事例をもって、当時の日本社会全体の現象として簡単に一般化することはできないが、長崎が幕府の直轄領であるという点を考えると、長崎の朝鮮系住民の実態が、近世日本社会における朝鮮系住民の社会的なありかたを考えるうえで、示唆するところが少なくないと言えよう。

2 福岡県福岡

現在の福岡市は、過去福岡藩五二万石の居城があり、城下町として繁栄したところである。現在もその名を残す福岡唐人町の由来に関しては、『筑前国続風土記』に「家数百五十八軒、其始高麗人住せり」とあり、[32]また『筑陽記』にも「朝鮮陣に虜の者居る故に此地を号すと云」とあって高麗人すなわち朝鮮人が集住してつけられた地名であった。[33]黒田氏の福岡城の外郭の城下町には、「本通り」といって、東廓の牢屋町から東西の名島町をつなぐ商人街（六町筋）があり、その南側は中堅以上の武家屋敷（大名町・天神町）がおかれていた。本通りの北側は、中小町人が密集しており、本通りの西側に農・漁業に従事する人びとで荒戸町・加子町を境にして浪人町・唐人町が一つの地区を形成していた。[34]福岡藩内には、被虜人の人数も多く、被虜人の八山が開窯した高取焼（鷹取焼）があって、多くの朝鮮人陶工が住んでいたとされる。

3 佐賀県

現在の佐賀市は、過去鍋島氏の三六万石領地（肥前佐賀藩）の城下町であった。佐賀城下にあったとされる唐人町の位置は、現在の佐賀市唐人一丁目・二丁目付近に該当する。一六四〇年代に制作された佐賀の「正保国絵図」には、「コ」の字型濠の北堀の中間地点から北側へ連なっている唐人町が確認される。[35]

一八四二年に勘四郎という町人が佐賀藩庁に提出した「御用荒物唐物屋職御由緒書」によれば、勘四郎の祖先にあたる朝鮮人の李宗歓が唐人町の始祖と見られる。李宗歓は、咸鏡道吉州出身で、一五八七年、朝鮮の竹浦で漁獲する途中に遭難して現在の北九州に漂着した。李宗歓は、持ち前の商才を発揮して商人として成功したが、ある日太宰府天満宮に参拝したとき、鍋島氏の家臣に出会ったことを縁に佐賀に移住して鍋島直茂の配下となった。

朝鮮侵略が始まり、鍋島直茂が朝鮮に出陣することになると、李宗歓は鍋島軍の道案内をつとめ、鍋島軍が日本に帰国する際に直茂とともに佐賀に戻った。直茂は、彼の忠節をみとめて佐賀城の外郭（現在の白山町の北側地域）に土地を与えた。李宗歓は、そこに屋敷を建てて「唐人」という町号をつけ、佐賀藩の御用中国貿易商として活躍した。実際、地図上で唐人町という町名が確認されるのは一七世紀半ば以降であるが、李宗歓の実存は否認できない。なぜかというと、唐人町には李宗歓の墓がある鏡円寺や、李宗歓一族が故郷を偲んで立てたとされる唐人碑をまつる唐人神社など、彼に因んでいる史跡が今に残っているからである[36]。

一方、佐賀県の北部海岸に位置する名護屋（現在の鎮西町）は、秀吉が朝鮮侵略をひかえて本営を置いたところで知られるが、一六四三年の通信使一行は、名護屋から約三〇里離れたところに朝鮮人村があったと伝えている。高麗村とよばれるこの村は、数百戸の規模であって、磁器を焼くことを生業としていたというから、朝鮮人陶工を中核にして形成された朝鮮人集住地であったと推定される。

九州には、朝鮮人陶工のひらいた窯が福岡県・佐賀県・長崎県・熊本県・鹿児島県などに散在した（図1－1参照）。佐賀県で朝鮮人陶工と関係のあるところに、唐津・有田・武雄・多久および平戸（長崎県）などがある。そのうち佐賀県に連行された朝鮮人陶工で重要な人物としては、李参平・宗伝・金などがある。李参平は多久に、宗伝は武雄に、金は今の金立村にそれぞれ配置された。

有田焼の始祖とされる陶工李参平は、自分の出身地である忠清道公州金江面に因んで名前を「金ヶ江三兵衛」と改名した。『金ヶ江三兵衛由緒書』によれば、彼は鍋島直茂軍の道案内をしたことで朝鮮人から攻撃されることを恐れ、鍋島軍と一緒に日本に渡った。その後朝鮮で陶工として働いていたことが知られ、陶磁器業をやり始めたという[37]。

図1-1　九州における朝鮮陶工の窯分布

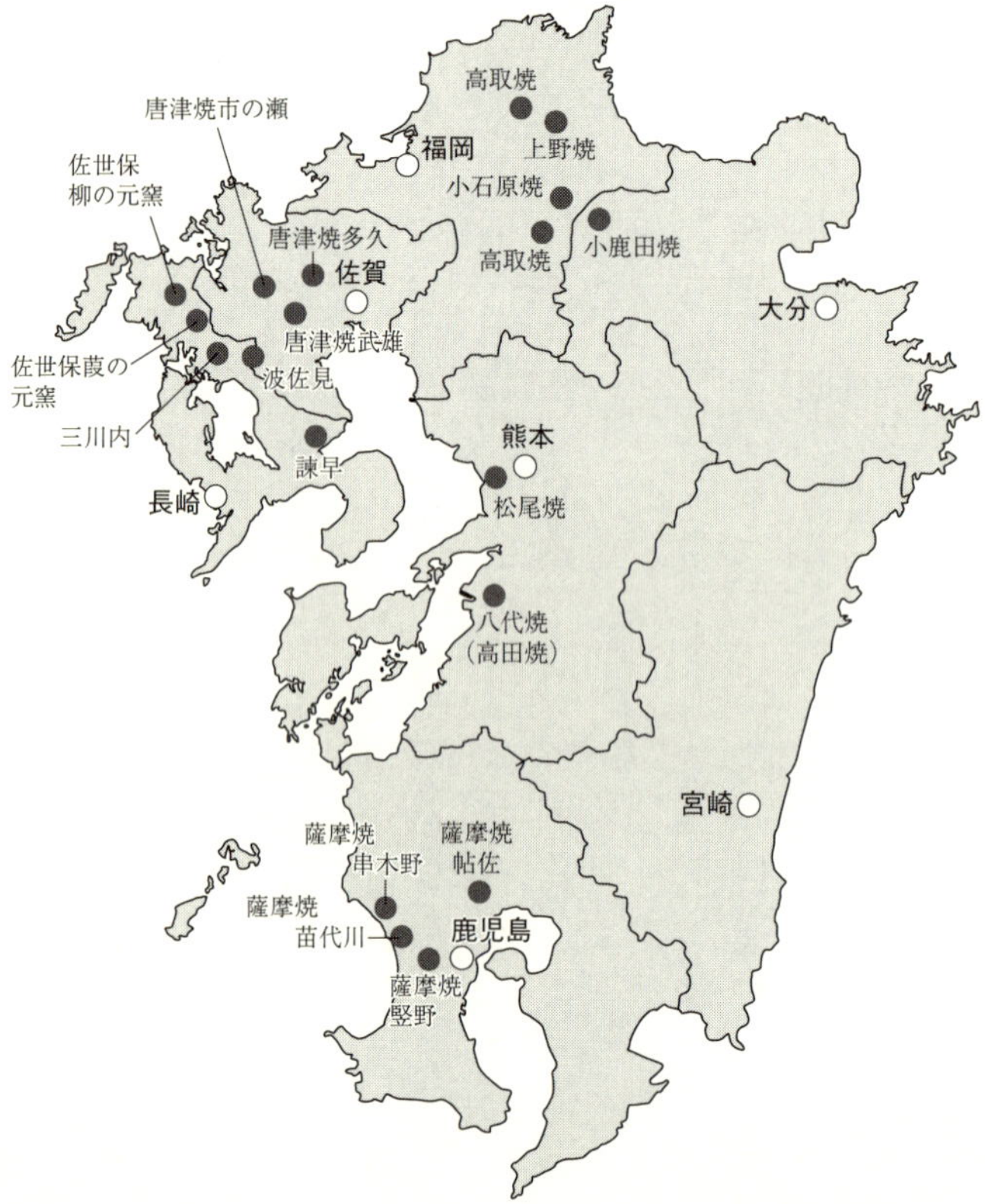

出所：九州の中の朝鮮文化を考える会編［2002］『九州のなかの朝鮮』明石書店、85頁。

李参平は、最初小城郡の多久に開窯し、多久唐津系の生活用陶磁器を制作した。一六一六年、有田郷乱橋に移り、寛永年間、有田の東北に位置する泉山で白磁鉱を発見しており、上白川に移住して天狗谷窯をつくった。そこで初めて純白の磁器を製造し、日本の製陶業に大きく貢献するようになった。彼が有田瓷器の新たな歴史をひらくと、唐津一帯に散在していた朝鮮人陶工たちが集まってきた。

武雄地域では、金海出身の宗伝が深海新太郎に改名し、内田皿山窯をひらいて陶磁器を作ったが、一六一八年に没した。彼の死後、彼の未亡人の百婆仙が陶工数百人をつれて有田地域に移住した。金立村の金は、朝鮮にいる両親のために自分たち夫婦の法名を両面に彫り込んだ逆修碑（生前慰牌）を一六二八年に建立し、のちに西松浦郡藤ノ川内に移ったが、また有田に移住した。

李参平・宗伝・金の三人の陶工は、各地を転々としてから結局有田に集まることになった。それから有田は、唐津よりも規模が大きい陶磁器生産地として名声を広めるようになった。

一六三七年には、一三カ所の窯がつくられて佐賀藩庁の管轄となり、一六七二年には約一八〇〇の家戸のある陶郷として繁栄するようになった。李参平は、たんなる陶工というより陶郷の有田を代表する大匠として泉山の白土の採掘監督を兼ねていた。現在有田一帯は、一七世紀以後に作られた窯の跡地と作業場が二百カ所ほど残っており、そのうち数カ所は、史跡に指定され、陶磁器の発展過程をいまに伝えている(38)。有田焼は、伊万里焼という名前でも知られているが、それは有田焼が過去に伊万里港を介して各地に輸送されたからである。江戸時代、伊万里は日本で唯一の陶磁器輸出港であり、長崎に入港するオランダ人に有田焼の輸出が初めて許可されたのが一八四一年で、その以前は輸出が厳しく禁じられていた(39)。

彼ら以外にも、慶尚南道熊川の陶工巨關と陶六など、一二五名が平戸の大名松浦鎮信によって日本に渡り、平戸城下の高麗町で平戸御茶碗窯をひらき、朝鮮風の粉青沙器を作った。巨關は、今村という姓をもらって代々平戸陶磁器の製造に従事した(40)。

4　愛媛県松山市

四国の松山城下(41)には、二〇〇名ほどの朝鮮人が三つの唐人町を成していた(42)。松山城主の加藤嘉明が一六〇三年、松山城を築いた時に被虜人をそこに移住させて以来、唐人町と称されたという。唐人町は、明治一四年ごろまで地図に名前が残っており、一部では太平洋戦争以後も使われていた。

注目すべき点は、当時城下にある石橋のほとんどが彼らによって架設されたことである。特に、道後温泉の湯月八幡の馬場先、御手洗川に架設された石橋は世人を驚かせたと伝えられている。唐人町の朝鮮人の末裔よりは、薬種業の三島屋、茶屋吉蔵などのような豪商級の有力商人が輩出された。茶屋家からは、俳人の百済魚文がでたが、魚文は円光寺の明月和尚（書家）とも交友した文人墨客の中心であり、武士身分の待遇を受けるほどの実力者であった。一時期一二軒ほどの茶商が軒を連ねていたこともあったとされる。

5　高知県高知市

四国の高知県高知市、播磨屋橋から南方向に一〇〇メートルほど離れたところに市内を貫通する鏡川があるが、鏡川の北岸一帯に朝鮮人の唐人町が存在した。(43) 一七世紀末に書かれた『土佐物語』は、高知市の朝鮮人唐人町の由来を次のように伝えている。

（前略）依って浮田中納言を始め、諸将釜山浦を立ちて、帰帆にぞ赴きける。元親も帰朝し給ひけるが、生捕る所の朝鮮人八十余人、土佐国へ連れ来り、不便にして町屋を立て置かれければ、唐人町とぞ申しける。豆腐いふものを調べ商ひ、一日の飱として、年月を送りける。其中に、吉田市左衛門が組んで生捕りし朴好仁は、名ある軍将なればとて、賓客の如く懇に饗応し置かれける、情の程ぞ有がたき。朴好仁が末葉共、いかなる故にか、秋月氏といふとかや。(44)（後略）〔傍線――引用者〕

壬辰倭乱の時、高知県は大名長宗我部元親の領地であった。長宗我部元親が一五九三年、慶尚南道熊川を攻めたとき、慶州から援軍としてやってきた朴好仁とその一族が吉田政重（吉田市左衛門）という武将に捕獲された。土佐に連行されて朴好仁一行が最初に住み着いたところは、元親の居城の近辺であった。一族と家人を合わせると三〇名ほどで、ほかにも連行されてきた三五〇名ほどの朝鮮人がいた。朴好仁の息子の元赫は、元親の小姓となり、娘は元親の正室の侍女として働いた。

ところが長宗我部氏が一六〇〇年関ヶ原の戦いで敗れて領地を没収されると、朴好仁一行の生活も苦しくなった。一六〇一年、土佐に転封されてきた大名の山内一豊は、朴好仁一族の諸役を免除し、吾川郡長浜に田地三反を与えて優遇した。山内一豊が浦戸から高知市に居城を替えると、朴好仁一族に鏡川の沿岸に六七坪ほどの屋敷を与えた。ほかの被虜人にもその周辺に集住するようにし、彼らの行う豆腐製造と販売に独占権を与えた。城下町周辺地域でほかの人が豆腐営業をしないように禁ずる代わりに、正月お礼の形式で銀二枚を上納させた。豆腐の販売は、幕末まで朴好仁一族の専売特許であった(45)。鏡川の北岸一帯にあった「唐人町」はこうした経緯で形成された朝鮮人村であった。

現在、日本人が好んで食する豆腐はやわらかい豆腐であるが、かつて唐人町で生産された豆腐は、縄で結んで持ち歩けるぐらい硬かった。高知県の最も北部と徳島県との境界地域に位置する大豊町では、いまでもこのような豆腐が生産されており、これを「唐人豆腐」と呼んでいる。むかし唐人町のあったところで、その末裔が経営する豆腐店をいまや見かけることはできなくなったが、日本が太平洋戦争で敗戦する以前の時期までも、唐人町は豆腐の匂いが充満するところであり、そこの豆腐は、高知市を代表する名産品であった。

いずれにしろ、朝鮮での地位と豆腐製造技術を伝播した功績を認められたためか、朴好仁は現地で相当に優遇された。ところが朴好仁本人は、土佐に定住する道を捨て、あちこちに居所をかえた末に朝鮮に帰国した。土佐を離れた彼は、一時期伊予の大名加藤嘉明に頼ったが、そこから福島正則が支配する広島に再び移り住んだ。彼は、広島でも福島正則より屋敷を与えられ、二人の子息を授かったが、広島で生まれた二人の子供を連れて、一六一七年に訪日した朝鮮通信使とともに朝鮮に戻った。

おわりに

近世日本社会に「朝鮮人集住地」が形成された発端は、壬辰倭乱の際日本に連行された披虜人である。一七世紀初頭に日朝関係が再開されると、朝鮮政府の刷還活動や大名の釈放によって帰国した被虜人もいたが、脱出に失敗して大名権力に殺される人もあり、日本残留を選んだ人もいた。

おそらく、被虜人第一世代の時点では、互いに同族という心理的共感や知人・同業者という共通点から、一カ所に集まってくる現象が生まれており、当時の藩権力が推進していた商工業政策とあいまって特定な技能集団として認められる手順を踏んだと思われる。本章で検討したように、高知市の豆腐生産者や愛媛松山市の商人のように、藩権力から一定の利権を保証されたり、社会的に優遇されたり、有力豪商に成長するケースも見受けられる。各地に散在していた陶工を含めて、集住した朝鮮人に対する藩権力の管理や統制の程度は、今後さらなる分析が必要である。

ただ長崎の場合、長崎奉行所の指示によって作成された公文書から、一七世紀半ばにおける朝鮮系住民の社会的なあり方の一端を知り得る。被虜人出身とみえる朝鮮人一世は、商人・被雇用人などで生計を立てており、朝鮮人同士や日本人と結婚して二世・三世が生まれた。長崎では朝鮮人一世に限って身分保証人をたてること以外、結婚・居住・職業選びなどにおいて朝鮮系住民だけに強要される特別な法制的制裁はなかったようである。

今後、個別事例に関して、日本における奴隷制度の特徴や異文化対応、さらに朝鮮人側の薩摩を含めた地域における陶工の存在形態につき、深く追究していきたいと考えている。

補記　本章は、尹裕淑［二〇〇九］「近世初　西日本地域「朝鮮人集団居住地」」＊（高麗大学歴史研究所編『史叢』第六八集）を修正・

補完したものである。

注

（1）被虜人とは、本来朝鮮の文献に使われた史料用語である。被虜人が「壬辰倭乱中、日本軍に拉致された民間人の戦争捕虜」の性格をもつことを表現するために、現在、韓日両国の学界では「被虜人」を歴史用語として使用している。一九九〇年代に、日本の学界でこうした被虜人を「近世初期渡来朝鮮人」と表現した例があったが、日本の古代史分野でいう「渡来人」とは、自主的な意思で集団渡来した人びとを意味するため、壬辰倭乱で発生した被虜人を「近世の渡来人」と表現するのは、適切ではないと思われる。

（2）朝鮮人被虜人に関する代表的研究は末尾に一括して示した。

（3）荒野泰典［一九八七］「日本型華夷秩序の形成」（朝尾直弘ほか編『日本の社会史一　列島内外の交通と国家』岩波書店）。

（4）丁酉再乱に従軍した日本僧侶の慶念は、自らの『朝鮮日日記』で人身売買商人が老若男女にかかわらず買い入れた朝鮮人の首を縄で結びつないで殴って歩かせたり、牛馬を引かせたり荷物を運ばせたりする様子を赤裸々に描いている。人身売買商人に連行されていく朝鮮人の悲惨な光景がうかがえる。

（5）崔豪鈞［二〇〇〇］「壬辰、丁酉倭乱期　人命被害に対する計量的研究」＊（国史編纂委員会編『国史館論叢』第八九集）四九頁。

（6）米谷均［一九九九ａ］「近世日朝関係における戦争捕虜の送還」二九頁。米谷の論文には、一五九九年から一六四三年まで被虜人の本国帰還の事例が、時期・人数・刷還の主体などの項目別に整理されている。

（7）慶暹［一九七七］『海槎録』＊（民族文化推進会編『国訳海行摠載Ⅱ』民族文化推進委員会）丁未（一六〇七）年閏六月二六日。

（8）六反田豊ほか［二〇〇五］「文禄慶長の役」＊（韓日歴史共同研究委員会編『韓日歴史共同研究報告書』三、韓日歴史共同研究委員会）五三～五四頁。

（9）中村質［一九九二］「壬辰丁酉倭乱の被虜人の軌跡」一六七頁。

（10）仲尾宏［二〇〇〇］「壬辰・丁酉倭乱の朝鮮人被虜とその定住・帰国」一九〇～一九一頁。

（11）閔徳基［二〇〇三］「壬辰倭乱で拉致された朝鮮人の日本生活」＊参照。閔徳基は、使行録に記録された通信使の目撃事実・伝言などに基づき、ほとんどの被虜人が奴隷人力として終身隷属されたであろうとみた。

（12）荒野泰典前掲［一九八七］二〇三頁。

(13) 仲尾宏前掲［二〇〇〇］一七四〜一七六頁。仲尾宏は、「日本軍が朝鮮の民間人を連行した目的の一つに、日本で活用するための農耕労働力の獲得がある」とする従来の観点を否定した。大名たちは、日本の農村社会の労働力を軍役で朝鮮侵略に投入し、そのため農村では労働力の不足現象が起きたので、拉致した朝鮮人を農耕奴隷で使役したことも一部事実であるが、出陣した大名が最初から計画的に朝鮮人を農村労働力の補給源として使用しようとして日本に連行した証拠はないと主張した。

(14) 金文子［二〇〇三］「一六〜一七世紀朝日関係における被虜人の帰還」＊一八三頁、閔徳基［二〇〇三］「壬辰倭乱で拉致された朝鮮人の日本生活」＊一七六〜一七七頁。

(15) 鄭希得『月峯海上錄』萬曆二五（一五九七）年戊戌三月四日。

(16) 朝鮮中期の文臣・義兵将。日本にいる間、藤原惺窩・赤松広通に朱子学を伝えており、帰国後、日本での捕虜生活記の『看羊録』を残した。

(17) 鄭希得『月峯海上錄』萬曆二五（一五九七）年戊戌二月一一日・二月二五日・六月七日・九月二一日。

(18) 同右『月峯海上錄』萬曆二五（一五九七）年戊戌八月二一日。

(19)『朝鮮王朝実録』宣祖三二（一五九九）年四月一五日甲子条。

(20) 尹裕淑［二〇〇九］「戦国時代における日本的世界観と神国思想」＊（金鉉球『東アジア世界の日本思想――日本中心的世界観生成の時代別考察』東北亜歴史財団）一二一〜一二三頁。

(21) 一七世紀初め、九州から遠く離れた関東地域にも中国人集住地が存在した。一六〇七年に通信使が相模国の小田原で泊まっていた時、一人の中国人が中国の衣装で訪ねてきて、「僕の名前は、葉七官で福建の人である。嘉靖年間（一五二二〜一五六六年）に五〇名ほどで乗船してここに流れて来た。三〇人は、数年前に本土に戻り、私たち一〇名はここから五里ほど離れたところにそのまま住んでいる。妻子もあり生活が安定していて、今は動けない。倭人は私たちが住んでいるところを唐人村と呼んでいる」と言ったという。慶暹前掲［一九七七］『海槎録』丁未（一九六七）年五月二〇日。

(22)『日本史大事典』五、平凡社、一九九三年、七七頁。肥前長崎・福江、肥後川尻、薩摩鹿児島、大隅高須にも相当の人数の中国人がいて、イギリス商館長リチャード・コックスの日記には、平戸の木引田町の一帯にある唐人街についての記事が見えるが、現在これらの地域に唐人町という名称はない。それは、川尻、高須など、近世的な町建設が始まる前に消滅した可能性も考えられる。

(23)『日本年報』とは、日本で活躍したイエズス会宣教師が各地から集めた情報を年報にまとめ、一五八一年以後ローマ本部に送付したものである。イエズス会の日本布教の状況や、学校と病院設立に関する業績、各地の宣教師が手に入れた日本国内の重要な事件などが含められている。

(24) 朴花珍［二〇〇五］「日本キリシタン時代、九州地域に対する考察」＊（釜山慶南史学会編『歴史と境界』五四）二一六～二一七頁。

(25) 同右、二一七頁。

(26) 尹達世［二〇〇三］『四百年の長い道』一三八頁。

(27) 朴花珍前掲［二〇〇五］二一七頁。長崎の高麗町・新高麗町に関する文献に、嘉村国男［一九八六］『長崎町尽し』長崎文献社がある。

(28) 中村質校訂［一九六五］『長崎平戸町人別帳』九州史料叢書三七。

(29) 中村質［一九九二］「壬辰丁酉倭亂の被虜人の軌跡」一六九頁。

(30) 同右、一七七～一七八頁・一八五頁。

(31) 『扶桑錄』萬曆四五（一六一七）年八月二二日甲寅條。

(32) 『筑前国続風土記』一、『益軒全集』四、二二頁。

(33) 『日本史大事典』五、平凡社、一九九三年、七七頁。

(34) 大阪朝日新聞通信部編［一九三七］『名城ものがたり』朝日新聞社、四二五頁。

(35) 『日本史大事典』五、平凡社、一九九三年、七七頁。

(36) 九州の中の朝鮮文化を考える会編［二〇〇二］『九州のなかの朝鮮』明石書店、五二～五三頁。

(37) 仲尾宏前掲［二〇〇〇］一七五～一七六頁。

(38) 『日本地理風俗大系』第一三巻、新光社、一九三〇年、一〇六～一一〇頁。尹龍二［一九九四］「陶瓷器の道（朝鮮陶工による日本陶瓷への影響）」＊『梨花女子大学陶芸研究』一六、四一頁。禹寛壕・千宗業［一九九八］「肥前陶磁器研究」＊（弘益大学校編『弘大論叢』三〇）、四〇～四一頁。

(39) 『日本地理風俗大系』第一三巻、一〇六～一一〇頁。享保年間、有田の豪商の富村勘右衛門が嬉野次郎左衛門と共謀して幕府の禁令をやぶってインドに輸出したことが発覚し、富村は自殺、嬉野は処刑される事件が起きた。この事件は、かえって有田焼の名声が海外に広まる契機となった。なお、かつては陶工と陶商が分業されていて、有田地方は陶磁器の製造地、伊万里は発売輸出地というふうに決められていたので、伊万里の商人が有田に行って陶磁器を購入し、伊万里に戻って販売するかたちであった。

（40）禹寛壕・千宗業前掲［一九九八］＊四一頁。
（41）一六二七年、加藤嘉明が会津四〇万石に転封されたのち、松山城は蒲生氏の所領や幕府直轄領をへて、一六三五年、徳川一族の松平守定によって幕末まで支配された。
（42）松山城下の朝鮮人唐人町に関しては、内藤雋輔［一九七六］七四一頁。
（43）高知市唐人町の由来や朝鮮人の豆腐製造に関しては、内藤雋輔同右、七四六〜七四八頁、尹達世前掲［二〇〇三］二四〜二九頁。
（44）黑川眞道編［一九一四］『國史叢書　土佐物語二　四國軍記全』國史研究會、五三三頁。
（45）高知縣編［一九二四］『高知縣史要』濱田印刷所、六〇六頁。高知城下町は、商品別に販売区域が定められており、豆腐は唐人町だけで売ることになっていた。

参考文献

日本文

荒野泰典［一九八七］「日本型華夷秩序の形成」（朝尾直弘ほか編『日本の社会史一　列島内外の交通と国家』岩波書店
尹達世［二〇〇三］『四百年の長い道』リーブル出版
高橋公明［一九九二］「異民族の人身売買――ヒトの流通」（荒野泰典・石井正敏・村井章介編『アジアのなかの日本史　二』東京大学出版会）
鶴園裕ほか［一九九一］『日本近世初期における渡来朝鮮人の研究――加賀藩を中心に』一九九〇年度科学研究費補助金研究成果報告書
内藤雋輔［一九七六］『文禄慶長における被虜人の研究』東京大学出版会
仲尾宏［二〇〇〇］「壬辰・丁酉倭乱の朝鮮人被虜とその定住・帰国」（仲尾宏『朝鮮通信使と壬辰倭乱』明石書店）
中村質［一九九二］「壬辰丁酉倭乱の被虜人の軌跡――長崎在住者の場合」（国史編纂委員会編『韓国史論』第二二号）
丸茂武重［一九五三］「文禄、慶長の役に於ける朝鮮人抑留に関する資料」（国史学会編『国史学』第六一号）
村井早苗［一九九八］「朝鮮生まれのキリシタン市兵衛の生涯」（今谷明・高利彦編『中近世の宗教と国家』岩田書院）
米谷均［一九九九ａ］「近世日朝関係における戦争捕虜の送還」（『歴史評論』第五九五号）
米谷均［一九九九ｂ］「朝鮮通信使と被虜人刷還活動について」（田代和生・李薫監修『対馬宗家文書　第Ⅰ期　朝鮮通信使記録　別冊』ゆまに書房）

米谷均［二〇〇〇］「一七世紀日朝関係における被虜人の送還――惟政の在日刷還活動を中心に」（四溟堂記念事業会編『四溟堂 惟政』知識産業社）

韓国文

クジヒョン［二〇一四］「壬辰倭乱被虜人に対する回答兼刷還使の認識変化」（ドンアク語文学会『ドンアク語文学』第六三号）
金文子［二〇〇三］「一六～一七世紀朝日関係における被虜人の帰還――特に女性の場合」（祥明史学会編『祥明史学』第八・九号合集）
金文子［二〇〇四］「壬辰・丁酉再乱期の朝鮮被虜人問題」（『中央史論』第一九号）
金ジョンホ［二〇〇八］「一七世紀初朝鮮被虜人刷還交渉戦略の特性と日本語訳官の役割」（韓国学中央研究院編『精神文化研究』第一一三号）
金ジョンホ［二〇一一］「史料からみた朝鮮被虜人の日本苗代川定着過程研究（一）」（韓国政治外交史学会編『韓国政治外交史論叢』第三三号）
金ジョンホ［二〇一五］「史料からみた朝鮮被虜人の日本苗代川定着過程研究（二）」（韓国政治外交史学会編『韓国政治外交史論叢』第三七号）
金ジョンホ［二〇一六］「壬辰倭乱期朝鮮被虜人に刷還交渉の政治外交史的特性比較」（二一世紀政治学会編『二一世紀政治学会報』第二六号）
閔徳基［二〇〇三］「壬辰倭乱で拉致された朝鮮人の日本生活――なぜ拉致され、どう生きたか」（湖西史学会編『歴史と談論』第三六号）
閔徳基［二〇〇四］「壬辰倭乱で拉致された朝鮮人の帰還と残留への道」（韓日関係史学会編『韓日関係史研究』第二〇集）
閔徳基［二〇〇六ａ］「壬辰倭乱中に拉致された朝鮮人問題」（韓日関係史研究論集編纂委員会編『壬辰倭乱と韓日関係』景人文化社）
閔徳基［二〇〇六ｂ］「拉致された朝鮮人たちは日本でどう生きたか」（韓日関係史学会編『韓日関係二千年見える歴史、見えない歴史 近世』景仁文化社）
ユチェヨン［二〇一二］「壬辰倭乱期被虜人と彼らの記録」（江原大学人文科学研究所編『人文科学研究』第三三号）

補論　近代日本の「被虜人」末裔をめぐる状況・認識――旧薩摩藩の陶工村を中心に

宮本　正明

豊臣秀吉の朝鮮侵攻に伴い「被虜人」となった人びとの一部は、長州藩・佐賀藩・薩摩藩など西南地域を中心として陶磁器生産に従事し、有田焼・萩焼・薩摩焼などを生み出したことで知られている。その末裔はほとんどの場合、近現代においては、朝鮮にルーツを持つことの痕跡を残すことなく推移した。これに対し、薩摩藩の政策のもと陶工村（以後、具体的な地域名は明記せず、近代以降の記述においても陶工村とのみ表記）を形成して集住生活を営んだ人びとは、「朝鮮風俗」維持措置により、「朝鮮的姓氏」をはじめ、朝鮮出身者であることの表象を付与され、それを保持し続けた。(1) 江戸時代の終焉と新政府の樹立を迎え、旧薩摩藩の庇護を失った陶工村の在住者は、将来的な展望を「士族」籍への編入に見出して運動を行ったものの新政府からの許可を得られず、その後は養子縁組などを通じて「日本式氏」を獲得する方向で動いていく。(2)(3) 戸籍編製に伴い従来の「朝鮮的姓氏」をもって近代日本の正式な「氏」とされた人びとはその名前により、朝鮮にルーツを持っていることが、旧薩摩藩の地域にとどまらず、日本社会全体で可視化されるようになった。その一方、旧薩摩藩の陶工村からは、「朝鮮的氏」を持ったまま、戊辰戦争・西南戦争・日清戦争・日露戦争に従軍する人びとを輩出し、戦死者も出している。(4) 陶工村出身者は近代以降、「内地人と同一の法律制度の下に在」り、「住民の権利義務に内地人と何等逕庭《けいてい》がな」く、「国家を構成する一分子として、他の内地人と全く平等の地位に在」った。(5)「韓国併合」によって日本の直轄領域に編入され、「内地人」と様々な面で法制度上の格差が設けられた朝鮮出身者とは異なり、あくまでも「内地人としての日本人」であった。とはいえ、陶工村出身者に対する差別は近世と近代とでその性格を異にしつつも、差別自体は継続的に存在した。

日露戦争から三次にわたる日韓協約を経て「韓国併合」に至る流れは、日本においてしばしば神功皇后・豊臣秀吉・西郷隆盛を想起させた(6)。日本にとって、朝鮮の日本への完全な服属は「歴史的宿願」であり、「歴史的必然」であるととらえられた面があった(7)。旧薩摩藩の陶工村の存在もまた「韓国併合」直後、『鹿児島新聞』一九一〇年九月七日付の紙面で取りあげられている。陶工村出身者は、「朝鮮的氏」を持つなど、一九四一年段階の「今日猶ほ其の出所因縁が明かである」という点で「頗る特異」な存在であるがゆえに、日本による朝鮮統治の展開過程のなかで注目され続けた(8)。「日鮮（あるいは内鮮）融和」が政治的標語として掲げられる「文化政治」の時期には、朝鮮総督の斎藤実の訪問（一九二一年四月）を機に陶工村の存在が朝鮮に広く知られるようになり、朝鮮からの訪問者があいついだ。陶工村の出身者に対しては、三〇〇年前より先駆けて〝同化〟と〝文明化〟を受け入れた先達として、朝鮮在住の朝鮮人への「指導啓発」の役割を果たすことが期待された(9)。陶工村の中心人物として押し出された第十三代沈壽官（沈正彦）もまた、朝鮮からの渡来者の存在は日本人と朝鮮人が「同文同根」であることの証拠であり、両者の「相互提携」が「東洋平和」の基礎になるという主張を展開した(10)。他方で第十三代沈壽官は、陶工村が日本において「朝鮮の誇り」や「真の朝鮮」を守ってきた特殊な地域であり、それを支えてきたのが檀君（朝鮮の開祖神）信仰であることを、朝鮮在住の朝鮮人に向けて訴えてもいる(11)。この時期は、朝鮮的な要素を維持している面がことさらに隠されることなく、状況に応じて積極的に打ち出すこともなされていた。

一九三四年一〇月三〇日の閣議決定「朝鮮人移住対策ノ件」により、日本本国への朝鮮人の移動の抑制および既住の在日朝鮮人に対する「内地」への「同化」が日本政府の方針として打ち出された。後者は日中戦争という新たな事態を迎えて以後、より強力な形で推進される。朝鮮において「内鮮一体」のスローガンのもとに「皇民化」政策が展開されるなか、日本本国では既住朝鮮人や被動員朝鮮人の「同化」の徹底を図る協和事業が始動するに至る（本書第七章参照)。こうした状況を反映して、古代の渡来人や近世の「被虜人」をめぐり、その存在が「内鮮一体」を先取りしたものであり、朝鮮人の「同化」が可能であることの歴史的根拠として、改めてクローズアップされることになった。関連の論説や記事が、協和事業の司令塔である中央協和会の機関誌・刊行物において散見される[12]。旧薩摩藩の陶工村についても、武田行雄「前線指導者への期待」(『協和事業』第二巻第一〇号、一九四〇年一二月)、中山久四郎「内鮮協和一体の史実」(同前)などにおいて言及があるほか、「創氏改名」との関係で朝鮮総督府から派遣された係官による現地調査の報告として田村正男「内地に見る内鮮一体」(『朝鮮』第三一一号、一九四一年四月)がある。

この時期の陶工村をめぐる日本側の言説においては、日本人としてすでに「同化」しているという面を強調する向きが強まる。武田行雄は第一回協和事業指導者講習会の講演で陶工村の訪問の際に見聞した内容について触れ、「唯氏名こそ朝鮮風のものが残つて居りますが、他の点は横から見ても縦から見ても、外国の諺で申せば一寸刻みにしても全くの日本人であると云ふことが出来ませう」と述べるとともに、「自分がその内地化の生きた標本である」という第十三代沈壽官の発言に感銘を受けたと伝えている[13]。田村正男もまた、「此の部面〔法律・制度、権利・義務〕よりの内鮮一体を謂ふならば、それは夙に明治初年に於て完成されて居」るとともに、「斯かる外形方面のみならず内心的方面の融和乃至内鮮一体も今日に於ては最早完成の域に達して居」ると記している[14]。

旧薩摩藩の「朝鮮風俗」維持措置をめぐっては、それ以前の時期における関連の論説などにおいて否定的な形での言及はほとんど見られない。しかし、「皇民化」政策や協和事業が展開されるなかで、朝鮮人の「同化」という観点から、その措置が批判的にとらえかえされるようになる。特に武田行雄は、旧長州藩との対比でそうした見方を明確に打ち出している。武田によれば、旧長州藩内における朝鮮出身陶工への措置は、自覚的なものか否かは定かではないにせよ、「旧来の風俗を其の儘存置せしめやうとする意識的な政策でなく」、「積極的に内地化を図つたのでなくても、同化の方針を以つて臨」むものであった。その結果、「自然々々の間に外形的にも内地風に化してしまつて居る」という現状がもたらされ、今日では「文献等を漁つて色々調べて見て始めて、あの家も当時の帰化人の後であるのか、と云ふやうな発見が著名な人々に相当見当ると云ふ程の実状」に至っているとする。それに対し、旧薩摩藩の「朝鮮風俗」維持措置については、「外形的には同化の禁止政策であつたとも考へられるのであり」、そのために「精神に於ては既に全く日本化し切つて居る」にもかかわらず「三百三十年後の今日、習俗が形に於て其の儘残つて居るものもある」とする。「民族同化の成果は年月と、数と、政治方針の三点によつて左右されるものである」という見解を持つ武田は、とりわけ両者の「政治方針に於て多少の相違があつた」ことが「今日の結果となつて現れて居るのではないか」と見る。そして、「今日の朝鮮同胞の内地同化」という「容易ならぬ問題」に直接向き合う立場にある者として、「我々が今日の施政方針の下に現在の〔協和事業の〕機構を充分整備し活用して同化方策を押し切つて行く事が出来たならば、必ずや毛利藩に於て示した実績以上のものを残したと今から三百年後の歴史家は今日を顧みて記録してくれるに相違ない」と述べる[15]。協和事業の「同化方策」の推進にあたり意識されるべき歴史は、旧薩摩藩でなく旧長州藩の措置であることがここに明示されていると言える[16]。従来は批判の対象としてはほとんど意識されることのなかった、旧薩摩藩の「朝鮮風俗」維持措置が、「皇民化」政策や協和事業を通じて「同化」の徹底が追求される時代状況を受けて、その評価を大きく変えたのである。

陶工村へ注がれる外部のまなざしは、陶工村の内部で求めると求めざるとにかかわらず、また事実関係の如何を問わず、陶工村に接近を図る外部の側の問題意識や〝欲望〟を如実に映し出すものになる。その一方で、陶工村出身者にとって日本の朝鮮統治期は、時には朝鮮というルーツを隠しながら、時には朝鮮的な要素を積極的に打ち出しつつも、全体的にはその時々の日本にとって「模範的」な地域であろうとする苦闘の連続であったと言える。

久留島浩ほか編『薩摩・朝鮮陶工村の四百年』では、陶工村出身者の歴史的な軌跡について、日本統治下の一部の朝鮮人や近代の時期に起源を持つ在日朝鮮人の歩みに重なるとする指摘が散見される。例えば、愼蒼宇［二〇一四］は、日清・日露戦争をめぐる陶工村出身者の戦争経験のなかに様々な「苦しみ」を見出し、たとえ陶工村の人びとに『朝鮮人』という意識が希薄であったとしても、私は在日朝鮮人の苦しみの歴史のひとつであると捉えたい」とその論稿を結んでいる(17)。直接的な文脈からは外れるものの、この指摘は、「在日朝鮮人」を時空間の面で限定的かつ一様にとらえてしまいがちな見方に注意を喚起するとともに、「在日朝鮮人」の〝内実〟そのものを改めて問い直す視点として受けとめることもできるように思われる。

注

(1) 井上和枝［二〇一四］「朝鮮人村落『苗代川』の日本化と解体」（久留島浩・須田努・趙景達編著『薩摩・朝鮮陶工村の四百年』岩波書店）二〇四～二一六頁。

(2) この「朝鮮式姓氏」は、本来の朝鮮の「姓」および近世日本の「氏」のいずれとも、その性格を異にしていた（井上和枝［二〇一四］二一一頁）。

(3) 小川原宏幸［二〇一四］「苗代川と『改姓』」（前掲『薩摩・朝鮮陶工村の四百年』所収）、井上和枝前掲［二〇一四］二一六～二二二頁。

(4) 大武進［二〇一四］「西南戦争と苗代川」（前掲『薩摩・朝鮮陶工村の四百年』所収）、愼蒼宇［二〇一四］「日清・日露戦争と苗代川『朝鮮人』」（同前）。

(5) 田村正男「内地に見る内鮮一体」（『朝鮮』第三一一号、一九四一年四月）六三頁。田村正男は朝鮮総督府法務局民事課在勤。

(6) 例えば、『東京パック』一九〇七年八月一日号掲載の風刺画では、第三次日韓協約の調印を天空で見守る神功皇后・豊臣秀吉・西郷隆盛の姿が描かれている（韓相一・韓程善［二〇一〇］『漫画に描かれた日本帝国』神谷丹路訳、明石書店、口絵ⅳ頁）。

(7) 同右、口絵ⅳ・一六五頁。

(8) 前掲・田村正男「内地に見る内鮮一体」五〇頁。

(9) 槐翁「帰化鮮人と視察鮮人の感想（二）」（『京城日報』一九一八年五月一一日付）。

(10) 沈壽官「三百余年祖業と伝統を守りつゝ、理想郷を建設せる朝鮮人帰化村」（『朝鮮地方行政』第九巻第九号、一九三〇年九月）六二頁。

(11) 「平和のなかにひたる鹿児島朝鮮村（二）」＊（『毎日申報』一九二五年六月二二日付）。

(12) 一記者「高麗神社の由来と内鮮一体の意義」（『協和事業彙報』第二巻第一号、一九四〇年二月）、「博士王仁の墓」（『協和事業』第二巻第三号、一九四〇年四月）、井上平八郎「我が国陶業上より観たる内鮮関係——有田焼を中心に（一）（二）」（『協和事業』第二巻第五号、一九四〇年六月）、善生永助「半島帰化人の分布（一）（二）」（『協和事業』第二巻第五号、一九四〇年六月）など。

(13) 武田行雄「前線指導者への期待」（『協和事業』第二巻第一〇号、一九四〇年一二月）一六～一七頁。武田行雄は中央協和会主事。

(14) 前掲・田村正男「内地に見る内鮮一体」六三頁。

(15) 前掲・武田行雄「前線指導者への期待」二一～二二頁。

(16) なお、田村正男は、朝鮮における「創氏改名」の実施とあいまって、陶工村在住者のほうがかえって「内地人式氏」の取得に困難がある（一八七二年の太政官布告「苗字名改称ヲ禁スルノ件」が「今日猶ほ生きて居る」とする）という現実が浮き彫りになっていることを強調し、これを「為政者の特異なる政策に依り、苗代川住民が特別の環境に置かれた為、帰化当時の習俗が長年月間保存され、今日猶ほ之が痕跡を止め之に胚胎する一、二の問題が惹起されつゝあること」（前掲・田村正男「内地に見る内鮮一体」四〇頁）の一つとして指摘した。もっとも、その批判の重点は、旧薩摩藩の「朝鮮風俗」維持措置よりも、むしろ明治初期における氏制度の実施にあたり「彼等の氏の外形を朝鮮式の儘放置したことが良くなかつた」ところに置かれている（同前、六五頁）。

(17) 愼蒼宇前掲［二〇一四］三三三頁。

＊この補論は、久留島浩・須田努・趙景達編著『薩摩・朝鮮陶工村の四百年』（岩波書店、二〇一四年）所収の拙稿「第十三代沈壽官と植民地朝鮮」にもとづき、その記述を小論として再構成したものである。

第二章　大韓帝国期の「お雇い外国人」に関する研究——平式院の日本人技術者井上宜文の事例(1)

金　明　洙

はじめに

筆者は最近大阪のある古書店で『宜文前期事業紀念寫眞　附人事紀念寫眞』という名の写真帖を見つけた。「井上宜文」を単なる平式院の度量衡製作技師として知っていた筆者は、写真帖の閲覧からいくつかの追加事実を確認することができた。第一に、井上は一八九八年に設立された漢城電気会社に電車車両を納品するために渡韓したこと、第二に、単なる度量衡技師ではなく韓国の度量衡制度を日本に合わせて統一する工作で重要な役割を果たしたこと、第三に、日露戦争に従軍し、さらに韓国の軍器廠を建設したこと、第四に、植民地期に入って様々な企業活動を行ったことなどである。

写真帖に付いている何枚かの写真も拝見させてもらった。その中に筆者の目を引いた写真が、日露戦争直前の李容翊と和田八千穂を一緒に撮ったもの（一九〇三年一一月）である。李容翊は誰もが知る高宗の腹心で、高宗中心の「上からの改革」を推し進めた人物である。和田は一九〇三年の当時海軍々令部病院であった漢城病院の三代病院長として一九〇一年一二月に渡韓した人物で、一九〇三年五月に急性中耳炎に罹った李容翊を手当てしたことをきっかけに李との親交を深めた。この写真はおそらく李が漢城病院に入院した当時の姿を収めたものではないかと考えられる。[2] そのほかに塩川一太郎や魚潭少将などの写真もある。塩川は早くから在韓日本公使館の通訳官として活動した人物で、対韓通商と関連した小冊子を刊行したほど韓国に通じており、軍国機務処が存続した時期（一八九四年六月二六日より同年一二月一七日まで）には軍国機務処の要請により事務諮問に応じた。[3] 魚潭は成城学校を経て陸軍士官学校を卒業した軍人で、高宗の従弟に当たる李載完と公使館付き武官野津鎮武の密談を通訳しながら歴史的な現場を目の当たりにした人物である。これらの写真に収められた人物たちは井上とどのような関係を持っていたか。写真とそこに記された記録を以ってパズルを合わせていけば、大韓帝国期の近代化過程において井上のような日本人技術者がどのような役割を演じたかが明らかになるだろう。

また井上の事例は、帝国主義時代に日本が周辺国に伝播した「技術の政治性」を検討できる好事例でもある。[4] 韓末は、日本をはじめとした帝国主義列強が韓国に対する支配権をめぐって競争していた時期であり、特に日本による政治的な工作が繰り広げられていた時期でもあった。ちょうどその時期に西洋技術が直接流れ込んだり、あるいは日本を経由して間接的に導入されたりした。とりわけ鉄道・度量衡・軍機廠などは精密な技術が必要な分野で、当時の韓国政府は「技術の政治性」に対する判断もできず受動的に受け入れざるを得なかった。日本からの技術導入及び技術者の雇い入れが、日本による韓国の植民地化にどのような影響を与えるか、その政治的な理解が不足していたためである。すなわち、技術の導入というのは実務的な性格が強い分野であり、これを可能にするための政治的な交渉は弱小国に新しいシステムを強制し、技術を導入した国家の経済的な性格を規定することになる。[5] そうした側面から井上の事例は、大韓帝国政府が推し進めた技術導入に見る「お雇い外国人」として、日本人技術者の持つ政治的な役割を理解する上で役に立つだろう。

一　渡韓までの前史

1　京都府画学校の卒業と万国博覧会への出品

井上は一八六八年に京都で生まれた[6]。彼は京都中学校を経て京都府画学校に入学し[7]、一八八六年二月に同校の東宗画科を卒業した[8]。東宗画科は西洋画を学ぶ西宗画科とは異なり、日本写生画や大和絵を勉強する分野であった[9]。次の引用文は京都府画学校の設立建議書である。この建議書から当時地理・測量・器機・工芸品製作などの基礎として画が重要視されていたことが見て取れる。

「画ハ美術ノ一ニシテ万般ノ事ニ最モ緊要ナル学芸ナリ画ヲ以テ業トスルモノ及工職ヲ以テ事トスルモノ宜ク研磨セザルベカラズ凡天地間万有ノ形象ニ就テ巨細大小ノ景ヲ自由ニ伸縮描写シ或ハ昔時ノ規模ヲ今日ニ攷ヘ今日ノ盛躅ヲ他年ニ留メ又ハ万里外各国ノ民風謡俗ノ異ヲ目下ニ繁覧シ地球上諸洲山水草木ノ状ヲ紙上ニ縦観スル等皆此画学ノ力ニ由ラザルハナシ就中地理測量器機建築ノ学術百工製作ノ伎倆総テ画ヲ以テ施業ノ基礎トス是ニ於テ有志者斯ニ画学校ヲ創立シ此技芸ヲ精究セント希望シ既ニ寄附金ヲ出願スル者アリ其志奇特ニ付速ニ該校ヲ興立セシメント欲ス図画ニ従事スル者ハ勿論一般ノ衆庶ト雖モ此意ヲ了得シ費用ヲ助ケント志ス者ハ勧業場ヘ早々可申出云々[10]」

当時数多く企画された内国絵画共進会も殖産興業的な意味を強く持っていた[11]。明治維新以来、日本美術行政の目標は、質的に三つの命題の実現、すなわち古器旧物の保護、殖産興業を前提とした美術工芸品の奨励振興、そして美術教育制度の確立にあった。一八七九年に設立され伝統美術の振興を主導した竜池会の会長佐野常民と副会長河瀬秀治も明治政府の高位官僚であった[12]。ここで言う伝統美術の振興というのも輸出を目的とした産業品の振興を意味し、純粋芸術に基づいた創作活動のみを意味したわけではない[13]。このような事実は美術の産業的・実用的な側面を強調していた同時代的な雰囲気を示している。

井上は、以上の殖産興業的な意味を強く持つ美術教育の雰囲気の中で、一八八六年二月に京都府画学校（のちの京都市美術工芸学校）を卒業した。井上の実力は特に工芸分野で優れていたと考えられる。なぜなら、一八九三年にアメリカ・シカゴに開催されたコロンブス世界博覧会に出品する工芸品製作に図案担当及び監督として参加したためである。博覧会への参加が決まると、日本政府は日本美術の技工を収めた工芸品を多数出品することにした[14]。井上は政府の委嘱により、ソファ・椅子・テーブル等家具の製作を計画・監督した（IMG_2775：IMG_2777）。この時期は井上自らが自分の写真帖で「美術工業研究時代」と呼んだ時期である。

当時の日本政府は、西欧列強に対する劣等感を克服する方法の一つとして、万国博覧会に積極的に参加していた。万国博覧会は日本が各国の物産に直に接する場所であり、西洋の先進機械技術を学ぶ場所でもあった。また万国博覧会は日本製品を西洋に紹介し、外国への輸出可能性を打診する試験舞台でもあった。したがって、ここに出品する商品は日本最高のレベルをアピールできるものでなければならなかった。井上がこの作業に参加したこと自体が日本政府が彼の工芸品製作実力を公認したことになる[15]。井上は、一八九五年に京都で開かれた第四回内国勧業博覧会で最年少審査官に任命され第一部審査を担当した（内閣辞令）。それまでの経歴が認められた結果である。（IMG_2822）この内国勧業博覧会も殖産興業政策を担っていた農商務省によるイベントであった。

2　車両製造所の経営と電気鉄道車両の製作

井上写真帖の記録によれば、井上は一八九五年に京都電気鉄道会社の車両製作を請け負った（IMG_2778）。周知のように、日本における電気鉄道の嚆矢は京都である。一八九〇年五月四日に東京電灯会社が第三回内国勧業博覧会場の上野公園にて一時的に路面電車を試験運行したことがあるが、本格的な電気鉄道の敷設は京都が最初であった。高木文平が琵琶湖疎水工事主任田辺朔郎博士の助力を得て計画を樹立、浜田光哲と大沢善助など京都実業家と一緒に一八九四年二月に京都電気鉄道株式会社（資本金三〇万円）を設立した[16]。京都電気鉄道が第四回内国勧業博覧会（一八九五年四月一日から七月三一日まで）の開催を機に電気鉄道を敷設することになり、同車両の製作を井上に依頼したわけである。

然るに『工業人名大辞典』（一九三九年）によれば、井上は一八九三年に鉄道車両製造業を始めた。写真帖の記録によれば、井上は一八九四年六月四日に東京芝区愛宕町二丁目一四番地に位置した三菱の土地を借りて電車製造工場を建設し、翌年の一八九五年一二月一一日には月島町仲通六丁目に工場を移転した（IMG_2779）。一八九三年の時点ですでに鉄道車両の製作技術と工場施設を保有していたことになる。一八九五年に井上が日本最初に電気鉄道車両を製作できた理由もこのような経験があってこそ可能であった。井上はこの電気鉄道車両の製作請負を自分が実業界に身を投じた契機として記憶していた（IMG_2778）。

その後、井上は電気鉄道と一般鉄道の車両を多数製作した。一八九七年一〇月に月島工場で製作された車両は（IMG_2780）、翌年の一八九八年一月三〇日に開通した高野鉄道大小路駅（現在の堺東駅）と狭山駅の区間に投入された[17]。一八九八年七月には会社の職工を多数同伴して北海道滝川駅に赴き同鉄道車両を納品した（IMG_2780）。一八九七年一一月五日に設立された北海道庁鉄道部が同年七月一六日に同部建設最初の鉄道を開通させたが、このとき開通したのが滝川－旭川－上川の区間であった（IMG_2783）。一八九九年には別府と大分の区間を走る路面電車が九州地方最初に登場したが、この豊州電気鉄道会社の車両も井上の製作によるものであった。一九〇〇年九月にも井上工場は豊州電気鉄道に車両を納品した[18]（IMG_2784）。

二　大韓帝国の技術者としての活動

1　漢城電気会社の電気鉄道車両の製作

前節で検討したように、井上は東京に車両製作所を設立し、一八九三年より鉄道車両を製作していた。京都をはじめ北海道や九州などにも電気鉄道車両を製作して納品した。機関車の牽引する一般鉄道とは異なり路面電車、すなわち電気鉄道には機関車が不必要であった。したがって、電気鉄道を経営するためには車両以外にも電気を供給する発電所、車両を修理し保管する格納庫と車両基地、さらにはレールを補修・維持する整備廠が必要であった。

大韓帝国期にはこのような電気鉄道の普及が漢城電気会社（一八九八年一月二六日設立）によって行われた。漢城電気は一八九八年二月一日に米国人コルブラン（Henry Collbran）と契約を結び南大門から鍾路を経て清涼里に至る区間の電気鉄道を建設することにした。総工事費は二〇万円であった。契約直後に路線変更があって南大門ではなく西大門に変更された。当時敷設しつつあった京仁鉄道の西大門駅とこの電気鉄道との路線連絡を念頭に置いた処置であった。一八九八年九月一五日には慶熙宮の前で起工式を挙行し工事に着手した[19]。

漢城電気は電気を供給する発電所と車両基地を東大門のすぐ内側に建設した。一八九九年五月四日には京橋から東大門までの試乗式と開通式が行われた。勅任官以上の高官と貴族などが臨席した。同社が一般市民を対象とした電車営業を開始したのは五月二〇日で、同年八月には清涼里まで延長開通した。龍山線は一八九九年一二月二〇日に竣工し二一日より一般を対象とした営業を開始した。一九〇〇年七月六日には義州線を開通した[20]。

井上写真帖によれば、彼は一八九九年四月六日に仁川経由で来韓し、翌年一月に漢城電気へ電気鉄道車両を納入した（第一次）。（IMG_2790）一九〇〇年八月現在の電車は、皇室用車一台、特別車一台、上中混合車八台で合計一〇台があった。井上が納品した車両であった。日本東京の月島工場にて製作した車両を仁川を経由して東大門車両基地まで運搬して同車両基地で組み立てたと推測される。車両基地の車倉は五台を二列に整列できる規模であった。皇室用の電車は車体（Car body）が一四呎（フィート）、プラットフォームが四呎で、特別車は車体が一六呎、プラットフォームが三呎であった。混合車はそれぞれ一八呎と三呎であった。車輪はブリル会社（J. G. Brill and Company）製で、レールとレールの間を示すゲージ（gauge, 軌間）は三呎半、前輪と後輪の間を意味するホイールベース（wheelbase）は六呎であった。電車にはウェスティン・ハウス（Westinghouse）の二五馬力電動機一個が据え付けられた[21]。

第一次車両納品を済ませた井上は一応日本に帰国したと思われる。というのは『朝鮮新報』を引用した一九〇〇年三月一九日の『皇城新聞』によれば、井上が同年三月一五日に再び京釜鉄道委員として来韓したためである[22]。翌年六月に二回目の車両納品を行ったとされるが（IMG_2789）、これも月島工場で製作した車両であった。この時製作した車両の諸元は全長が二七呎、幅が六呎であった。当時井上と共に車両製作に参加した日本人技術者は乳川幾太郎・永瀬得樹などであった（IMG_2789）。一九〇六年、井上は「京城」に居住しながら龍山に工業部を置き、東京高輪に本邸を構え、芝区内に工業部を営んでいた[23]。

2　平式院度量衡製造検定所の技師としての活動

開港後の朝鮮は外国との交易が増加していくにしたがって度量衡統一の必要性を感じていた。一八八五年、仁川と釜山の商人たちが度量衡の統一を図ったことがあるが、実質的な成果を収めることはできなかった。一八八七年から八九年まで朝鮮政府が権平局や均平所などを特設して度量衡制度を整備しようとしたが、これもうまくいかなかった。

その後朝鮮政府は方針を変え一八九〇年一月に釜山・元山・仁川の開港場客主を中心に均平会社を設立した。しかし、国内的には均平会社の独占性を批判する一般商人の抵抗があり、国外的には均平会社を貿易貨物税の徴収機関として看做した外国公使たちの反発があったため、結局設立三カ月後の同年四月から六月にわたっていずれも廃止されてしまった(24)。一八九四年の甲午改革においても軍国機務処が度量衡制度を改正しようと試みたが、それまで平市署で担当していた度量衡事務を農商衙門の商工局に業務移管するに止まった(25)。

大韓帝国期に入っても依然として度量衡は不統一のままであったが、『漢城旬報』・『独立新聞』を中心にフランスのメートル法を導入すべきであるという主張が台頭したことがある(26)。度量衡の改革が本格的に議論されはじめたのは一九〇二年七月に宮内府の傘下に平式院が設置されてからであった。宮内府の下部組織として平式院を設置したことは、皇室が度量衡改革を主導しようという意志の表明であった(27)。それでは平式院を設置した理由はいかなるものであったか。その背景には日清戦争後本格化した日本商品の流入増加と日本による鉄道敷設があった。そうした背景のもと、京釜鉄道技師長笠井愛次郎(28)が一九〇一年に「韓国度量衡法制定案説明」を作成して提出した(29)。笠井は一九〇〇年二月に京釜鉄道の技師長に委嘱され三月に渡韓した人物である。井上の回顧によれば、井上自身も度量衡法の改正を建議したことがあり、それが受け入れられ一九〇二年一〇月九日に韓国度量衡法改正案が発布された。林権助公使も井上が高宗皇帝に宛てた書簡の中で度量衡改革案を建議したことを明らかにした(30)。

明治三十五年十月九日韓国度量衡法改正発布　一国の貨幣と同様必需の度量衡は政平の廃痕と共に一様を欠き政府の収納には大桝を用ひ桝分には小桝を用ひ奸□公行為め彼我取引にも一方ならさるか故に度量衡法改正の事を建白したる処漸く採用せられ宮内府に平式院を新設し総裁に李載完任命せられ宜文は一切を管理する事と為れり

(IMG_2798)

笠井が提案した度量衡の統一と新しい度量衡法の制定に関する意見書は井上の意見と軌を一にする。すなわち笠井と井上二人が共同で意見書を提出したことになる。二人は一九〇〇年三月一五日に京釜鉄道委員として共に来韓したため、同じ時期に京釜鉄道の建設にかかわっていた。笠井は渡韓するまで土木技師として測量と工事設計の分野で多くの経験を積んでおり、韓国においても京釜鉄道を設計していたため(31)、異なる度量衡制度の相違に不便を感じたと考えられる。井上も、一八九九年一二月と一九〇一年六月に少なくとも二回漢城電気に車両を納品した経験がある。電車車両は東京月島工場で事前に製作したため日本の曲尺を基準にしたが、曲尺は韓国で使われていた営造尺と異なっていた。やはり笠井と同様に井上も不便を感じたに違いない。韓国において土木工事や建築などで用いられる営造尺（約三〇・八センチ）が日本の曲尺《かねじゃく》（約三〇・三センチ）より一・〇一六倍大きかったためである。精密作業を行う二人にとって計測の差が生じるというのは大きな問題であった。以上のような背景から彼らが韓国の度量衡制度改定に関心を持つようになったという推定は自然な流れであり、日本の度量衡制度に合わせる形で韓国の度量衡制度を変更しようと意見書を提出した理由が理解できよう(32)。

もちろん、営造尺と曲尺を一致させようとした背景には、長さに違いがあるものの単位の呼称などに大差がなかったという事実がある。さらに一八九〇年代に日本人の来韓が多くなり日本製品が韓国国内に大量に流通し始めるに伴って、日本の尺貫法が知れ渡るようになる経済的な環境の変化も度量衡を統一する機運を高めた大きな原因であった(33)。後ほど平式院総裁となった宮内府大臣李載完(34)も一九〇二年一〇月一〇日に高宗に度量衡規則の制定に対する裁決を求めながら「今日外国と友好関係を結んで幾年が経ち、通商貿易が日々多くなっています。このような時期にその制度を正して外国のものに合わせて置かなければ商業的な権威と公的な利益に対する被害を予測できないと思います(35)」と対外通商を念頭に置いた度量衡法改正の必要性を強調した。むしろこれがマクロ的な視角から見てより主要な力であり、鉄道敷設や鉄道車両の製作において生じる不便は一つの困難に過ぎなかったかも知れない。実際に井上が鉄道車両を納品し、笠井が京釜鉄道の設計業務にかかわっていた時期が一八九九年より一九〇二年までであった。韓国側の度量衡規則制定の必要性と、井上の度量衡制度改革の必要性が、時期的に重なっていたのである。

一方、度量衡器の製作主体をめぐって、実務者の井上と日本公使館（日本政府）との間に見解の相違があった。当初井上と韓国政府の間には資本金四〇万元の会社を設立して、同社に度量衡器の製造を任せるという打合せがあった。これに対し林公使は「抑々度量衡は国家の莫重な公器であって各国が慎重に製造するため国費による国家事業で一寸の誤差もなく製造すべき問題で一個人あるいは一会社に任せる問題ではない」と会社設立に反対した。また林公使は井上を「この人は度量衡製造事業に経験があり為人が誠実で、献議する前後に長らくこの仕事をもって尽力した者」と評価し、彼を度量衡器製造を監督する平式院の技師として雇うことを求めた。[36]これに対し平式院総裁李載完は井上の技師雇用に慎重な態度を取った。[37]突然行われる度量衡法の改正と新しい法律に基づいて製作した度量衡器の普及がもたらす混乱を危惧したためである。躊躇する李載完を説得したのは日本公使館付武官野津鎮武であった。[38]その結果、井上は平式院技師に任命され、度量衡製造検定所の実質的な責任者として一九〇六年に解任されるまで度量衡器の製作と検定を管掌し度量衡法の改正を主導した。

平式院官制が発布され度量衡制度が施行されると、[39]平式院は度量衡器製作に必要な資金導入を第一銀行と交渉した。その結果、一九〇二年八月二七日に平式院の総務課長韓相龍と第一銀行京城出張所の主任高木正義の間に度量衡器製造事業資金一五万円の借入契約が成立した。同借入金は一九〇七年九月三〇日まで返済することにし、一九〇五年九月三〇日より満期まで二年間七万五〇〇〇円ずつ分割返済することにした。借入金の利子は日歩二銭八厘（年率で一〇・二二％）で計算し、毎年六月二〇日と一二月二〇日の二回に分けて支払うことにした。[40]

借款契約が成立すると、平式院においては度量衡器を製作・検定する工場を龍山に建設した。[41]一九〇三年一〇月一九日現在、龍山工場には度量衡原器を保管する原器室があり、用途別に量器工場・度器工場・衡器工場があった。そのほかに検定室と標本室を設置した。（IMG_2791～2793）当時平式院にはキログラム原器と保管函、そしてメートル原器と保管函があった。現在韓国技術標準院計量博物館には保管函だけが保存されており、いずれも原器は残っていない。計量博物館の保管函についている説明によれば、高宗三一年（一八九四年）にフランス・パリの国際度量衡局より導入したという。前述したように、一八九八年段階でも『漢城旬報』と『独立新聞』は社説でメートル法の導入を要求し続けてきた。このとき導入した原器は一九〇三年一〇月一九日までは平式院が所蔵していたが、現在では保管函のみが残ったわけである。

井上は工場建設と度量衡器製作を指導・監督する立場にあった。一九〇四年一〇月一二日の写真によれば、井上のほかに柴田知新・深田千八郎・田中久三郎・松井僧二郎など少なくとも四人の日本人が平式院事務局で勤務していた（IMG_2794）。井上は一九〇三年に各国公使と韓国政府の大臣たちを招いて龍山工場にて園遊会を開催したことがある。園遊会の当日には工場正門に太極旗と日章旗をX字型に交差させて掲げており、韓国の芸妓を呼んで興趣を添えた(42)（IMG_2795～2797）。

「当国政府ハ一昨年十一月中国内度量衡器ノ均一ヲ期スル為メ其制度ヲ改正頒布シ且ツ右製造方ヲ本邦人井上宜文ニ委任シ同人ハ爾来其製造ニ従事致居候処右改正制度ヲ以テ我制度ニ比較スレハ其称号命位共ニ①稍々我ニ同シキモ而カモ全然同一ナリトハ難申要スルニ右ノ立案者ハ可成我制度ト同一ナラシメントノ企図ヲ有セシモ其当時ハ情況ハ従来韓国ハ慣習幸ニ無伝載セラレ其結果我ト大同小異ノ方式ヲ執リタルモノニ有之候就テハ若シ我ニ於テ②当国ノ度量衡器ヲ全然我制度ト同一方式ノ下ニ措クヲ以テ将来ニ利益ナリトセハ其未タ一般ニ実施セラレサル今日ニ於テ充分之レカ研究ヲ為ス事適当ノ時機ト認メ申候旁這般本官一時帰朝ノ際農商務大臣ニ面会シ大要談話ニ及候処同大臣モ略ホ同様ノ意見ニシテ一応技師ヲ派シテ調査セシメ度ニ付キ其時機ハ本官ノ撰定ニ一任ス

トノ事ニ有之候故ニ③本官帰任後本問題ノ何ントカ決定スル迄ハ井上ニ命シ我制度ト命位ヲ異ニスル度量衡ノ製造ハ姑ク停止セシメ置候間此際④速ニ農商務省ヨリ専門技師ヲ派シ調査ヲ遂ケシメタル上果シテ我度量衡方式ト同一ナラシムル事ニ決定致候ヘハ⑤先ツ一昨年頒布シタル制度ヲ改正セシメ同時ニ更ニ新制度ニ由リ製造セシメサルヲ得ス左スレハ井上担任ノ已製造品ニ対シテハ我政府ヨリ相当ノ金額ヲ支弁スルヲ以テ至当ト存候将又本件ハ韓国政府ニ於テ既定ノ改革事業ニ属シ候ニ付今日調査ノ為我官吏ヲ派セラル丶モ着手件ノ我方針ニ影響スル事可無之ト存候間閣下ニ於テ農商務大臣ノ可然御協議可然技師派遣ノ事ニ御詮議相成候様致度候[43]」

然るに、一九〇四年八月、日本政府は二人の農商務省技師（小西・梅田）を遣わして韓国の度量衡法が日本のそれと如何に違うかを調査した。上記の引用文からわかるように、当時韓国と日本の度量衡制度は①「同シキモ而カモ全然同一ナリトハ難申」状態にあったため、韓国の②「度量衡器ヲ全然我制度ト同一方式ノ下ニ措ク」必要があった。したがって、両国の度量衡制度の統一により「将来ニ利益ナリトセハ其未タ一般ニ実施セラレサル今日ニ於テ充分之レカ研究ヲ為ス事適当ノ時機ト認メ」ざるをえなかった。上記の両技師を派遣したのもそうした判断からの措置で、③そのため林公使は井上にしばらく度量衡器の製造を停止するように命じた。④小西・梅田技師は同調査結果について「度量器ハ実質ニ於テ我ト同一ナリ唯量器ハ之ニ反ス」と報告し、量器の変更・改造の必要性を主張した[44]。日本政府は同報告に基づいて韓国政府に量器改正問題を提議した。

しかし、すでに製作してきた量器と材料が問題であった。⑤林公使は「先ツ一昨年頒布シタル制度ヲ改正セシメ同時ニ更ニ新制度ニ由リ製造セシメサルヲ得ス左スレハ井上担任ノ已製造品ニ対シテハ我政府ヨリ相当ノ金額ヲ支弁スルヲ以テ至当」であると判断し報告した。総額約六万円の損失が予想された。これと関連して次の記事が注目を引く。

「農商工部より既往三年前より度量衡制度を官報に発布し、度量衡を改良するため平式院を設立し、日本人井上宜文氏を招雇して度量衡の製造工役を委任した。製造工役を畢えた後、検査して見たら、度量衡の製造が制度にも合わずなお且つ誤差不斉して均一しないため適用するに不堪して併皆廃棄する。我廷において同氏に対し該製造費の損害金額は日貨で四万七千七百二十五元二十五銭だ。元来同氏の雇聘は日公使林権助氏の請求に因る故に該損害金額は日本政府より賠償すると策定した。更に農部は本年三月二十九日の官報に度量衡制度を頒布し、井上氏の損害額は日政府にて賠償する金貨を同氏に領受させる意旨で昨日委任状を繕《ママ》給したそうだ。(45)」

すなわち、井上を招聘して度量衡製造を委任したが、製造した度量衡器を検査してみたところ、度量衡制度に合わず統一していないため、すべて廃棄したのである。ここで言う度量衡制度は一九〇二年一〇月に頒布した度量衡規則を指す。廃棄した量器は日貨で約四万八千元弱で、おそらく材料費などを含めて約六万元になったと思われる。これは日本の要求によって制度変更が行われているため、制度変更に伴う損害金は日本政府が賠償することになった。日本政府は自ら損失を賠償するほど切実に度量衡を日本に合わせようとした。井上に賠償を前提とした度量衡法改正規則案を作成・報告させたのである。

井上が起草した改正案は一九〇五年三月二九日の官報を通じて法律第一号度量衡法として公布された。すでに一九〇二年に宮内府の傘下に平式院を設置し度量衡規則を発布したのは当時の事情を考慮した臨時措置に過ぎなかったため、平式院の事務は農商工部の傘下に平式課を新設して主管するようにした。量器の改正を契機として法令を発布したのである。結果的に韓国の度量衡制度が日本同様の制度になったことになる。(46)井上は一九〇五年六月一五日に新しい基準に基づいて製作した度量衡器一組を韓国政府へ納品した。(47)

その後、井上は度量衡製造検定所管理という肩書で一九〇六年一〇月まで平式課に勤務した。『皇城新聞』の記事によれば、井上の解任は一九〇六年一〇月一三日の議政府会議において決められた。解任の理由は会計上の問題で、定められた作業規則に従わなかったため生じた問題が原因であった。管理者に責任を問う形になったわけであるが、この会計上の問題が何であったかについては正確には知られていない。ただ一九〇五年の度量衡法の改正を通じて韓国の量器を日本に合わせようとした事情と関係があると推測される。度量衡器のうち量器が穀物計量と直結していたため、当時商慣習を無視した新しい量器の適用は大きな抵抗を呼び起こしたと思われる。

「農部所管度量衡製造検定所の一応会計が該所作業規則に合わないというのは該所管理人井上宜文の不遵に由るため、其解約に対し本月十三日の議政府会議にて決定した結果である。弊部において従前小切手で支出していた該所経費は今より一切支払を停止する。外国人進退一件に至っては是に係るのが外事局であるため、度支部より政府に照会した云々。[48]」

これと関連して当時農商工部度量衡製造検定所検定助手を務めていた梁在昶が『皇城新聞』に寄稿したことがある。[49]同寄稿文によれば[50]、梁在昶は井上の管理下にあった度量衡の製造が人民を迷わせていたと考えており、一九〇六年一〇月に井上を解任したことも度量衡の製作管理を農商工部の直轄に置いたことも度量衡制度の混乱状況を意識した当局者の政務計画であるという見解を示した。梁在昶は井上解任後の外国人技術者の雇用も警戒していた。大韓帝国が独自の度量衡制度を確立する場合、腐敗した商権の回復、劣等な工業の改良、農業生産量および輸出の増加が可能になり、最終的には第二次韓日協約（＝乙巳条約）の締結により失われた外交権を回復し、富強列国と肩を並べることができると期待した。要するに、梁在昶は井上の監督下に行われた度量衡器の製造と普及が韓国商人の商慣習を混乱させ、結局商権を喪失する結果をもたらしたと評価した。

すなわち井上を解雇したのは、日本の度量衡制度にむりやり統一させようとした日本帝国主義の経済侵略に対する不満が現れた結果であると見てよかろう。技術者として井上の活動が持つ政治的な含意をうかがい知ることができよう。

度支部は一九〇七年四月それまでの労を多とする意味で慰労金三万圜《ファン》（日本円で三万円）を支給した(51)。その後、韓国の度量衡は一九〇九年九月に頒布された法律第二十六号により日本の度量衡制度と完全に一致することになる。法律第二十六号の度量衡法は一九〇二年の度量衡規則、一九〇五年の度量衡法を経て度量衡制度として完成したという側面から日本の意図が貫徹した制度であるといえよう(52)。

3　龍山軍器廠の建設と日露戦争への従軍

一九〇五年三月二〇日、井上は一九〇三年より計画してきた軍器廠の建設を完了した。軍器廠を建設した背景について井上は次のように回顧した（IMG_2799）。

「明治三十六年露国は自国の軍器を採用せしむへく韓帝に勧め度支部大臣李容翊との間に契約を結ひたることを聞き之れ我か軍事上由々敷《ママ》きとなるを以て軍部大臣申箕善と謀かり我三十年式軍銃を製造するの契約を締結し、日本公使より公文を以て軍部に照会し契約の確実を証せしめ宜文は直ちに東京に帰り砲兵工廠より其の機械を払下くることと為し以て地を龍山に廻し三ヶ年を踰して完成せり」

一九〇三年、韓国政府とロシアの間で武器導入に関する協議があり、近いうちに度支部大臣李容翊の主導による契約締結が実現されるという諜報が伝えられた。この諜報を入手した日本は、当時の軍部大臣申箕善と相計り日本の三〇年式小銃の製造契約を結んだ。日本公使は軍部に同契約内容を照会して公式に確認した上、井上が東京に赴き砲兵工廠より機械を払い下げてもらい、龍山に建設される軍器廠に据え置くことにした。軍器廠の建設には三年がかかり、一九〇五年三月二〇日に完成し、同年八月には機械の設置も終わった。

当時軍器廠の一日生産量は三〇年式小銃十挺と実包（＝実弾）三千発であった。軍器廠の完成まで投入費用は総額二〇万円であった。しかし、井上は軍器廠の武器製造が実現することについて疑問視していた（IMG_2799）。日露戦争の結果、事実上日本の植民地状態に転落した韓国において軍隊の維持自体が難しくなり、したがって武器生産も不可能に見えたためである。当時軍器廠の韓国人技師としては金鼎禹がいた(53)（IMG_2803）。

また井上は、一九〇四年二月、日露戦争が急迫していた際に、参謀松石安治大佐と児玉源太郎大将の命令を受け龍山に臨時兵営を急造建設したこともある。松石は日露戦争を遂行するため編成した第一軍の参謀部長で、児玉は日露戦争の当時現地総司令部（総司令官は大山巖）として設置された満洲軍の総参謀長兼総兵站監であった(54)。急迫した情勢を反映して三週間の工事期間で一個師団が駐屯できるバラック構造の仮兵営を建設するのが井上の任務であった。龍山臨時兵営の工事が終わると、井上は続けて従軍することを求められ、再び部下数十人を引率して同年三月五日に仁川を経て鎮南浦に向かった。平壌に至り第一軍司令部に所属して龍山と同じく日本軍の臨時兵営の建設に協力した。この際に井上工業部平壌出張所は平壌大同門の外側にあった（IMG_2828）。

農商工部平式課技師から解任された井上は、一九〇八年にイギリスに赴いた後、ヨーロッパを視察して韓国ソウルにもどってきた。井上は一九一〇年の初めごろにも再び渡英することになる。一九一〇年五月一四日より同年一〇月二九日まで開催される日英博覧会の準備依頼を受けたのである。主に博覧会における装飾を担当した井上は韓国が日本の植民地に転落した翌年の一九一一年に帰国した(55)。

日英博覧会は三年程度の準備期間を経て一九一〇年五月に開催された。日本は同博覧会を通じて二つの目的を達成しようとした。第一に、自国の近代産業を同盟国で世界経済大国でもある英国に広く紹介することによって通商の活性化を意図した。第二に、日清戦争および日露戦争の勝利により欧米列強と肩を並べるようになった日本としては、両戦争後の植民地経営の成果と植民地より確保した資源を英国に見せ付けようとした。主な施設としては歴史宮・産業宮・芸術宮などがあり、日本伝統の美術品や建築模型が多数展示された。東洋宮と呼ばれた区域には台湾・朝鮮・満洲などにおける植民地経営の様子、植民地経営を通じて獲得した豊富な資源、植民地文化に対する展示が大々的に施行された[56]。

井上は一九一〇年三月二一日と四月に日英博覧会事務局で撮った写真を残した（IMG_2830）。博覧会が五月一四日に始まったことを考慮すれば、井上は日英博覧会を準備するため予め英国に渡り事務局で準備作業に携わったと思われる。コロンブス世界博覧会に出品した経験もあり、植民地朝鮮で活動した経験もあるため、井上を抜擢したと考えられる。

三　日帝強占期における井上の企業活動

井上は自ら一八九三年八月二四日に鉄道車両製造業を立ち上げることによって実業界に身を投じたと回顧したが、韓国において本格的な企業家への変身は日露戦争後のことである。それまでは井上も韓国政府に招聘されたお雇い外国人として見てよかろう。農商工部技師より解任されてからも井上は日本に帰らず韓国に居住した。技術者として来韓して積み重ねた経験と事業的展望、そしてそれまで形成した人的ネットワークを活かして企業家への変身を図ったのである[57]。このような井上の韓国残留に思想的な影響を及ぼした人物がいた。それは日本の明治期に「無冠の農相」と呼ばれた前田正名であった。一九〇七年に発刊された『朝鮮之実業』に井上が前田の門下生として記されていた[58]。

前田は日本商品を海外に宣伝して外国商人の手を通さず直接輸出が可能な通商ネットワークの形成に積極的であった。このため前田は一八七七年にパリ万国博覧会に派遣されるなど全八回にわたって海外出張を経験した。特に前田は農業と在来産業の育成を強調した。農商務省の次官より身を引いた後、前田は各種産業に対する調査活動を展開し、その成果を『興業意見』（一八八四年）と『所見』（一八九二年）にまとめたことは有名である。とりわけ『所見』では地方産業の発達と産業団体組織の必要性を強調した。前田が殖産興業政策の実践者と評価される理由である。[59]本章と関連して韓国で展開した前田の活動が注目される。

一九〇四年五月一四日、前田は全国実業会中央本部監督という肩書をもって寺内正毅陸軍大臣に調査人員の派遣を出願した。韓国と中国に実業団体の移住を奨励するために実業視察と調査活動を展開した。調査結果に基づいて前田は自ら組織した日本内の各種農商工団体を韓国と中国に移住させることによって野菜・苗木栽培などに従事するようにした。「前田一派」による日本農業の韓国内における扶植活動は、いわゆる「前田の空白期（一九〇三年から一〇年まで）」に該当する時期に多く行われた。前田が一九一二年八月一日に韓国併合記念章を受けた理由もここにあった。[60]したがって、前田の門下生として認められていた井上が前田の影響で韓国に残留し、韓国開発に積極的な態度を見せたという推測は無理な設定ではない。

井上が植民地期朝鮮で繰り広げた事業の具体的な内容は次のとおりである。満洲石炭採掘を目的とした鉱業、果樹園の経営、製薬流通業、油脂工業、土地経営など井上が手を出した事業は様々な分野にわたる。このほかにも蒙古の天然曹達事業、授産事業、手芸工業[61]なども企画したが起業までは至らなかった。最初は技術者として来韓した井上が一九四〇年一一月に朝鮮を離れるまで多様な分野で企業家への変身を図ったことになる。しかし、彼の企業活動が大きく成功を収めたとは言えないだろう。井上の名前で『朝鮮銀行会社組合要録』に掲載された企業は資本金二〇万円の井上宜寿堂（合資）と資本金五万円の井上薬品部（合資）に過ぎないためである。しかも井上薬品部は井上宜寿堂を受け継ぎ減資したものである。他の会社・企業の役員にも名前は見つからない。

現在の限られた史料に基づいて植民地期朝鮮における井上の企業活動を簡単にまとめることにする。

日帝強占期に入って井上が何より積極的に展開した事業は製薬流通業であった。井上は一九一一年一二月一〇日に製薬および化学工業を目的として京城府元町二丁目一番地に井上宜寿堂を設立し、東京府京橋区加賀町一番地に支店を置いた（IMG_2808）。一九一二年一一月一二日には鍾路店を開店した。[62] 一九一二年三月には医師研鑽会主務李海盛と共に一〇万円を出資して宜寿堂の建物を新築し、各種薬材よりエキスを抽出して西洋薬を模倣した新薬を製造しようとした。[63] 以下の引用記事より主に高麗人参と高麗人参を材料とした薬を製造販売したと考えられ、日本に輸出するため東京に支店を設置したのである。

「京城鍾路に在る宜壽堂井上薬品販売部は今回強壮補血剤として純粋な開城人参をもって十数種の新薬を製造販売することになった。然るに右は専売課より原料を仰いで最新薬学の方法を見習って専門学者に調剤させるつもりで、すなわち各方面より好評を伝える中であると云々。[64]」

一九一三年五月四日に鉄道局が主催した観桃会が開城満月台で開催された際に井上が人参薬を提供した記録[65]（IMG_2808）、一九一三年の大阪天王寺公園開設記念博覧会で朝鮮人参店を設置して人参湯を提供した記録（IMG_2810）、人参営業を拡大するため日本国内の薬業者約二七〇人を千葉袖ヶ浦の静趣館に招請した記録（IMG_2811）などは井上が如何に人参・人参薬の販売に力を入れたかがうかがえる事例である。また高麗人参を加工製造する工場は龍山にあった（IMG_2812）。一九二五年に岐阜市が主催した国産共進会では人参エキスで銀牌を受賞した。その品質を認められたことになる。[66] 人参エキスの製造販売のほかにもヨーロッパに滞在した際に、英国ニュートンチャベス会社と特約を結び消毒薬アイゼルの輸入を企画して一九一三年に日本・朝鮮・満洲の総代理店を営んだ(67)。一九二八年三月一七日の『朝鮮総督府官報』（第三六三号）によれば、井上は医薬用阿片《アヘン》販売人であり、一九二八年二月一六日にその営業所を京城府元町四丁目八七番地に移した(68)。

井上は製薬流通業のほか鉱山業にもかかわった。一九一七年三月一日付で朝鮮総督府より忠清北道忠州郡邑内面所在鉄鉱（七三万五三〇〇坪）に対する採掘権を獲得した。採掘権の許可を受けた際の井上の住所は元町四丁目であった(69)。また北鮮興業鉄道株式会社（資本金一千万円）の設立にも発起人として参加した。一九一九年一二月二二日に朝鮮総督府に提出された北鮮興業鉄道の設立許可申請書に井上の名前が登場する。この際に井上は笠井愛次郎・林田亀太郎・稲垣甚・立川勇次郎・高木次郎・坂口拙三・李允用・趙鎮泰・高允黙など（総一二人）と共に同社の設立発起人として三千株を引き受けた(70)。

一九二二年六月七日には龍山元町に油脂工業を経営するため工場を築造し上棟式（＝棟上げ式）を挙行した（IMG_2813）。その後竣工したこの工場では主に石鹸を生産した。精油作業→石鹸切断→石鹸型打を経てレッテルを貼った。一九二五年九月には日本の天皇（大正天皇）に献上するほど実力を買われていた（IMG_2815）。また井上は一九二七年に咸鏡南道北青郡俗厚面大函《ママ》湖付近において開墾事業を展開したものの、堤防沈下による難工事が続いた結果竣工には至らなかった（IMG_2817）。

井上宜文は一九四〇年一一月三日に四十年余の活動舞台であった朝鮮を離れた。当時井上の自宅は京城府東四軒町にあった（IMG_2769）。自宅と共に一九〇二年に購入して長い間愛情を注いだ龍山津心遠亭を別邸として保有してきた（IMG_2831）。心遠亭は興宣大院君の執権初期の領議政をつとめた趙斗淳が南公轍より購入して保有していた別荘であった(71)。趙斗淳が晩年に心遠亭に退き隠居して余生を送ったといわれるが、その後どうなったかは不明である。井上の写真帖に心遠亭と関連した写真が多数残っているのを見ると、彼が非常に力を入れていたことがわかる。特に心遠亭内の白松は当時京城で見つかった六本のうち一本であり、全国的にも珍木として有名であった。井上が白松を背景に何枚かの写真を残したのもその価値を高く評価していたことを示す(72)。

日本に引きあげた井上は、一九四七年八月一日時点で、栄養失調に近い状態に陥り、経済的に苦境に立たされていたようにみえる。井上は、配給が円滑ではないため餓えた人びとが溢れ人道は地に落ちたと嘆いた（IMG_2771）。しかし、井上が一八九九年より一九四〇年まで朝鮮で活動した技術者として韓国近代史に名前を残したことは否定できない。

おわりに

井上が「無冠の農相」前田の門下生であったという認識は、井上が海外博覧会に関心を持ち、技術者としての役目を終えたのちにも韓国に居住しながら企業活動を展開した背景を理解する上で非常に役に立つ。これを念頭に置いて本章にて検討してきた井上の活動をまとめておく。

第一に、井上は明治政府が殖産興業政策を本格的に実施していた農商務省時代、京都市美術工芸学校の前身である京都府画学校を卒業した。絵画・工芸をはじめ日本の伝統美術まで殖産興業を推し進めるための手段と考えられた時期であった。実際に井上はコロンブス世界博覧会に出品するためソファ・椅子・テーブルなどの製作に携わり監督として技量を発揮した。日本商品を世界に紹介することによって直接輸出のための販路開拓に力を入れたというのは、農務官僚前田正名の日ごろの所論につながるところがあった。井上の行動は前田流の殖産興業政策の実践者という自覚から始まったといえよう。

第二に、京都において日本最初の電気鉄道が敷設され、井上がこの電気鉄道の車両製作を請け負った。井上が日本最初の電気鉄道車両を製作したことになる。その後鉄道車両の製作分野において技術を蓄積した井上は、一八九九年に漢城電気に電車車両を納品するため来韓した。大韓帝国が開始した近代化の象徴のように考えられた機械文明の導入に日本技術者が直接的な役割を果たしたことがわかる。井上の写真の中で多く登場する韓国人「見物人衆」は、井上のような「お雇い外国人」技術者によって近代文物が製作・普及されるのを近代化過程として認識し、自然に彼らをモデルとした近代化を推し進めることになる。近代技術とその担い手である「お雇い外国人」技術者は、韓国の近代化要請にこたえるものであるかぎりにおいては、日本帝国主義による政治経済的な浸透に対する抵抗を和らげる役割を果たす可能性を有していた。井上が平式院技師として韓国の度量衡法の改正と度量衡器の製作にかかわった事例が典型的ではないかと考えられる。本文で検討したように日本政府は最初から韓国の度量衡制度を日本に合わせることによって対韓経済侵略を容易に遂行する目的があったのである。井上自身も、日露戦争が勃発すると、龍山に臨時兵営を建設し、鎮南浦と平城にまで従軍して日本軍の戦争遂行に協力した。一九一〇年には英国ロンドンで開催された日英博覧会に準備委員として派遣され、日本の技術力と植民地経営の成果を宣伝した。結果から見るならば、大韓帝国期における井上の活動は、度量衡器製作という分野、日本帝国主義の対外侵略という国策に積極的に協力したことになる。

第三に、日本の朝鮮支配が安定すると、植民地化過程における自分の役目を果たした井上は朝鮮に残留して企業家に変身した。高麗人参を販売する薬材商、石鹸を製造する油脂工業、農業、鉱業、果樹園経営、土地開墾など実に多様な分野において起業活動を行った。しかし企業活動においては成功を収めることがないまま一九四〇年に朝鮮を離れ日本に引きあげてしまった。

要するに、日本度量衡制度に合わせようとした平式院の度量衡製造事業、対露政策の一環として行われた龍山軍器廠の建設、日露戦争当時の臨時兵営の建設などよりみて、大韓帝国期の「お雇い外国人」技術者井上の事例は、韓国への技術移転における日本人技術者の役割とその政治的意味を明確に示すものである。

注

(1) この論文は、金明洙［二〇一八］「大韓帝国期 日本人 技術者 井上宜文 研究」『大丘史学』＊第一三一輯、大丘史学会、を同学会の許可を得て修正補完したものであることを記して明らかにする。

(2) 和田八千穂（一八七〇年鹿児島県生まれ）は、一八九二年に海軍医学校を卒業し、一八九八年には海軍大学校の軍医部学生過程を卒業した。和田は日清戦争と日露戦争のいずれにも従軍した。日清戦争の当時、一八九四年八月より九五年七月まで陸軍所属軍医として韓国に滞在したことがある。一九〇一年に軍艦磐手の回航のため英国に出張し、同年一二月に第三代漢城病院長として赴任した。和田は〇六年に常備艦隊軍艦浅間に転任するまで日露戦争への従軍をはじめ韓国に五年ほど勤務した。〇七年三月に予備役として編入された和田はドイツに留学して医学博士学位を取得した。その後再び京城に戻り外科医院を開業した。三八年には海軍有終会朝鮮支部長に委嘱された。和田八千穂［一九四五］「韓末に於ける日本医学の半島進出」和田八千穂・藤原喜蔵編『朝鮮の回顧』近澤書店、三七六～三八四頁。

(3) 塩川一太郎［一八九四］『朝鮮通商事情』八尾書店、末松謙澄の序文。末松（一八五五～一九二〇）はケンブリッジ大学に留学した文学博士で明治・大正時期に活動したジャーナリスト・政治家・歴史家であった。伊藤博文は彼の義父にあたる。末松は一八七六年の江華島条約締結の当時、黒田清隆を随行し、朝日修交条規の起草にも参加した人物で、一八九二年に発足した伊藤内閣において法制局長官を務めた。塩川は、このほかにも皇城新聞社で繙刊した米国独立史の翻訳を担当した。塩川一太郎著訳［一八九九］『米国独立史』皇城新聞社。

(4) 韓末と植民地期に活動した建築技術者に関するいくつかの研究成果があるものの、多くの研究が彼らの経歴と渡韓背景、そして彼らの作品をまとめたものに過ぎない。尹一柱［一九八五］「１９１０‐１９３０年代 2人의 外人建築家에 대하여」＊（『大韓建築学会論文集』第二九巻三号、大韓建築学会）一七～二三頁、김태중・김순일［一九九二］「１９０５‐１９１０年 来韓한 日本人 建築技術者 岩田五月満、国枝博、渡邊節에 관한 研究」＊（『大韓建築学会論文集』第九巻八号、大韓建築学会）一〇三～一一二頁など。

(5) そうした側面から鄭仁景の論文は日本により移植された科学技術の性格とそれが解放後の韓国社会に及ぼした影響を通史的に検討した。鄭仁景［二〇〇四］「韓国 近現代 科学技術文化의 植民地性――国立科学館史를 中心으로」＊高麗大学校大学院科学技

術学協同課程博士論文。

(6) 一八七二年に生まれたという記録もあるが、ここではより公式的な人名録である『工業人名大辞典』(満蒙資料協会出版部、一九三九年)に基づいて一八六八年説に従う。

(7) 井上の写真帖によれば、彼は一八八一年現在、京都中学校に在学中であった。

(8) 『京都市立美術工芸学校一覧』[一九〇八] 京都市立美術工芸学校、七一頁。

(9) 京都府画学校は一八八〇年七月一日に創設された学校で京都御所御苑内旧准后里御殿を仮校舎として開校した。これは日本画学校の濫觴といわれる。一八七八年八月に南宗画家田能村小虎が書を京都府知事に提示し画学校の設立を提案した。翌月の九月に北宗画家幸野楳嶺・望月玉泉などが久保田米僊・巨勢小石と相計り同学校の設立を建議して知事がこれを採納した。一八七九年一月に同学校の設立趣旨を公表し有志者の寄付及び協力を得て学校の設立と維持の方法を定め、一八八〇年六月に規則及び校則を発布した。当初の教科は東宗(日本写生画・大和繪の類)・西宗(西洋画)・南宗(文人画)・北宗(狩野雪舟の類)に分けられており、三年の修学期間を終えて卒業することができた。創設当時、田能村小虎が用掛に就任し、望月玉泉・小山三造・谷口藹山・鈴木百年・幸野楳嶺が副教員になって開校した。同校は一八九一年四月に京都市美術学校と改称したが、一八九四年八月に校名を再び京都市美術工芸学校に改めた。京都市立美術工芸学校[一九〇八]一~五頁。一九四五年の京都市立美術専門学校を経て一九五〇年より京都市立芸術大学になって現在に至る。京都市立芸術大学のホームページ、「沿革」(http://www.kcua.ac.jp/profile/history/)。

(10) 京都市立美術工芸学校[一九〇八]一頁。

(11) 佐藤道信[一九九二]「明治美術と美術行政」『美術研究』第三五〇号、東京国立文化財研究所、二三頁(通巻、一六一頁)。

(12) 佐野常民は一八七二年にウィーン(Wien)万国博覧会の副総裁を務め、一八八〇年には大蔵卿、八二年には当時の立法機関である元老院の議長に就任した。河瀬秀治は七四年に内務大丞として勧業寮権頭を兼任し、七七年には内国勧業博覧会を成功させた。一八八〇年には渋沢栄一・五代友厚などと共に東京商業会議所を結成した。「近代日本人の肖像」日本国会図書館のデジタルライブラリー。

(13) 佐藤道信[一九九二]一六頁(通巻、一五四頁)。

(14) この一連番号は、筆者が大阪の古書店で撮影した写真ファイル名である。その後、井上写真帖はソウル歴史博物館が購入したものの、まだ非公開になっている。写真帖の撮影を許可してくださった当時の所有者(古書店主・鎌田圭輔様)にこの紙面を借りて感謝申し上げる。

(15) 当時、すなわち明治一〇年代に、特に輸出用の工芸品製造において政府による図案指導が大きな役割を果たしており、同指導を受けた民間会社が出現した。その代表的な存在が起立工商会社（一八七三～九一年まで存続）で、図案指導の相互関係がわかる史料が『温知図録』と『起立工商会社下図』であった。安永幸史［二〇一二］「起立工商会社の輸出工芸品製造事業に関する考察」（『美術史論集』第一二号、神戸大学美術史研究会）四四～六三頁。

(16) 高木文平は一八八八年の当時北垣京都府知事の命令を受け、市民代表の田辺朔郎博士と共に渡米して水力電気事業を視察した。その際にリチモンドで見た電気鉄道に刺激を受け京都にも電車を敷設しようとした。小野精太郎［一九五五］「市電の始祖を訪ねて」（『鉄道ピクトリアル』第五二号）一一頁。京都電気鉄道の設立許可は主務部署がなかったため第二次伊藤博文内閣の内務大臣井上馨が担当した。高木文平［一九三三］「我国に於ける電気鉄道の起原」（藤岡市助君伝記編纂会編『工学博士藤岡市助伝　及附録』工学博士藤家市助君伝記編纂会、第一編）二三〇～二三三頁。

(17) 高野線は、大阪府大阪市浪速区の汐見橋駅より和歌山県伊都郡高野町の極楽橋駅までを連絡する南海電気鉄道の鉄道路線を指す。高野線最初の開通については、南海電気鉄道［一九八五］『南海電気鉄道百年史』南海電気鉄道株式会社、六五八頁。

(18) 豊州電気鉄道株式会社は一八九六年八月五日に設立され一九〇七年まで存続した。もともと元大分県一等警部平塚恰が愛媛県の実業家菊池行造と共に別途の馬車鉄道の敷設を計画していた大分郡の秦誠一郎と共同で電気鉄道を敷設することになった。彼らは一八九四年一一月に別府と大分を連絡する軌道敷設の特許を取得したが、日清戦争により会社設立が遅延され一八九六年に設立された。大分交通株式会社［一九八五］『大分交通40年のあゆみ』大分交通、二一一～二一六頁。

(19) 呉鎮錫［二〇〇六］「韓国近代 電力産業의 発展과 京城電気㈱」＊延世大学校大学院経済学科博士学位請求論文、三六～三八頁。

(20) 同右、三八～三九頁。

(21) 大圃孝之助［一九〇〇］「朝鮮京城の電気鉄道に就いて」（『電気学会雑誌』第一四五号、電気学会）五六六頁。

(22) 新聞記事の内容を日本語に翻訳すると以下のようになる。「京釜鉄道委員大江卓、竹内綱、大三輪長兵衛および梅内太郎、井上宜文、濃原其一郎、川木準作、富士田秀二郎の諸氏と該鉄道測量に従事する人員三十余人と測量役夫七十余人が本月一五日に来韓した云々」「京釜鉄道測量人員」（『皇城新聞』一九〇〇年三月一九日）。

(23) 『朝鮮之実業』第一九号、朝鮮実業協会、一九〇七年、二八頁。（復刻版）檀国大学校附設東洋学研究所編［二〇〇三］『開化期在韓日本人雑誌資料集　朝鮮之実業3』国学資料院、三五一頁。

(24) 韓国史データベース、『新編韓国史39――帝国主義의 浸透와 東学農民戦争』＊三．開港 後의 社会 経済的 変動》1．開

港 後의 国際貿易》3)外国 商人의 浸透와 朝鮮 商人層의 対応 》⑶朝鮮商人層의 対応과 変貌 》가. 朝鮮政府의 商業政策과 客主商会所・商会社의 設立。

㉕ 李宗峯［二〇一六］『韓国度量衡史』＊ソミョン出版、二五五頁。

㉖『漢城旬報』は西欧の度量衡受容を提案しており『独立新聞』は一八九八年に論説「升斗尺平」においてメートル法の導入を主張した。李宗峯［二〇一六］二五九頁。

㉗ 李宗峯［二〇一六］二六二頁。

㉘ 東京で笠井大五郎の次男として一八五七年六月に生まれた。一八八二年に工部大学校土木学科を卒業して徳島県庁に出仕、国道工事を担任して成績を収めた。また佐世保および呉に海軍鎮守府が創設されると抜擢され工事を担当した。一八八七年に九州鉄道に雇聘され創立事務にかかわり、のちに日本土木会社に入社して大阪支店長となった。一八九二年に朝鮮とシベリアを視察して帰国、小石川で自分が発明した染色法を応用して染色工場を経営した。一八九五年一二月には津軽鉄道の設計および実測の委嘱を受け、一八九六年四月には徳島鉄道の線路測量の委嘱を受けた。一八九七年には鉄道要員の養成を目的とした鉄道学校の設立を主張した。同年四月に認可を受け六月に東京上野で開校した。一九〇三年一一月には岩倉鉄道学校と改称、多くの人材を輩出して日本官私鉄道の発展に貢献した。一九〇〇年二月には渋沢栄一を創立委員長とした朝鮮京釜鉄道の技師長に委嘱され、同鉄道の敷設を完成した。一九〇五年六月には横浜鉄道の顧問になり、一九〇八年一月には技術主任となった。一九〇七年九月には成田鉄道の主任技術者に委嘱されるなど遍く鉄道業に貢献した。一九一五年には工学博士の学位を取得した。一九三五年九月二五日七九歳をもって没した。日本交通協会編［一九七二］『鉄道先人録』日本停車場株式会社出版事業部。

㉙ 韓国史データベース、駐韓日本公使館記録＊16巻》三. 日韓借款及度量衡借款》⑵韓國度量衡法制定案説明、一九〇一年。

㉚ 韓国史データベース、駐韓日本公使館記録＊16巻》三. 日韓借款及度量衡借款》⒇度量衡案に対する奏書、一九〇二年七月二九日。

㉛ 土木技師としての笠井愛次郎の履歴に関しては、是永定美［一九九八年］「関東地方の煉瓦造水門建設史――土木技師笠井愛次郎と井上二郎」（『土木史研究』第一八号、公益社団法人土木学会）二八七～二九四頁。

㉜ 度量衡制度の改善に関する提案書を共同で提出したという推測と関連して笠井と井上との関係を解明できる明確な証拠はない。ただこれに関する筆者の推定をバックアップするような記述を次のウェブ文書で発見したことを記しておく。http://mltr.ganriki.net/faq05k08j.html（検索日二〇一八年四月一二日）

(33)　徐浩哲［二〇一〇］「韓国のメートル法受容過程と植民地経験」（『植民地朝鮮と帝国日本――民族・都市・文化』勉誠出版）四〇～四一頁。

(34)　李載完は、一九〇三年九月一一日に平式院総裁を依願免職したが、その際に李の後任として耆老所秘書長趙鼎九が任命され、外部交渉局長金錫圭は平式院副総裁を兼職した。『官報』＊光武七（一九〇三）年九月一二日号外・一四日。同年一〇月一六日には宮内府特進官兼会計院卿である李載崑を平式院総裁に任命した。『官報』＊光武七（一九〇三）年一〇月一九日・二四日。

(35)　韓国史データベース、『高宗実録』＊巻42、高宗三九（一九〇二）年一〇月一〇日、「度量衡規則을 새로 定하다」。

(36)　韓国史データベース、駐韓日本公使館記録＊　16巻　》三．日韓借款及度量衡借款　》(23)度量衡案に対する奏書、一九〇二年七月二九日。

(37)　韓国史データベース、駐韓日本公使館記録＊　16巻　》三．日韓借款及度量衡借款　》(24)親書「日人井上宜文を平式院技師として度量衡器を製造する件　早速實行要求」一九〇二年八月九日。

(38)　李載完と野津鎮武がやり取りした内容は、西四辻公堯［一九三〇］『魚潭少将回顧録』六五～六八頁。（復刻版）明治百年史叢書三〇二『魚潭少将回顧録在韓苦心録金亭夔大佐回顧録』高麗書林、一九八一年に詳しい。

(39)　平式院は一九〇二年七月に宮内府官制内の布達第八五号により設置された。設置された当時、総裁には李載完、副総裁には趙鼎九、総務課長に韓相龍、検定課長に李普應、主事に徐廷説・魚允彬・李弼求・林宅洙、技手に孫秉駿・金昌済が任命された。李宗峯［二〇一六］二六一頁。

(40)　第一銀行編［一九〇八］『韓国ニ於ケル第一銀行』第一銀行、一六六～一六七頁。

(41)　具体的に平式院の位置がどこにあったか特定できないが、京義線鉄道敷設計画のなかに平式院を通過する予定であるという記録より、ある程度その位置を推定することができよう。然るに、一九〇四年一一月二五日付に林権助公使が山根少将に宛てた書信によれば、京義線敷設計画が変更された場合には平式院の中央を通過して分割してしまう可能性があるため、せっかく「我々の勧誘に基づいた度量衡事業を中途半端で挫折させる恐れ」があると言及した。韓国史データベース、駐韓日本公使館記録　22巻　》四．軍用鐵道》(54)典圜局建物及平式院敷地受容に関する件。

(42)　一九〇三年だけでなく一九〇五年四月一三日にも農商工部大臣と協辦以下の各勅奏任官を招いて宴会を開いた。「昨日上午十一時에　農商工部所管度量衡製造技師　井上宜文氏가　宴會를　龍山坊該舘内에　設하고　農部大臣協辦以下各勅奏任官을　請邀宴待하얏더라」『皇城新聞』一九〇五年四月一四日、「井上設宴」。

(43) 『駐韓公使館記録』第二二巻、機密（第七九号）「度量衡法調査ノ爲メ技師派遣ノ件」明治三七年八月一八日、林公使→外務大臣男爵小村寿太郎。

(44) 『駐韓公使館記録』第二三巻、来電（三一九号）「度量衡器調査結果に関する件」明治三七年一〇月二七日、東京小村→林公使。

(45) 『皇城新聞』＊一九〇五年四月一〇日、「度量衡損金」。

(46) 韓国史データベース、駐韓日本公使館記録＊ 23巻 ≫ 一. 電本省來 一・二・三 ≫ (309)度量衡 件으로 小西・梅田 두 技師 파견 件、一九〇四年一〇月三日、駐韓日本公使館記録 23巻 ≫ 二. 電本省往 一・二・三 ≫ (532)韓国의 度量衡器 中 量器 更正에 따른 対策 請訓 件、一九〇四年一〇月二六日、駐韓日本公使館記録 22巻 ≫ 一三. 機密本省往 ≫ (46)度量衡器 중 量器를 다시 定하는 데 関한 損失金의 件、一九〇四年一一月二日、駐韓日本公使館記録 25巻 ≫ 九. 本省往機密 一・二 ≫ (8)度量衡 改正의 件、一九〇五年一月二三日、駐韓日本公使館記録 25巻 ≫ 九. 本省往機密 一・二 ≫ (25)韓国 度量衡器 改正에 関한 件、一九〇五年四月六日。

(47) 「昨日上午十二時에 日本人 井上宜文氏가 升斗尺衡의 製造工役을 告竣한 故로 模範으로 入監할 度量衡 各一個式을 農商工部에 來納하얏더라」（『皇城新聞』＊一九〇五年六月一六日）「度量衡竣工」。

(48) 『皇城新聞』＊一九〇六年一〇月一八日、「井上解約」。

(49) 梁在昶は一八八六年生まれで、一八九九年八月に私立光興学校に入学して一九〇一年五月に卒業した。一九〇〇年四月には私立鉄道学校に入学して一九〇一年七月に卒業した。同年同月に私立鉄道学校高等科に進学したものの、一九〇二年一月に同校高等科が廃校することによって京城学堂に入学し、一九〇三年四月に卒業した。京城学堂の卒業後、梁在昶は平式院製造所検定見習生として採用され、一九〇五年一月に同所検定助手となった。同年一一月には同所臨検員助手を兼任した。一九〇七年三月には度量衡事務局技手になり、同年四月より度量衡事務局臨検員を兼任した。一九〇九年六月には漢城府主査に任命された。『大韓帝国官員履歴書』一六冊、四一五頁、安龍植編［一九九六］『大韓帝国官僚史研究』Ⅳ、延世大学校社会科学研究所、二〇二頁。

(50) 『皇城新聞』一九〇七年二月一八日、「論度量衡　梁在昶 寄書」。

(51) 「度支部에서 請議한 警務整理費增額 六〇〇〇圜、楊州郡公錢中各陵道路修築費 一万二九九一圜六一錢六厘、度量衡製造検定所管理 井上宜文酬勞金 三万圜을 10年度 豫備金에서 支出할 것을 裁可하다」『官報』＊光武一一（一九〇七）年四月三〇日。

(52) 李宗峯［二〇一六］二七八～二七九頁。

(53) 金鼎禹の履歴は以下のようである。一八五七年生まれで、一八九五年五月に日本に留学して東京の慶應義塾に入学、一八九七年三月に東京神田区の尋常中学順天求合社工業予備科に入学、同年九月に工業予備科を修業した。一八九九年九月に東京高等工業学校機械学科を卒業して東京砲兵工廠銃弾製造所見習として入所した。一九〇〇年九月に銃弾製造所を卒業して同年一〇月に帰国した。一九〇二年四月に平式院技師、一九〇三年七月に軍部技師、一九〇四年七月に軍器廠技師、同年九月に陸軍砲兵参領に任命された。『大韓帝国官員履歴』＊一九、五〇四頁。

(54) 彼らのより詳細な履歴と日露戦争当時の軍編成については、秦郁彦編［二〇〇五］『日本陸海軍総合事典』第二版、東京大学出版会。外山操・森松俊夫編著［一九八七］『帝国陸軍編制総覧』芙蓉書房出版。

(55) 川端源太郎［一九一三］『朝鮮在住内地人実業家人名辞典』第一編、朝鮮実業新聞社、一四頁。

(56) 農商務省編［一九一二］『日英博覧会事務局事務報告』日本国立国会図書館デジタル・コレクション。

(57) 一九〇六年に井上は、日露戦争で死亡した人びとを慰霊するため満洲を巡錫して韓国に寄った釈雲照律師を別荘心遠亭に招いて満四カ月を過ごすようにした。釈雲照律師は井上を通じて当時の首相朴斉純を紹介してもらい、高宗皇帝に上奏して密教を韓国の国教にすることを図ったことがあるが実現しなかった（IMG_2834）。すなわち、井上は朴首相を紹介できるほどの人的ネットワークを形成していたといえよう。

(58) 『朝鮮之実業』第一九号、朝鮮実業協会、一九〇七年、二九頁。

(59) 本間恒治編［一九二二］『男爵前田正名君略伝』一～二〇頁。

(60) 金明洙［二〇〇九］「植民地期における在朝日本人の企業経営――朝鮮勧農株式会社の経営変動と賀田家を中心に」（『経営史学』第四四巻第三号、東京・経営史学会）六～八頁。

(61) 井上はロンドン滞在当時の経験を活かして「東洋人として資本を不要とし能く物品を製造して欧米諸国に輸出できるもの」としてレースと刺繍を朝鮮婦人に勧奨した。井上は李完用・趙重應・李載現・海津三雄などが属した朝鮮勧業協会と共にこれを事業化しようと八〇人の朝鮮婦人を集め日本から二人の教師を招聘したこともある。『毎日申報』＊一九一三年一月一五日、「朝鮮勧業協會盛況」。

(62) 中村資良編［一九二三］『朝鮮銀行会社組合要録』一九二三年版、東亜経済時報社。

(63) 『毎日申報』＊一九一二年三月三一日、「宜壽堂의　新築」。

(64) 『毎日申報』＊一九一二年一一月六日、「開城人参の新薬」。

(65) 青吾生［一九二九］「地上縦覧　朝鮮　各地　꼿　品評會――요새에　피는　八道의　꼿　이약이」（『별건곤』第二〇号、三千里社）一

四七～一四八頁。
(66)『毎日申報』＊一九二五年一〇月二九日、「岐阜共進의 朝鮮出品 全部四十八名」。
(67)『朝鮮在住内地人実業家人名事典』第一編、一四頁。
(68)『朝鮮総督府官報』昭和-三六三号、一九二八・三・一七〈地方廳公文〉。
(69)『朝鮮総督府官報』大正-一三七七号、一九一七・三・九〈彙報〉。
(70)第一回の百万円払込の際に発起人の引き受け株数は以下のようである。高木次郎一万株、立川勇次郎五千株、笠井愛太郎三千株、井上宜文三千株、高允默二千株、坂口拙三二千株、林田龜太郎・李允用・韓相龍・趙鎮泰各一千株、稲垣甚・芮宗錫各五百株であった。『毎日申報』＊一九一九年一二月二六日、「北鮮興業鐵道 設立 出願 中 資本 一千萬」。
(71)心遠亭はもともと趙斗淳の祖父趙宗喆（一七三七～九六）が経営していたが、趙宗喆の父親趙榮克が龍山に建てたと推定される。のちに趙宗喆が亡くなって家勢が傾いたため売却されたが、これを一八一六年ごろ南公轍が買い入れたと考えられる。李鍾默［二〇一六］『朝鮮時代 景江의 別墅 南湖編』＊景仁文化社、二八二～二八八頁。
(72)「京城名物集」［一九二九］『별건곤』＊第二三号、三千里社、一〇二～一〇三頁。

参考文献

日本文

大分交通［一九八五］『大分交通40年のあゆみ――前身会社より通算89周年』大分交通株式会社
大圃孝之助［一九〇〇］「朝鮮京城の電気鉄道に就いて」（『電気学会雑誌』第一四五号、電気学会）
金明洙［二〇〇九］「植民地期における在朝日本人の企業経営――朝鮮勧農株式会社の経営変動と賀田家を中心に」（『経営史学』第四四巻第三号）
是永定美［一九九八］「関東地方の煉瓦造水門建設史――土木技師笠井愛次郎と井上二郎」（『土木史研究』第一八号、公益社団法人土木学会）
佐藤道信［一九九一］「明治美術と美術行政」（『美術研究』第三五〇号、東京国立文化財研究所）
徐浩哲［二〇一〇］「韓国のメートル法受容過程と植民地経験」（『植民地朝鮮と帝国日本――民族・都市・文化』勉誠出版）
南海電気鉄道［一九八五］『南海電気鉄道百年史』南海電気鉄道株式会社

日本交通協会編［一九七二］『鉄道先人録』日本停車場株式会社出版事業部
本間恒治編［一九二二］『男爵前田正名君略伝』
安永幸史［二〇一二］「起立工商会社の輸出工芸品製造事業に関する考察」（『美術史論集』第一二号、神戸大学美術史研究会）

韓国文

김태중・김순일（キムテジュン・キムスニル）［一九九三］「1905-1910年 来韓한 日本人 建築技術者 岩田五月満、国枝博、渡邊節에 관한 研究」（『大韓建築学会論文集』第九巻第八号、大韓建築学会）
吳鎭錫［二〇〇六］「韓国近代 電力産業의 発展과 京城電気（株）」延世大学校大学院経済学科博士学位請求論文
尹一柱［一九八五］「1910-1930年代 2人의 外人建築家에 대하여」（『大韓建築学会論文集』第二九巻三号、大韓建築学会）
이순우（イスヌ）［二〇一〇］『일그러진 근대 역사의 흔적을 뒤지다 3——統監官邸、잊혀진 庚戌国恥의 現場』하늘재
李鍾默［二〇一六］『朝鮮時代 景江의 別墅 南湖編』景仁文化社
李宗峯［二〇一六］『韓国度量衡史』ソミョン出版
鄭仁景［二〇〇四］「韓国 近現代 科学技術文化의 植民地性——国立科学館史를 中心으로」高麗大学校大学院科学技術学共同課程博士論文

第三章 「鮮満一体化」政策期の在朝日本人の「満洲」地域移動

柳沢 遊

はじめに

本章の課題は、韓国併合前後から、朝鮮総督府官僚と寺内正毅によって推進された「鮮満一体化」政策のもとで、朝鮮在留経験をもつ日本人が朝鮮半島から「満洲」（中国東北部、以下では満洲と略記）に移動したいくつかの事例を検討し、その移動の契機となったことを考察することである。日本帝国圏内の日本人移動については、多くの研究が行われてきたが、「鮮満一体化」政策に付随した日本人の移動については、いまだ十分な検討ができていない(1)。日本人の朝鮮経由での満洲への移動は、すでに韓国併合前後からみられ、日露戦争経験が、一面では、日本人の満洲地域（満鉄沿線都市と租借地都市）への進出の重要な契機となるとともに、日本人の朝鮮諸都市への進出をも促進したことが見いだされる。換言すれば、日露戦争は、その戦闘地域の広域化と戦争の長期化に規定されて、日本人の満洲進出および朝鮮進出を活発化するとともに、その後の朝鮮から満洲への移動の契機にもなったのである。さらに、韓国併合による朝鮮植民地支配の安定化要請は、必然的に満洲における日本統治のあり方にも、深い影響を与えた。「鮮満一体化」政策は、以上のような歴史的文脈のなかで現実化した側面を有していた。いうまでもなく、日本から満洲への商工業者の移動、日本や関東州からの青島・山東半島への日本人移動には、それぞれ歴史的特徴が見られたが、[2]植民地化された朝鮮からの中国東北部への人的移動には、日系企業の朝鮮から満洲地域への進出（支店開設）に伴うものが多い反面、経済的論理のみでは、説明できない政治権力の作用によるものが大きな力をもっていたと思われる。そこには、従来の商工業者の移民という枠組みからは、把握できない権力支配と人的移動の問題が内包されていた。したがって、朝鮮から満洲への日本人の移動を見ることは、日本帝国経済圏として拡大を見せた日露戦後から二〇年代にかけての、日本帝国主義の対外進出の一断面を、植民地から勢力圏への「境界」を越えた移民史の側面から照射することにつながる。こうした研究は、経済史・政治史の双方の領域でこれまで課題設定の意味が軽視されてきた植民地権力と被支配民族の統治にかかわる人的移動の側面を浮き彫りにすることで、帝国主義支配史研究の豊富化につながると考える。[3]人の移動の側面から「鮮満一体化」政策を再審することは、近代日本における朝鮮支配と満洲進出との内的関連を問い直すことにも連動するからである。

本章では、以上の研究史をふまえて総督府など官僚・警察機構の機能をも視野にいれて、朝鮮から満洲への日本人の移動について時期別特徴にも留意して、考察していきたい。[4]

一 「鮮満一体化」政策の形成と展開

日露戦争後、日本の陸軍は、常備兵力の拡充とともに、満韓交通機関の整備、とりわけ奉天・釜山間の奉釜ルートの形成を対露軍事戦略の一環として重視するようになった。一九一〇年代初頭までの満鉄の鉄道事業は、日本－大連－満鉄本線の海路ルートが中心であったが、これに対抗して、朝鮮を経由する日本－朝鮮鉄道－満鉄の陸上ルート強化案が、山県有朋など長州閥出身の軍人・政治家によって、提起され推進されることになったのである。韓国併合後、朝鮮総督府は、憲兵警察制度を拡充し、地方行政機構の整備をすすめるとともに、土地調査事業および林野調査事業を本格化した。同時に、鉄道の整備拡張がすすめられ、一九一一年には鴨緑江架橋工事が完成して、京義線（京城－新義州間鉄道）と南満洲鉄道線の接続が行われた(5)。この陸上ルート強化案は、直接には朝鮮鉄道の収益性向上を目的としていたが、その背景には陸軍・朝鮮総督府の唱道する「鮮満一体化」案が存在していた。また、後藤新平満鉄総裁は、一九〇八～〇九年に満韓鉄道の統一経営を構想しており、「安奉線ハ世界ノ公道」であるとの観点から、安奉線の早期着工を主張してやまなかった。当時の後藤新平の満洲経営論では、奉釜ルートの強化による関東州の軍事施設の撤廃と満鉄中心主義による関東州の経済的発展とが有機的に結合していたのである(6)。とくに陸軍の対ロシア作戦計画は、本来「韓国の防衛」を絶対的最低目標とするものであり、日本・満洲・朝鮮を一体とした奉天－釜山ルートの主要交通線化は、軍事的視点からも必要であった。こうして、のちに「朝鮮組」と言われる政治家・官僚は「鮮満鉄道一体化」による軍事的役割の保障と綿布などの日本からの輸出増進という観点から奉釜ルートを重視するようになり、第二次桂太郎内閣が、その実行に着手した。懸案であった安奉線改築工事は、一九〇九年四月の閣議で正式決定され、八月一九日には、日清間に同線の広軌改築について覚え書きが調印され、一九一一年一〇月に工事の完成を迎えた。日露戦争を契機とする軍用物資の輸送、港湾開発、軍事基地の建設が、日露戦争後も継続したことを、近年の加藤圭木の研究は、明らかにしており、清津港の開港が、日本主導で行われただけでなく、大韓帝国の官有地の払い下げという強硬手段が採用されたことを実証した(7)。一方、併合直後の朝鮮植民地統治は、明石元二郎を中心とする憲兵を中心とした治安体制を構築したが、朝鮮統治の前線にたった寺内正毅は、朝鮮治安の安定化のためにも、「鮮満一体」となった防衛体制の構築を志向した。

一九一六年一〇月、寺内正毅が首相に就任すると、朝鮮総督府と「朝鮮組」の力は一層強くなり鉄道のみならず金融機関再編政策もふくめて、「鮮満一体化」政策が本格的に推進された。一九一七年一一月の勅令により、満洲における金券発行と流通は、朝鮮銀行の任務となった。また、一九一七年七月には、朝鮮の官有鉄道は、満鉄に経営委託されることになった。一九二一年、関東庁長官として、満洲に乗り込んだ山県伊三郎は、官営の大連取引所を「金建」強行することで、大連経済界を混乱に陥れた。これにたいして、一九二一年四月以降、大連では日中の商人による反対運動がおこった。一九二〇年恐慌後の大連取引所の金建化は、大連の特産物業界を大きな混乱と不振におとしいれたのである。それは、朝鮮銀行、東拓の経営悪化を一九二〇年代前半に深刻化させたのみならず、朝鮮、満洲で一九一〇年代に急成長した日系企業の経営不振をまねき、満洲経済界、朝鮮経済界の不況と地場経済からの離反をひきおこしていった。(8) しかし、「鮮満一体化」政策は、一九二〇年代前半期にも、シベリア出兵政策と連動させながら、継続していく側面があったことも指摘しておきたい。(9)

「鮮満一体化」政策は、その当初の意図にもかかわらず、一九二三年以降、朝鮮銀行と東洋拓殖会社の広域的活動とそれゆえの固定貸しの増大に伴う業績悪化を露呈して政策の破綻が各地で明らかになった。朝鮮鉄道の満鉄による経営委託も一九二五年で終了した。こうして、政策転換が行われたが、この政策のもとで、朝鮮から満洲諸地域へ営業拠点を移し、職業転換した日本人は、多数に上った。注意すべきは、狭義の「鮮満一体化」政策の時期に限定されずに、韓国併合前後の時期から、朝鮮経由で満洲に渡り、定住を図った日本人が少なくなかったことである。本章では、以下、どのような人びとが、満洲に移動したのか、いくつかの事例をもとに考察を進めていく。

二　日本人の勢力圏内移動——一九一〇～二〇年代前半期を中心に

1　民間人の朝鮮進出と満洲再進出——日露戦争経験

ここでは、民間企業の朝鮮出張所から満洲の諸都市への支店開設、朝鮮での営業を行った後、満洲に営業拠点を移動させるケースをのべる。日露戦争の勃発と長期化が、軍用達関連の日本人商人の朝鮮進出、さらには満洲進出の契機となったことが、以下の事例から明らかとなろう。年代順に朝鮮から満洲へ移動した八二人の日本人をまとめた表3－1によれば、一九〇四年から一九一〇年までの間に移動したのが一八人であり、そのうち「実業家」「商店経営」「漁業」等の民間営業者は、一四人を占めていた。日露戦後から朝鮮を経由して満洲の諸地域に渡った人びとは、最終的に民間の商工業者として定着したものが多かったことが予想される。その営業内容は、「畳製造販売業」「旅館業」「建築材料商」「電気会社社員」「雑貨販売商」「土木建築請負業」「鉄道工事」「漁業」「料理店」「売薬業」「食料品雑貨商」「料亭」などであった。民間営業者といっても、官軍需に依拠して発展をとげ、日露戦争後に満洲で事業を展開した営業者が少なくないことが判明する。

民間人の朝鮮進出において、決定的な事件は、日露戦争の勃発とそれに伴う軍用達事業と徴用であった。まず、一八八四年生まれの石川安次郎は、京都で建築請負業の実家に生まれて、同志社大学に入学後、日露戦争時には、陸軍建築班付の商人として、鎮南浦と安東県の二地域に従軍した。一九〇八年には、軍の業務で香港にわたり、一年間香港に滞在した。一九一六年には、満洲の旅順物産館の新築工事に従事した(10)。石川は、一九一七年関東州技手になって、一九二五年には、大連で土木建築請負業を開始した。日露戦争中に仁川で陸軍用達商を行っていた石光幸之助は、一九〇五年に営口で、建築材料商の石光洋行を開業した(11)。石光は、土木建築請負業に進出し、遼陽病院や牛家屯の工事で地歩を築き、遼陽、大石橋、吉林に支店を設置して、本店を大連に設置するようになった(12)。一八五八年に生まれた稲垣鎌次郎は、日露戦争開始とともに、朝鮮に渡り、軍用鉄道一八号区の工事に従事した。一九〇五年、安東県に移り、京義線および安奉線の広軌改築工事に従事した(13)。稲垣の場合に、鉄道工事をつうじて軍隊に全面協力し、のちに安東県の土木建築請負業者となったのである。一八六六年に福島県出身の氏家嘉作も日露戦争時の軍用達商である。第三軍の糧秣部長から鮮魚の供給を命じられ、当時仁川港魚業市場の幹部であった義父の神戸戸十郎の援助により、

進出日本人（1905～1929年）

渡満年	満洲での経歴	職業タイプ
1905・1916	ハルピン畳製造販売業	実業家
1904	日清戦争中大連に密航し、関東州の金州城内で酒保開業→台湾で営業→帰国（1901）→安東県、奉天を経て鉄嶺に至り、旅館を開業（1906）	軍用達→旅館業
1905	営口で石光洋行開業（建築材料商）	軍用達・建築
1905	安東県に移り京義鉄道、安奉線広軌改築工事などに従事	鉄道工事
1905	営口軍政局雇員、牛家屯の測量→営口堂台工程総局	鉄道工事
1905	旅順要塞司令部付、海軍鎮守府付魚類用達に指名、氏家組設立	漁業
1906	営口水道電気㈱の設立、「朝鮮日日新聞」発行	新聞記者→実業家
1906	鉄嶺で高松号本店設置（雑貨販売・貿易商）→高松洋行と改称	実業家
1906	1906遼陽で有馬組支店→09有馬當経営、遼陽日本人会を組織。	土木建築業
1906	大連愛岩町に天草組を設立して漁業を経営	漁業
1906	安東領事館・安東警察署長	警察署
1906	満洲での事業を企画したが難航→長春で売薬商を開業（1906）→３年後軌道に乗る→ハイラルにて料理店を開業し成功（1910）	商店経営
1906	昌国軍政署に招聘、産業調査→日清通運支店鉄昌洋行設立（煉瓦製造業）	実業家
1907	関東州で売薬業を開業	売薬業
1907	満鉄技師	技師→満鉄
1908	実父（増田又七）とともに遼陽で食料品雑貨商開業（1911）→徴兵により豊橋へ→遼陽で商店経営（1917）	商店経営
1909	鉄嶺での弥生活動写真→奉天の料理店金城館を譲渡される（1909）	写真家→料理店経営者
1910？	安東県草河口、本渓湖を経て奉天の柳町に料亭開業（1914）	料亭経営
1912	韓国銀行安原県出張所→朝鮮銀行ハルピン支店長（1916）	銀行員
1912	旅順重砲兵連隊付医師、14年奉天独立守備隊第三大隊付軍医、奉天赤十字病院長	医師
1913？	関東府巡査→同巡査部長→満鉄（1933）	巡査
1913	ハルピン移住→モストワヤ街で商店開業→日満商会（1915）	商人
1913	撫順炭鉱機械課	満鉄社員
1913	大連民政署に勤務→奉天、鉄嶺、長春で特産物商を営む	鉄道員→特産物商
1914	奉天と皇姑屯で商業→華北方面で諸種の事業（1916）→奉天へ（1920）→住吉町で米穀商（1921）、保険代理店を兼営	漁業、米穀商
1915	満鉄鞍山製鉄所勤務	技術者
1915	中国青島で青島新報社→退社、朝鮮日日新聞社入社（1924）	新聞記者
1916	奉天総領事	外交官
1916	大連伊勢町の吉田表具店勤務→但馬町で表具店開業（1919）	商人
1916	旅順物産館新築工事→関東庁技手（1917）	建築技師
1916	大二商会安家支店の支店長→木材商として独立（1933）	材木商
1916	朝鮮銀行（1911韓国銀行から改称）理事、大連支店勤務	銀行員

表3－1　朝鮮経由満洲

氏名	出生年	内地での経歴	朝鮮での経歴
石動品五郎	1877	山口県防府郡から1905年渡満	京城に移住（1910）
小川清	1862	大阪で人造ゴム	朝鮮に渡り、仁川から大連に密航（1894）→日露戦争の翌月に井上角五郎とともに朝鮮に渡り堀内組で働く（1904）
石光幸之助	1878	広島県→台湾用達商	仁川で陸軍用達商（1904）
稲垣鎌次郎	1858	名古屋市→台湾の諸事業	（台湾（1896）→）軍用鉄道工事に従事（1904）
大森弘資	1876	東京工手学校卒、吉田組入社	1902京釜鉄道工事→日露戦中に渡満
氏家寡作	1866	大阪商船本社→門司支店	日露戦争時に従軍、軍用達商（鮮魚）
天春又三郎	1875	三重県桑名郡出身	1902年「仁川商報」刊行、穀物市場理事に。
上原茂吉	1875	高松青年団体常務委員、印刷業	日露戦争で渡満（1904）、戦地で軍御用達→戦後帰国→高松市の商工業者代表として釜山、元山などを視察
海南右門	1866	日清戦争後、東京建物㈱横浜支店長	日露戦争後、有島組で、鎮南浦、九連城で土木建築に従事
大谷高寛	1850	1882年熊本県会議員（熊本国権党）	日清貿易㈱、韓国通漁組合設立
太田秀次郎	1866	明治法律学校→内務省、各地警察署	京城警察署長→閔妃暗殺関与
小木曽藤作	1878	岐阜県雑貨商→生糸投資に失敗	1905年朝鮮で行商（京城・龍山）
荒井栄	1872	1895年厦門、福州で事業	1905年一新会に招聘、産業調査委員
稲田太造	1879	紀州粉川旧家→大阪野戦砲兵第四連隊	日露戦争従軍、1907年朝鮮軍除隊
奥沢耕造	1878	京都帝大理工科卒業	臨時鉄道監部付きで朝鮮に。新義州で負傷。
小笠原又吉	1892	郷里の小学校卒業後、小笠原商店に養子として奉公	1913年満洲から憲兵上等兵として朝鮮に派遣→17年に除隊
荒井卯三郎	1864		日露戦争時に軍隊写真班、釜山で営業
江畑トラ	1876		1905年夫とともに、仁川に在住。
阿部譲	1880	京都帝大法科大学、第一銀行本店	第一銀行京城支店→08年咸鏡北道の城津出張所主任、韓国銀行平壌支店
小川勇	1880	1907年福岡医科大学卒→熊本歩兵第二三連隊、1908年陸軍二等軍医	京城の鏡城衛戍病院勤務（1910）（→帰国、福岡県巡査）
岩丸軍三郎	1892	福岡県立園芸学校3年修了	1910年京城の漢城衛生会に勤務→帰国→陸軍兵役に
安立七郎	1893	鳥取県製糸業名家	1908年朝鮮で商業に従事（5年間）
市川次郎	1890	石川県中学校卒業	1908年統監府鉄道局→帰国、京都市参事会工手
岩功平一	1892	少年期朝鮮→東京築地工手学校	朝鮮鉄道部→東京工手学校→台湾総督府鉄道部
老田太十郎	1888	富山県婦負郡から1906年朝鮮へ	朝鮮にわたり雄基で漁業従事
青山三郎	1888	青森県出身→藤田組（1902）→郷里で家業→日立鉱山（1910）	1910年から鎮南浦の久原製錬所に
足立孝	1889	鳥取県出身	1905年釜山印刷所創業とともに入社→1912年独立したが、失敗、14年廃業
赤塚正助	1872	東京帝国大学法科卒業→外交官	1898年領事館補として釜山→厦門→釜山領事館
東篤助	1894	富山県から1913年朝鮮渡航	1913年京城の表具商松月堂入店
石川安次郎	1884	夜学→同志社大学夜間部卒	日露戦争時、陸軍建築班、鎮南浦・安東県従軍
伊藤勘三	1889	滋賀県立第二中学校	1912年朝鮮京城の材木商大二商会入社
太田三郎	1873	東京帝国大学法科→第百銀行	1904年第一銀行文書課→同行朝鮮支店→1909年韓国銀行出納局長→朝鮮銀行

渡満年	満洲での経歴	職業タイプ
1916	吉林省一面披日本人会の要請で渡満、開業	医師
1917	朝鮮銀行大連支店長→大連市会議員（1918）	銀行員
1917	朝鮮鉄道の満鉄への委託経営で満鉄入社→1922年満鉄参事	満鉄入社
1917	大連の福昌公司土木建築卸に勤務→井上建築工務所（1919）	建築請負業者
1917	朝鮮銀行長春支店長に勤務	銀行員
1917	奉天の満蒙薬品貿易㈴入社→奉天銀行の域内次席（1922）→本渓湖支店支配人心得、銀行合併で満洲銀行になり鉄嶺次席（1923）→本渓湖支店支配人（1924）	銀行員
1917	ハルピン秋林洋行仕立師→太田洋服店開業（1920）	洋服商
1917	満鉄入社→安東、公主嶺機関区、27年大石橋機関区点検助役	鉄道員、満鉄
1917	本渓湖煤鉄公司勤務→東省実業㈱取締役（1919）	実業家、東省実業
1918	奉天商業会議所庶務主任	商業会議所
1918	旅順で文具商開業	鉄道員→文具商
1918	満鉄教育研究所助手	満鉄
1918？	朝鮮銀行ウラジオストク支店勤務→ハルビン支店→奉天支店→1942年大連支店長	朝鮮銀行
1919	満鉄経理部会計課→27年主計課主任	税理士
1919	関東軍兵器部長	軍人
1919	関東庁大連取引所の嘱託→21年遼陽取引所長	警察官、取引所
1919	満鉄で埠頭事務所庶務課	満鉄
1919	満鉄大連車両係	鉄道員
1919	大連新聞大連西部支局長	新聞記者
1919	鉄嶺商品陳列館	店員から店主へ
1920前後	井原商店奉天支店支配人→退店、安坂商店開業（1923）	店員から店主へ
1920	満鉄に転じて埠頭事務所長	製鉄所から満鉄
1920	営口の日満通商公司に入る→営口の事業補習学校で学び、営口証券信託㈲に転職（1923）→退社、家業に従事→国際運輸㈱勤務（1925）	実業家
1920	長春実業補習学校教諭→長春商業補習学校教諭	教師
1920？	大連税関嘱託、1921年東洋拓殖安東事務所長	税関員
1920？	東洋拓殖奉天支店	東拓
1920	東拓奉天支店長→鴻業公司入社、取締役に	東拓

氏名	出生年	内地での経歴	朝鮮での経歴
尾沢光章	1870	愛知県立医学校1895年卒業→三重県検疫医院→1904年陸軍予備役見習医	1907年朝鮮に渡航、08年警察医務嘱託
阿部秀太郎	1878	東京帝大法科から大阪商船入社	1907年朝鮮統監府、1910年総督府理財課事務員→朝鮮銀行釜山支店長。
安藤又三郎	1977	東京帝大法科→鉄道院→鉄道事務官	1907年統監府鉄道管理局→欧米出張→朝鮮鉄道の満鉄委託
井上太市	1888	京都府立工業学校卒	1912年朝鮮に渡り、三池土木建築㈱入社、その後独立して請負業
上田直秀	1886	1909年東京高商卒	朝鮮銀行に1910年入社、本店、仁川、木浦支店に勤務
大小田友一	1875	1913年鹿児島商業を卒業	1913年朝鮮銀行入社、各支店勤務京城本店調査室に勤務、1914年朝鮮銀行元山支店勤務、1917年退社
太田茂	1893	香川県出身→神戸柴田洋服店で勤務	1912年京城府長者町で洋服商経営
大塚将史	1883	東京の京北中学卒、関西鉄道会社	1905年軍用鉄道へ出向、安奉鉄道大隊付、10月新義州車輛班、朝鮮各地の機関庫に勤務
大森清吉	1891	大倉高商卒→善隣商業学校教諭（朝鮮）	1913年善隣商業学校教諭→17年本渓湖媒鉄公司→東省実業㈱取締役
有村泰	1879	京都法政大学	1909年清津の井原商店（建築金物）の店員→京城支店勤務をへて渡満
江里口吉太郎	1889	佐賀県農家→小城中学校卒業（1906）	1911年朝鮮鉄道局入局、京元線・咸鏡線の建設工事（1917）
小川増雄	1897	大分県出身	不二興業㈱全羅北道農場に勤務
大草志一	1892	山口県出身→神戸高等商業学校卒業（1916）	朝鮮銀行京城本店（1816）→ウラジオストク支店→本店為替課、ハルピン支店→大阪支店→上海支店支配人付
伊藤寛市	1884	佐賀県農家出身→04年税務署員→日露戦争	1914年朝鮮の咸鏡北道庁勤務
大塚乾一	1875	陸軍士官学校卒業（1898）→日露戦争従軍	羅南駐屯軍に勤務（1914～16）
大津哲郎	1870	台湾に渡る（1890）	朝鮮で警察官→警察署長
岡野保	1890	徴兵→島原鉄道会社勤務	朝鮮総督府勤務（1919）
奥田一男	1893	徴兵（1913）	三菱兼二浦製鉄所の運転手（1918）
河原信之助	1878	福山中学校中退→陸軍教導団、中央幼年学校→税務官吏	1909年朝鮮総督府官吏→13年退官→咸鏡北道羅南学校組合
阿部勝雄	1894	逓信省経理局	1808朝鮮に渡り10年在住
安坂岩雄	1896	1909年尋常小学校卒業	1909年清津の井原商店（建築金物）の店員→京城支店勤務をへて渡満
梅野実	1871	東京帝大理工学科卒→九州鉄道→長崎保線事務所長	三菱兼二浦製鉄所→三菱製鉄常務取締役
大江茂	1898	大阪府出身	私立京城薬学講習所を修了→営口の日満通商公司へ（1920）
萩山貞一	1905	東京外語大学支那語科卒業（1918）	京城の㈱共益社勤務→大阪の伊藤忠商事→陸軍通訳としてシベリア派遣軍に従軍（1918）
太高洋太郎	1891	麻生中学卒業	総督府土木局→鎮南浦税理士→新義州税関→総督府専売局
岡崎弼一郎	1882	第三高等学校卒業	東洋拓殖㈱入社（1911）
堀諫	1874	1902年法政大学卒業	東洋拓殖会社入社

渡満年	満洲での経歴	職業タイプ
1920？	朝鮮銀行安東支店→奉天で弁護士開業（1932）	弁護士
1921	大阪商船大連支店詰	海運業
1921	関東庁事務官→関東庁警務官高等警察課長	警察署
？	満鉄参事	満鉄
1921	ハルピンの果実問屋を経営→チチハルへ移住、食料品雑貨商を開業	商店経営
1921	草河口（安奉線）で事業→吉林でゴム靴商、1931年果実卸小売業	
1922	満鉄奉天尋常高等小学校訓導	教師
1922	関東庁長官	官僚
1922？	朝鮮銀行安東県支店	朝鮮銀行
1922	関原公学堂教諭→鉄嶺育英学校長（1928）	教師、校長
1923	東省実業㈱ハルピン支店支配人→北満ホテル支配人（1927）	銀行員、ホテル経営
1923	大本山・妙心寺からの命で渡満、住職に	仏教布教
1923	朝鮮銀行大連支店課詰→庶務部長	銀行員
1923	満鉄新京駅電信方	満鉄
1924	関東庁上告裁判官（1925）→大連地方院院長（1926）	総督府、裁判官
1924	東洋拓殖大連支店庶務係長、のちに事業係長兼任→ハルピン支店庶務係長（1925）→のちに同副支配人、北満窯業会社取締役兼任	東拓
1925	満鉄入社→安東高等女学校など女学校の各校長を歴任	教師、校長
1927	朝鮮銀行大連支店、のち支配人代理	朝鮮銀行
1927？-28？	満鉄嘱託	鉄道技師
1928	国際運輸㈱ 大連本社	国際運輸
1929	奉天憲兵隊分隊→溥儀の護送、関東軍の裏面工作（1931）→大東公司満洲国協和会中央本部	憲兵
1929	満鉄長春医院小児科医長	医師

殖協会編『支那在留邦人興信録　奉天』1922年も参照。

氏名	出生年	内地での経歴	朝鮮での経歴
小野濱路	1882	京都帝大法科大学→日露戦争従軍	日露戦争時に第十五師団に属して従軍し、朝鮮北部、安東県一帯の警備→東京の中学校卒業→朝鮮銀行勤務
伊藤薫	1879	高等商業学校卒業（1903）→大阪商船大阪本社、門司支店	大阪商船仁川支店（→ウラジオストク支店（1913））
大場鑑次郎	1888	東京帝大法科大学卒業→愛媛県試補	関東庁事務官兼朝鮮総督府事務官（1921）
大橋正巳	1893	京都帝大法学部卒業（1920）	朝鮮総督府鉄道部（1920）
岡本直一	1886	山口県熊毛郡出身で、朝鮮渡航	鎮南浦の会社勤務（1905）
小原孫四郎	1887	愛媛県師範学校本科→新居郡の訓導	公立小学校訓導（1916）→仁川公立尋常小学校訓導
明日勝	1885	旧薩摩藩士伊集院吉次の長男→東京帝大法科卒→外務省	1911京畿道の開城独立守備隊→大邱で煙草栽培→21年廃業
伊集院彦吉	1864		釜山・仁川の領事（1894）
大庭栄	1890	京都帝大法学部卒業（1920）	朝鮮銀行（1920）
大西菊治	1886	香川県師範学校卒業、小学校訓導（1907）	平安南道孟山公立書道学校長
飯倉汎三	1891	東京農業大学卒業（1915）→農商務省耕地整理講習（1917）	東洋拓殖㈱入社㈱→平壌支社→ハルピン支店（1919）→休職（1923）
飯塚江嶽	1883	臨済宗大林寺→神戸禅福寺門道場で修行（1902）	朝鮮で布教（1914）
池田五郎	1881	台湾銀行	朝鮮銀行本店勤務→職制改正
大家清	1899	1918年龍山鉄道従業員養成所を修了	朝鮮鉄道勤務（1918）
安住時太郎	1872	東京帝大法科卒業	朝鮮統監府司法庁参事官兼書記官（1909）
江藤盛一	1890	鹿児島県出身（1890）→東洋協会（1914）	京城の東洋拓殖会社計算課（1914）→庶務課（1917）→参事（1923）
植村良男	1890	東京高等師範学校本科数物化学部卒業→福井県師範学校教員	仁川公立高等女学校教諭
井口俊彦	1889	福岡県出身→1912年慶応大学卒業	1913年朝鮮銀行入社、各支店勤務
岡新六	1878	福井県出身→京都帝大理工科卒業→農商務省鉱山局監督官補→札幌鉱山局監督署	鉄道技師としてアメリカ、ドイツに出張→朝鮮総督府嘱託大臣官房研究所第一科長に
太田辰雄	1904	愛知県出身	京城高等商業学校卒業（1928）
甘粕正彦	1891	名古屋幼年学校→歩兵少尉→憲兵→朝鮮人無政府主義者を殺害（1923）	京畿道楊州憲兵分隊長（1918）→朝鮮憲兵司令部副官
小倉久雄	1895	九州帝大医学部卒	朝鮮兼二浦の三菱製鉄所病院小児科部長として赴任（1925）→帰国、九州帝大の小児科設立（1927）

注：渡満年次順に人名を配列した。
出所：竹中憲一『人名事典「満州」に渡った一万人』皓星社、2012年、人名記載頁1649頁のうち1～352頁より抽出。
満州日報社編『満蒙日本人紳士録〈付満蒙銀行会社要覧〉』1929年より抽出。「堀謙」については、東方拓

漁船一〇隻を大連に回航させて、漁業に従事させた(14)。氏家は、のち海軍鎮守府付き魚類用達商に任命され、旅順市乃木町に氏家組を設立して、鮮魚の供給に従事した。日露戦後は、漁業のほか、製靴部、商業部をおいて、陸海軍、その他官衙の用達業を継続した。高松市出身の上原茂吉は、一八七五年生まれ、日露戦争時各地で軍用達商を請け負った。一九〇五年帰国後、釜山、元山、仁川、京城、木浦、群山など各地を視察し、一九〇六年三月に大連に上陸し、満鉄沿線の鉄嶺で高松号本店を設置して雑貨販売と貿易業を経営した(15)。上原は、その後、高松洋行と改称し、鉄嶺本店以外に昌図と長春に支店をおいた。鉄嶺では、印刷業を兼営し、同地の行政委員、実業協会評議員、居留民会会長を歴任した。

以上のように、日露戦争時に、陸海軍の作戦行動が、多様かつ莫大な戦時需要を創出し、その需要を担った軍用達商人が、その後朝鮮諸都市や満洲都市で、軍用達関連やその他の営業を継続したのである。

日露戦争従軍経験者の事例として、日清戦争と日露戦争に従軍した鳥合八十二の朝鮮進出と、奉天主任としての渡満の事例を紹介しておこう(16)。鳥合は、一八七五年、旧佐賀藩藩士の家に生まれ、商業学校を卒業後、簿記学校の助教となったが、その後陸軍教導団に入り、日清戦争を経験した。鳥合は、工兵第六大隊付きで従軍した。一八九七年に教導団を卒業したが、一八九九年には、台湾守備を命じられ、出納管理をまかされた。日露戦争が起きたとき、長崎要塞の通信所長となっていたが、やがて第三臨時築城隊付きとなって韓国に赴き、鎮海湾築城工事副主任として、活動した。この工事が竣工すると、元山に移り、副主任として、防禦工事に携わった。一九〇五年二月には、野戦第五師団に転勤を命じられて機関砲隊の小隊長に任命された。鳥合は、小隊を率いて、昌図の村山枝隊に属して、守備の任務にあたった。日露戦争が終結すると、機関砲隊の残務整理委員を命じられ、鳥合は、予備役編入になった。このときに、文官技倆証明書を付与された。鳥合は、このように日露戦争において、機関砲隊の小隊長として活躍したが、将校にはなれず、官吏の道を選ぶことなく朝鮮で実業の世界に入ることになった。一九〇六年一二月、韓国仁川にあった力鉱精米所に雇われ、その奉天主任となって、満洲に渡ることになった[17]。

また、日露戦争時に軍関連で活動した土木建築請負業者で、朝鮮から満洲へ移動する人びとも少なくなかった。彼らの場合、日露戦争ないし安奉線建設が契機となって朝鮮に進出する場合が目立った。たとえば、海南右門は、一八六六年に新潟県に生まれ、日清戦争に従事したあと、東京建物株式会社に入社後、一九〇四年に日露戦争に直面して有馬組に入り、近衛師団に従属して鎮南浦、九連城で土木建築業に従事した。日露戦後に、遼陽で有馬組遼陽支店を開設したが、その後一九〇九年に有馬當を経営した[18]。海南の場合に、朝鮮での土木建築業経験は短かったかもしれないが、戦時体制下での営業経験があって、有馬組での信用を高め、遼陽での支店開設の主力になりえたと思われる。大森弘資は、東京工手学校を卒業後、吉田組に入り、一九〇二年には韓国の稲田組土木建築部に転じて、京釜鉄道等の諸工事を監督した。一九〇五年六月に、渡満して営口軍政署雇員に転じて、新市街の造成予定の牛家屯の測量を担当した。その後は、営口道台工程総局に傭聘されて、製図技師として勤務した[19]。大森は、表面的には、日露戦後の満洲進出者の一人とみなすことができるが、彼の製図技師としての採用は、京釜鉄道工事以降の実績があってのことであった。

日露戦争の勃発と韓国併合は、直接の軍用達商以外にも新しい利権を求める人びとの朝鮮渡航を促進した。一八七八年に岐阜県土岐郡に生まれた小木曽藤作は、二七歳まで郷里の雑貨商を経営したが、一九〇五年に日露戦争の終結とともに朝鮮に渡り、京城や龍山で行商を行って資金を蓄えたが、奉天の友人から「満洲好景気」を聞き、一九〇六年に朝鮮から満洲に渡った。小木曽は、事業計画が思い通りにならなかったが、一九〇六年から長春で雑貨・売薬商店を経営し、三年後には軌道にのったという[20]。小木曽の事例は、軍用達商ではないが、日露戦後の「満洲景気」に便乗した朝鮮からの渡満であった。満洲と朝鮮の双方で、商業経営を行おうとした日本人商人も存在した。一八七七年に山口県に生まれた石動品五郎は、京城からハルビンに移動して、畳製造業を経営した。日露戦争後一九〇五年に渡満した石動は、当初ハルビンで畳の製造販売を始めたが、一九一〇年の韓国併合によって商機到来と考え、京城に営業の場を移動したが、一九一六年にもう一度ハルビンに戻った。ハルビンの道裡工廠街での営業が成果をあげ、一九三〇年代には、店員一五人を雇用する畳工場経営者となった(21)。

ジャーナリストから商業会議所業務、さらに運送業に転業した満洲進出者を一人あげておく。足立孝は、一九〇五年釜山印刷社の創業に際して、同社に入社した。一九一二年に釜山で独立印刷業を開業、一九一四年にこれを廃業して、朝鮮時報社に入社した。しかし入社した一九一四年九月に退社し、一九一五年二月青島新報社に入社、一九二四年九月に同社を退社した。一九二四年九月、満洲日日新聞社に入社して、安定をえた。足立の場合、朝鮮と青島での新聞社経営が不安定で、ようやく満洲の満洲日日新聞の入社で安定した生活基盤を獲得したといえよう(22)。

満洲で商業経営を営む営業者のなかで、朝鮮での商店員経験を持つ人も少なくなかった。のちに新京建築材料商店の安坂商店経営者となる安坂岩雄は、一八九六年徳島県で生まれ、一九〇九年三月尋常小学校を卒業して朝鮮にわたり、清津の建築金物商の井原商店に店員として入店した。京城支店勤務を経て、井原商店の奉天支店支配人になったが、一九二三年に退店して、開原の大和街に安坂商店を開業した(23)。岩雄は、小僧として朝鮮の井原商店に入ってから一四年後に、独立できたのである。安坂は、満洲国期には開原から首都となった新京に本店を移した。

伊藤勘三も、京城から安東にわたり後に独立した商人である。一八八九年に滋賀県に生まれた伊藤は、一九〇九年滋賀第二中学校を卒業後、一九一二年に朝鮮にわたり、京城の材木商大二商会に入り、店員としての訓練後、一九一六年に大二商会の安東支店開設にあたり、支店長として渡満した。以後、安東支店長を継続し、四四歳のときに、三松洋行として独立し、木材工業の有力者となった(24)。伊藤のように、朝鮮での商業店員経験ののちに、朝鮮ではなく、満洲の都市で、支店や出張所の開設にあたったものは、少なくないと思われる。

朝鮮経由渡満者の中には、朝鮮鉄道の社員に一時的に就職しながら、他業種に就業し、商店経営者になるという稀有なケースも存在したが、それについては、後述する。

以上見たように、日露戦争中に、朝鮮と満洲の双方で戦闘や諸工事が行われたことに対応して、日露戦争への従軍経験と軍用達商経験は、朝鮮在住日本人の満洲への進出の重要な契機となった。ただし、その際に、朝鮮の諸都市から満洲の都市への進出という形をとったこと、一九一〇年の韓国併合政策の後の満洲進出が増加したことも留意されるべきであろう。さらに、安坂岩雄や伊藤寛市の事例に見られるように、朝鮮では、店員として採用されて、一定の期間をへて独立し、満洲に営業拠点を移すケースが少なからず認められた(25)。

2　官僚経験者の満洲進出――朝鮮総督府の人材育成とその送出

表3－1では、一九一〇年代後半以降になると、阿部秀太郎、安藤又三郎、伊藤寛市、岡野保、河原信之助、太高洋太郎、大場鑑次郎、安住時太郎、岡新六などにみられるように、韓国統監府や朝鮮総督府などの勤務経験者の満洲進出がみられるようになった。彼らは、「鮮満一体化」政策の体現者として、朝鮮のみならず満洲諸地域で、支配層としての機能を果たした。ここでは、韓国統監府や朝鮮総督府の役人、外務省領事館員であった人間が、満洲地域に移動したケースをいくつかとりあげる。

まず一九一六年に奉天総領事となった赤塚正助の満洲進出経緯をみていこう。一八九八年に東京帝国大学法科を卒業した赤塚正助は、領事館補として釜山に赴任し、厦門勤務をへて、一九〇〇年二月に再度釜山に勤務し、外交官補として、各地の領事館、公使館に勤務した。一九一六年に日独戦争と山東問題処理の功績が評価されて、同年九月に奉天総領事となって渡満した(26)。赤塚の場合には、領事館補としての経歴を積む場所が、釜山であった。大場鑑次郎の場合には、関東州における「鮮満一体化」政策のピークの時の渡満であり、関東庁事務官と朝鮮総督府事務官を兼務していた。一九一一年に東京帝国大学法科を卒業した大場は、愛媛県試補を振り出しにして各県で地方官として勤務したあと、山県伊三郎が関東庁長官に就任した直後の関東庁に、朝鮮総督府事務官のまま就任した。のちに大場は、関東庁警務局高等警察課長に就任した(27)。大場は、その立場上、官営大連取引所金建問題で揺れた関東庁のなかで、銀建派の実業家（李子明、郭学純、井村大吉、浜田正稲、篠崎嘉郎など）に社会的圧迫を加える先頭に立った可能性が高いと思われる(28)。

朝鮮総督府官吏として勤務した官僚が、のちに満洲で別の職業に就くケースも数多く存在した。河原信之助は、県立福山中学校を卒業して、陸軍教導団に入り、卒業後陸軍中央幼年学校兼士官学校付助教となった。税務官吏をへて、日露戦争に従軍、一九〇九年に朝鮮統監府官吏となったが、一九一三年に退官し、咸鏡北道羅南学校組合会計役に就いた。一九一九年に大連に来て、大連新聞大連西部支局長に就任した(29)。

つぎに、朝鮮総督府時代の税関の経験をもとに、大連税関に就職した大高洋太郎の事例もあげておきたい。一九〇九年に東京の麻布中学校を卒業したのち、大高は一九一三年朝鮮総督府土木局に勤務し、鎮南浦税関吏、新義州税関税務課長心得、同課長をへて、一九一九年三月朝鮮総督府専売局属を最後に退官した。大高は、一九一九年に大連税関の嘱託となった(30)。

総督府から東洋拓殖会社に入り、その奉天支店長を経て、東省実業株式会社の設立にも深く関与した実業家に、堀諫（奉天商業会議所会頭）がいた(31)。法政大学を卒業した堀は、高等文官試験合格後、日本内地の金沢税務監督局に奉職した。その後、一九〇七年に韓国政府の財務官として、目賀田種太郎顧問にしたがって渡韓し、元山、光州などの財務監督局長となる。韓国併合後、朝鮮総督府道事務官に任ぜられ、全羅南道財務部長、江原道内務部長を歴任した。一九一七年に東洋拓殖会社に入社し、大邱支店長となり、京城支店殖産課長として活動した。堀は、一九二〇年一月に同社の奉天支店長になり、同年六月には奉天商業会議所の会頭に就任した。その時期は、まさに「鮮満一体化」政策の展開過程の真っただ中であり、堀諫は奉天財界の統括者の役割を発揮しつつ、東省実業株式会社の設立に関与するとともに、同社の活動の監督にもあたった。朝鮮と満洲の商業会議所の連合組織であった鮮満商業会議所連合会は、一九二一年秋に、大連商業会議所の離反を招くが、奉天商業会議所は、この連合会の継続的発展の中心組織であった。朝鮮総督府から満鉄への出向者も相当数存在している。岡野保は、一九一一年に島原鉄道に入社し、徴兵後、一九一九年朝鮮半島にわたって、朝鮮総督府に勤務した。ついで、一九一九年に満鉄に転社して、埠頭事務所庶務係についた。[32]また、一八八四年佐賀県に生まれた伊藤寛市は、一九一四年一一月から、朝鮮総督府の咸鏡北道庁に四年間勤務して、一九一九年三月に満鉄に入社し、同社の経理部会計課財産係に勤務した。[33]「鮮満一体化」政策が満洲で推進されていた一九一八～一九年には、総督府から満鉄への異動事例が存在していたことが、岡野保と伊藤寛市の事例からうかがわれる。

阿部秀太郎は、東京帝国大学法科を卒業後、大阪商船に入社したが、一九〇六年には、韓国統監府に大阪商船を退社して勤務する。韓国併合後には、朝鮮総督府理財課事務官となり、一九一〇年末に韓国銀行に転出し、同行が朝鮮銀行に改称したのち、釜山支店長などを歴任し、大連支店長となって渡満した。[34]ここには、朝鮮銀行のトップクラスの人材を、高学歴の総督府官僚から輩出している事情がうかびあがる。

一方で、一九二〇年代以降には、京城の中学校卒業生が、紆余曲折をへて、朝鮮総督府の雇員になり、そこから満洲事変後に満洲国国務院技師に転じるコースも見られる。朝鮮総督府は、植民地統治機関であったが、その組織に就職することで、会計、土木、農業開発、地方改良、金融業、教育など多様な分野の人材が育成され、彼らの多くが、一九二〇～三〇年代に朝鮮のみならず、満洲や日本内地、ほかのアジア勢力圏で、その職能を生かした仕事に就くケースが多数存在した。「鮮満一体化」政策の結果、朝鮮植民地化の組織であった朝鮮総督府の人材養成機能が広域的に発揮され、その「効果」がのちの時代も継続し、満洲地域への日本人支配層の移動を引き起こしたことがわかる。

それはまた、第一次大戦期に膨張した日本帝国の各勢力圏への支配層人材の継続的供給という帝国主義的人事政策の一環として、目的意識的に実施されたのであった。

3　警察巡査・憲兵としての朝鮮居住者の渡満

朝鮮総督府による武断政治の実施と密接に関連する在朝日本人の渡満が、とくに韓国併合期から一九一〇年代前半期にみられた。彼らは、朝鮮半島で憲兵や警察業務に携わり、その後、満洲、満洲国で治安関係の業務に就業するケースも多かった。韓国に設置された憲兵隊と警察機構は、本来別個のものであったが、寺内正毅を中心とした陸軍山県系の人物によって、憲兵と文官警察を統合した機構が完成し、ついで、憲兵人員の補充、配置変更が韓国併合後に実行された(35)。松田利彦の研究によれば、明石元二郎憲兵隊長は、義兵闘争が一段落したあとに、「憲兵を地方末端へ展開し治安維持にとどまらない広範な職務を担わせる構想を抱」き、警察機構の整備と憲兵警察の配置変更が、一九一〇年前後に実現したというのである(36)。ここにおいて、憲兵になることが、朝鮮における日本人の社会的上昇の重要なステップになった。

たとえば、一九一三年に憲兵上等兵として朝鮮に派兵され、一九一七年に除隊とともに、満洲の自営業にもどり、実父とともに、食糧雑貨商になった小笠原又吉の事例が代表例である(37)。小笠原又吉は、尋常小学校卒業後商業を実習し、一九〇八年に渡満し、一九一一年三月実父とともに、遼陽市で食糧雑貨商を開業した。一九一一年に徴兵に応召され、日本内地の豊橋騎兵第十九連隊に入営、一九一三年二月に憲兵上等兵として朝鮮に派遣され、一九一七年に除隊とともに、満洲遼陽にもどって営業活動を行った。小笠原商店は、順調に経営拡大し、一九二八年頃には、中国人五人、日本人一人の店員を擁する食糧雑貨商に成長した。小笠原は、四年間朝鮮で憲兵隊に所属した経験をもつ。このほかにも、おもに朝鮮半島で蓄積した憲兵としての力量と経験が、一九三〇年代になって、満洲国の治安維持に連続している事実がいくつか確認できる。日本帝国主義による朝鮮に対する武断政治の展開は、たくさんの憲兵や警察官の治安維持活動に支えられていたことは言うまでもないが、それぞれの個人史から見ると、その武断政治下での治安維持活動への参入が重要なステップとなっており、日本帝国圏への輩出機構・養成機構として、朝鮮各都市の憲兵所は大きな機能を果たしていたことが判明する。

警察官勤務者の渡満事例を二つあげておく。一八七〇年に福岡県久留米市に生まれた大津哲郎は、台湾を経由して、朝鮮で警察官になり、朝鮮各地の警察署長を歴任して、釜山警察署長になった。一九一九年に、渡満して関東庁取引所嘱託に転じた(38)。また、瓜生基は、「朝鮮匪」の弾圧で成果を上げて、のちに大連警察署に勤務した警察官であり、憲兵的側面が濃厚であった。瓜生は「鮮人の動静視察」のために東三省一帯、鴨緑江上流方面を巡視したという。こうした、朝鮮総督府と連携した治安維持、警察業務の功労により、一九二八年には、大連警察署警務係に昇進したのである(39)。瓜生のケースにみられるように、警察官も憲兵とほぼ同様に、民族抑圧・弾圧の機能を、朝鮮総督府との緊密な連携のうえに果たしていたことがうかがわれるのである。満洲諸都市における治安維持に対処した警察官が、朝鮮での警察官経験者であったということの意味は、「鮮満一体化」政策の展開を末端で支えた人的側面として重要である。また、警察官ではないものの、公務においての連携もみられた。一八七〇年生まれの尾沢光章は、一九〇七年に朝鮮に渡り、翌年金州警察署と寧辺警察医のほか在朝鮮の学校医を務めた。一九一五年からは、朝鮮総督府造林廠中江鎮出張所衛生事務嘱託を務め、吉林省日本人会の要請で、一九一六年一〇月には渡満して吉林省一面坡で開業医となった(40)。

以上のように、「鮮満一体化」政策下では、警察官も朝鮮のみならず満洲に進出し、治安維持の立場から両地域への人事の連携が図られたのである。憲兵のみならず警察官の場合にも、朝鮮支配の秩序安定化の使命を担う人材が、朝鮮半島で組織的に養成され、それが、満洲・満洲国の警察業務に活用されていく事例を確認できた。朝鮮総督府は、既述した第2項で見てきたように、多様な産業人材を養成するだけにとどまらず、帝国主義国家の民族抑圧機能にかかわる憲兵や警察官を育成し、それらの人びとを、日本帝国圏諸地域に送り出していたことを、ここでも強調しておきたい[41]。換言すれば、初期朝鮮統治の武断的政治体制の形を変えた「満洲移転」が、人的移動の側面から検出されたということができよう。

4　朝鮮銀行・東洋拓殖会社社員の満洲進出

当初からの在満の日本人商工業者とは異なり、朝鮮に進出したものが、満洲諸都市に就業するケースが、一九一〇年代後半以降目立ってくるが、これは、「鮮満金融一体化」政策に付随する場合や、その政策の帰結の場合が多かった。朝鮮で金融関係の仕事に就き、さらに満洲でも金融関係の仕事に就職するには、朝鮮銀行、東洋拓殖会社、東省実業株式会社などの特定の金融機関・事業会社への就職に限定された。表3－1で見ていくと、一九一七年から一九二三年にかけて、五～六人の銀行関係者が渡満していることが判明する。前述した阿部秀太郎は、大阪商船を経て、韓国統監府に勤め、日韓併合後は、韓国銀行に転じた。秀太郎は、朝鮮銀行に改名後、いくつかの支店を経由したのちに、大連支店長になったのである[42]。阿部譲は、京都帝国法科大学を一九〇六年に卒業して第一銀行本店に入行し、翌年一〇月京城支店勤務となって朝鮮に渡り、一九〇八年に五月咸鏡北道の城津出張所主任についた。一九〇九年から、韓国銀行城津出張所長、平壌支店詰を経たあと、一九一二年に朝鮮銀行安東県出張所長となって渡満した。阿部譲は、その後、一九一六年に朝鮮銀行ハルビン支店長に就任した[43]。帝国大学出身者だけでなく、高等商業学校出身者も、朝鮮銀行経由で、渡満した。大草志一は、一九一六年に神戸高商を卒業後に、朝鮮銀行京城本店に入り、そこからウラジオストク支店にいき、本店為替課にもどって、ハルビン支店、大阪支店を歴任した[44]。小野淡路は、秋田県出身、高等小学校を出てから小学校教員になり、日露戦争では、第一五師団に属して従軍した。戦時中、朝鮮北部の警備にあたったあと安東県の警備についた。除隊のあと苦学をかさねて東京の中学校を卒業し、第四高等学校を経て、一九一七年京都帝国大学法科大学独法科を卒業した。すでに三五歳となっていた小野は、朝鮮銀行に入り、京城本店勤務ののちに、安東県、大連、奉天、マカオの各支店を歴任した。そして、一九二二年に朝鮮銀行本店に戻り、退職して釜山で弁護士を開業した(45)。彼が、奉天で弁護士を開業するのは、やや遅れて一九三二年のことであった。小野は、従軍経験ののちに学歴をつんで、朝鮮銀行に入行したが、高齢のために、朝鮮銀行員としては、満洲進出を果たせなかったといえよう。一八九〇年生まれの大庭栄は、一九二〇年に京都帝国大学法学部を卒業、同年に朝鮮銀行に入行し、京城本店勤務ののちに、渡満した。当初は、朝鮮銀行安東県支店に勤務、のちに二八年には開原支店支配人代理となった(46)。

のちに、満洲銀行の本渓湖支店長となる大小田友一は、一九一三年に鹿児島商業学校を卒業して、朝鮮銀行京城本店調査室に勤務し、翌年四月同行の元山支店に転じた。三年勤務した後、一九一七年九月に朝鮮銀行を退社し、奉天の満蒙薬品貿易合名会社に入社した。一九一九年、奉天の南満農産株式会社に入社して貿易部主任になり、恐慌後に業績が悪化した同社の整理にあたった。一九二二年一月奉天銀行の奉天城内店次席に就任、一九二三年七月に満洲銀行が設立されたのちに、その満洲銀行の本渓湖支店支配人になった。大小田友一は、バブル経済の膨張期には、奉天での新会社の設立に望みを託したが、最終的には満洲における朝鮮銀行経歴が役にたち、朝鮮銀行系列の地場銀行支店勤務となったといえよう(47)。以上みたように、「鮮満一体化」政策の目玉であった朝鮮銀行の支店網の拡大、とりわけ満洲各都市における出張所・支店の開設は、商業学校卒業生を含めて、日本人高学歴者の朝鮮銀行経由での満洲進出を引き起こしたのである。朝鮮銀行は、一九二二年八月に株主総会で満洲での広域的展開と貸し出し増加に対して方針転換を迫られるが、大小田友一の軌跡も、この動きに沿ったものであった。

次に、東洋拓殖会社の活動に伴う人的移動をみてみよう。初期の東洋拓殖会社への就職は、朝鮮総督府経由のケースがみられた。一八七九年に香川県で生まれた小田信治は、大蔵省および朝鮮総督府勤務をへて、一九一七年に東洋拓殖会社に入社した。その後、東拓系の東省実業株式会社の取締役を兼任し、一九二八年時点では、東省実業奉天支配人の代理となっていた(48)。京都大学経済学部を卒業した秋山三夫は、東洋拓殖会社に入社し、同社の東京本社調査課に勤務、二二年に朝鮮裡里支店、一九二六年元山支店勤務を経て一九二八年に京城支社の朝鮮業務部金融課次席となった。三一年、東京本社に戻り、一九三二年大邱支店長、三四年京城支社金融課長を歴任し、一九三五年六月に大連支店長となって、渡満した(49)。

ここで、東洋拓殖会社の「別動隊」ともいえる任務を負って設立された東省実業株式会社について言及しておこう。この会社こそ、「鮮満一体化」政策を実業面で体現した組織であった。

同社については、『支那在留邦人興信録』が「当会社の立場は畢竟満洲産業にたいする大動脈を以て任ずるに在り、〔中略〕都邑各地の実業に適合して克く江湖の要望を満たさんがためには、茲に尚簡便卑近の一新機関を希求せずんば有らず、此の企画一度び成らんか各金融機関と聯絡を保持し先ず資金融通上の便を図るべきは勿論、各地事業界とも密接の関係を保持し、傍ら各種調査を進めて諸仲介及直営の業務を営まんこと易々たるべきのみ(50)」とその設立の意図をのべている。こうした「別動隊」の意図をもって、一九一八年五月に資本金三〇〇〇万円で設立されたのが、東省実業株式会社であった。前述した堀諫は、このために渡満したのである。

飯倉汎三の渡満は、東省実業会社のハルビン支店転勤を契機としている。千葉県農家に生まれた飯倉は、一九一五年に東京農業大学を卒業後、一九一七年に農商務省の耕地整理講習を修了し、東洋拓殖株式会社に入った。同社の平壌支社をへて、ハルビン支店に転じたが、一九二三年休職となった。満洲における東拓系有力企業である東省実業に一九二三年に入社し、同社のハルビン支店支配人となった(51)。飯倉は、一九二七年には、北満ホテルの支配人となった。一八九〇年に鹿児島県に生まれた江藤盛一は、一九一四年に東洋協会を卒業し、同年七月東洋拓殖会社に入社した。

当初は、京城本店の計算課にいたが、一九一七年九月に庶務課に移動、一九二三年には東拓参事になった。翌一九二四年三月、東洋拓殖会社大連支店庶務課長となり渡満した。[52]

このように、東拓経由での渡満では、東拓の在満支店への赴任のほか、東省実業会社経由での渡満も存在した。以上のように、朝鮮銀行の満洲諸都市支店担当としての満洲進出、東洋拓殖会社の満洲支店開設ないし東省実業会社の満洲支店設置にともなう満洲進出は、一九一〇年代末から一九二〇年代末にかけて、広範にみられた人事異動であった。「鮮満一体化」政策は、その経済政策として、東拓のみならず、別動隊たる東省実業会社の活動を一時的に活発化させ、そのために多くの在朝日本人が満洲都市に移動したわけである。しかしながら、朝鮮銀行、東洋拓殖会社、東省実業会社は、いずれも、一九二〇年代半ば以降、業績を悪化させたので、彼らの銀行員としての活動が、そのまま継続したとはかぎらなかった。たとえば、一九二八年における東省実業会社は、業績悪化のために資本金を一七五万円に縮小させたが、東拓からの借入金は、三八二万五八八五円にのぼっていた。[53]その結果、飯倉汎三のように、最終的にホテルの支配人に落ち着く場合も存在したのである。[54]

5　朝鮮鉄道員から満鉄社員へ——鉄道経験者の渡満

日露戦争を契機とする朝鮮における鉄道業務が、長期的に満鉄はじめ満洲での鉄道業務につながった営業者の事例をいくつかあげておきたい。いずれも、「鮮満一体化政策」の結果としての満鉄入社、渡満であった。

一八九三年に滋賀県に生まれた大橋正巳は、一九二〇年京都帝国大学法学部を卒業後、朝鮮総督府鉄道局にはいり、同局運転課勤務を皮切りに平壌駅、太田駅勤務をへて、鉄道局副参事に昇進した。その後朝鮮鉄道釜山運輸事務所長などを歴任して、満鉄による朝鮮鉄道の委託経営にともなって、満鉄参事になり、奉天鉄道事務所副所長、同所長、吉林鉄道局副局長、ハルビン鉄道局長を歴任することになる。[55]大橋の場合、「鮮満鉄道一体化」政策のもとで、朝鮮と満洲の各駅での鉄道事務所の仕事を歴任していることが特徴である。一八九九年に佐賀県に生まれた大家清は、一九一八年に竜山鉄道従業員養成所を修了して朝鮮鉄道に勤務し、満鉄への経営委託によって、一九二三年には、満鉄社員となって三一年長春駅の電信方に就任した。一九二八年一二月には長春列車区車掌になり、三三年一一月には昌図駅助役となった[56]。朝鮮植民地化政策と「鮮満一体化」による日本勢力圏膨張政策により、朝鮮鉄道経由で、満鉄に入社する日本人が増加したことを確認できる。大塚将史も、満鉄による朝鮮鉄道経営委託にともなう満洲進出事例である。一八八三年、茨城県に生まれた大塚は、私立京北中学校を三年で中退し、一九〇一年九月関西鉄道会社に入社した。一九〇四年に日露戦争に際し、軍用鉄道出向になり、翌年一月韓国の開城および土城に鉄道員として勤務したあと、一九〇五年三月安奉鉄道大隊付、同年一〇月新義州車両班に勤務した。大塚は、日露戦後も引き続き朝鮮各地の機関庫に勤務したのである。その後、一九一七年七月に満鉄に入社して、安東車両係、公主嶺機関区、長春機関区に勤務して、一九二七年には大石橋機関区点検助役に昇進した[57]。以上のように、大塚将史の経歴は、朝鮮と満洲の鉄道機関区に歴任しており、経営委託政策の結果、満鉄社員となって、満鉄沿線地域での機関区勤務が中心になったといえよう。大塚は、日露戦争、満洲事変の双方で、功績をあげて、それぞれ勲八等瑞宝賞、勲八等旭日章をうけていた。

もちろん、朝鮮鉄道の社員に一時的になりながら、他業種に就業し、商店経営者になったケースも存在した。江口吉太郎は、一八八九年に佐賀県に生まれ、県立小城中学校を卒業後、朝鮮に渡り、京城郵便局に三年半にわたって、在職し、一九〇九年に志願兵として歩兵第五十五連隊に入営、除隊後に一九一一年一月に朝鮮鉄道局に就職した。江里口は、京城－元山線、咸鏡線の建設工事に従事して、一九一八年に朝鮮鉄道を辞職した。一八一八年五月、旅順に渡満し、紙文具商店を経営した[58]。江里口の渡満は、満洲未曾有の企業ブーム期にあたっており、この時期には鉄道員より商人のほうが、将来性があるように思われた時期であった。江里口のように、低学歴者の場合、軍隊入隊が契機になって、朝鮮・満洲に進出しそこで転職していくものが、日露戦争後から二〇年代初頭には、多く見られた。

以上みたように、朝鮮総督府官吏、憲兵隊経験者、警察官、銀行員、鉄道員などを一定期間朝鮮で経験したのちに、満洲諸都市に移動して、関連業務に就く場合が多かったことが、第1～5項までの事例紹介で明らかにしえたといえよう。

おわりに

本章では、日露戦争後から二〇年代半ばまでの時期に焦点をあてて、日本人の朝鮮進出とさらなる満洲進出のいくつかの事例を明らかにした。近代日本において半ば「総動員」的様相を呈した日露戦争は、日本人の大陸各地への進出の大きな契機となり、直接満洲に進出する者のほかに、朝鮮経由での満洲への事業進出者を大量に生み出すことになった。それは、冒頭に述べたように、日本陸軍が、早期から「鮮満一体化」の準備をすすめ、朝鮮半島の治安維持と経済開発のためにも、「満洲」地域の勢力圏としての確保が重要であると認識していたことと密接な関連が存在していた(59)。

まず、日露戦争時に、日本軍の作戦に付随して行動した日本人軍用達商の立場からは、朝鮮の都市での営業と満洲諸都市での営業は、連動したものとうけとめられ、事業機会があれば、軍用達商を中心とする商業者・サービス業者は、朝鮮の都市から満洲の都市へ移動することにほとんど躊躇はなかったのである。日露戦争後に、在朝鮮日本人営業者のなかで、新たな市場として満洲を見出し、営業拠点を移すもの、満洲に支店・出張所を開設するものもいた。朝鮮と自らは、朝鮮に残り、有力店員を、満洲諸都市に派遣して支店開設に当たらせるケースも多く存在していた。朝鮮と満洲を戦場にして長期間かつ広域的に行われた日露戦争と軍隊の移動は、都市基盤整備や鉄道建設などを媒介にして、人びとの移動の広域化に帰結したのである。

第二に、寺内内閣の行った資本輸出と強引な「経済外交」は、西原借款の帰結にみられるように、その大半が失敗に帰した事実はよく知られている。本章で明らかにしたのは、この政策に付随して、朝鮮総督府と満洲、朝鮮事業界と満洲日本人財界との関連が密接になっていき、①たんに経済的動機による渡満だけでなく、官僚機構の日満連携、憲兵・警察の人的連携が深化していくこと、②東洋拓殖会社と東省実業株式会社が、朝鮮銀行とともに、在満諸都市における日本人実業家上層部を形成する一端を担ったこと、などに示されるように、総督府官吏・銀行・鉄道を媒介とした朝鮮から満洲への日本人の移動が生じたことであった。「鮮満一体化」政策は、たんに鉄道部門、金融部門に生じた「一体化」でなく、朝鮮から満洲への日本人実業家の移動、日本帝国の膨張と支配を実務的に下支えする官吏・警察官・憲兵の勢力圏への送出と定着を伴っていたのである。しかも、第一次大戦期から戦後ブーム期には、朝鮮、満洲ともに、在留日本人の数が急増し、空前の企業ブームが生じたこと、そのインフラの一端を担ったのが、①と②の朝鮮進出者であったことも指摘しておきたい[60]。

日本から朝鮮半島への進出パターンを時期別に見ていくと、当初は日露戦争での軍用達活動、徴用を契機とするものが、極めて多かった。一年余におよぶ朝鮮と満洲での従軍、戦争協力（用達商活動）は、植民地・占領地における軍隊の位置を高め、除隊後も、軍隊経由の情報で、朝鮮各地での就職につながるケースが多かったことが、推察される。そして、日露戦争後の実業家の朝鮮進出には、個人企業レベルの進出も存在していたが、安坂岩雄や伊藤勘三の事例に見られるように、店員レベルの朝鮮の諸都市への進出（支店の開設）が主流を占めていたと思われる。重要であったのは、韓国併合前後の時期に、統監府ないし総督府に官吏として進出し、その後総督府に勤務し続ける者のほか、総督府事業で築きあげた職種力によって、朝鮮各地で土木建築請負業、金融業、鉄道関連業務、警察業務、農業開発、など多様な植民地経営人材が養成され、その人びとが、一九一〇年代後半から一九二〇年代になると、独立した事業を朝鮮または満洲諸都市で開始したことである。また、一九一〇年前後の帝国大学出身の高学歴者にとって、朝鮮総督府や朝鮮銀行は、就職先として選好される傾向の強い機関・銀行であることも、推察できた。

第一次大戦期には、日本人の満洲進出に変化がみられた。「鮮満一体化」政策が、鉄道部門、金融部門を基軸にしていたことと関わって、一九一〇年代後半以降には、朝鮮銀行、東洋拓殖会社、東省実業にかかわる人的移動が顕著になったのである。さらに、鉄道の満鉄委託に伴って、朝鮮の鉄道業務も満鉄との関連が強くなり、彼らの中には、経営委託政策によって満鉄に入社する人びとも存在した。そして、一九一〇年代後半期から二〇年代前半期において、朝鮮半島から移動した地域は、奉天、安東、鉄嶺など関東州以外の満鉄沿線地域が多かったことも本章のわずかな事例から明らかとなった。たとえば、堀諌のように、朝鮮総督府と東拓の双方にかかわり、「鮮満一体化」政策を体現した実業家が奉天の有力実業家になって、商業会議所会頭にまで上昇するケースが存在した[61]。筆者は、かつて、一九二一年時点の大連商業会議所の鮮満商業会議所連合会からの離反を、おもに大連経済界の固有の論理から説明したが、そのほかに、安東、長春、奉天等の経済団体の構成員に、朝鮮出身日本人実業家が多く、彼らの経済的利害が、鮮満商業会議所連合会を継続させていったことの意味も改めて問い直されなければならないことが判明した[62]。

「鮮満一体化」政策は、一九二〇年代半ばに、その政策的破綻を迎えるが、朝鮮総督府、朝鮮銀行、東洋拓殖会社等を媒介にした朝鮮半島から満洲地域への官僚・憲兵・商工業者の移動と在朝鮮商店の支店開設は、その後一九三〇年代まで継続したと思われる。こうした朝鮮－満洲の日本人の人的移動の活発化は、長期的にみるならば、満洲国建国後の朝鮮半島での「満洲企業ブーム」さらに「日満支ブロック」を下から支える侵略の社会的基盤の広域化につながると思われるが、その詳細な検討は、他日を期したい。

注

（1）近年では、日本の朝鮮植民地化過程で、憲兵隊がいかなる役割を果たし、その間島出兵についての研究は、格段の進展を見せた（松田利彦［二〇〇九］『日本の朝鮮植民地化と警察』校倉書房、「序」、第四部第一章）。しかし、これらの研究でも、日本本国－朝鮮－満洲をめぐる人的移動については、憲兵隊をのぞいて、取り上げられていない。

（2）金子文夫［一九八六］「第一次大戦後の対植民地投資――中小商工業者の進出を中心に」（『社会経済史学』第五一巻六号）、柳沢遊［一九八六］「一九一〇年代日本人貿易商人の青島進出」（久留米大学『産業経済研究』第二七巻一号）、木村健二［一九九〇］「近代日本の移民・植民活動と中間層」（『歴史学研究』第六一三号）、柳沢遊［一九九三］「『満州』商工移民の具体像――日露戦後の満洲渡航事情」（『歴史評論』第五一三号）、柳沢遊［二〇一〇］「日本人の居留民社会」（『東アジア近現代通史3　世界戦争と改造――一九一〇年代』岩波書店）などを参照。

（3）この点を早くから示唆していた研究に、中塚明［一九七六］「日本帝国主義と植民地」（朝尾直弘ほか編集『岩波講座日本歴史19　近代6』岩波書店）、中塚［一九七二］「朝鮮支配の矛盾と『満州事変』」（『季刊現代史』第一号）、が存在した。

（4）本章では、竹中憲一編著［二〇一二］『人名事典「満州」に渡った一万人』晧星社、のなかで、氏名が、「あ」から「お」にいたる一～三六二頁の記載者から、「一年以上朝鮮半島に居住し、その後渡満したと推定されるもの」を抽出して、そのデータをもとに、いくつかの来満者の類型化をこころみた。この人名事典は、人名記載頁が、一六四九頁に及んでいる。時間的制約により、推定される朝鮮経由の来満者の五分の一前後の日本人の満洲移住に至る経歴考察しか行えなかった限界があることをあらかじめ指摘しておきたい。

（5）柳沢遊［二〇一一］「「鮮満一体化」構想と寺内正毅・山県伊三郎」（国立歴史民俗博物館編『「韓国併合」100年を問う』岩波書店）五五頁、柳沢遊［一九九九］『日本人の植民地経験』青木書店、第三章。

（6）小林信彦［一九九六］『日本の大陸政策1895－1914――桂太郎と後藤新平』南窓社、二三三頁。

（7）加藤圭木［二〇一七］『植民地期朝鮮の地域変容――日本の大陸進出と咸鏡北道』吉川弘文館、五四～七一頁。

（8）柳沢遊［二〇一一］五七～六四頁。

（9）たとえば、一九二〇年から二四年にかけての朝鮮総督府命令航路では、朝鮮郵船に自営航路のかたちで、鎮南浦－大連間航路を開設させ、一九二二年には、阿波国共同汽船株式会社の大連－芝罘線を仁川に寄港させ、さらに朝鮮郵船に朝鮮「北支」線の補助航路を開始させている（尹明憲［一九九六］「朝鮮における港湾および海運業――植民地におけるインフラ整備についての一考察」

（『論集　朝鮮近現代史——姜在彦先生古希記念論文集』明石書店、二〇〇四～二〇五頁）。
(10)「石川安次郎」（満州日報社臨時紳士録編纂部編［一九二九］『満蒙日本人紳士録〈付満蒙銀行会社要覧〉』、以下『満蒙日本人紳士録』と略記）一三七頁、竹中憲一編著［二〇一二］一〇二頁。
(11)「石光幸之助」竹中編著［二〇一二］一一六頁。
(12) 同右。
(13)「稲垣鎌次郎」竹中編著［二〇一二］一四九頁。
(14)「氏家嘉作」竹中編著［二〇一二］一二三頁
(15)「上原茂吉」竹中編著［二〇一二］二一八～二一九頁。
(16) 小峰和夫［二〇一〇］『満洲紳士録の研究』吉川弘文館、二一五～二一七頁。
(17) 同右、二一七頁。
(18)「海南右門」竹中編著［二〇一二］二三四頁。
(19)「大森弘資」竹中編著［二〇一二］三〇七頁。
(20)「小木曽藤作」竹中編著［二〇一二］三三三頁。
(21)「石動品五郎」竹中編著［二〇一二］一二二頁。
(22)「足立孝」竹中編著［二〇一二］三一頁。『満蒙日本人紳士録』三九一頁。
(23)「安坂岩雄」竹中編著［二〇一二］六四頁。
(24)「伊藤寛市」竹中編著［二〇一二］一三五頁。
(25) 木村健二［二〇〇二］によれば、日露戦争後の朝鮮開港場の日本人商店では、商店員の自立促進が、大きな課題になっていた。満洲諸都市への進出も、商店員の自立促進の手段として、選好されたということがいえよう。なお、日本人商店の店員養成の困難は、大連でもみられた（柳沢遊［二〇一〇］二八二頁）。
(26)「赤塚正助」竹中編著［二〇一二］一二頁。
(27)「大場鑑次郎」竹中編著［二〇一二］二九八頁。『満蒙日本人紳士録』一〇一～一〇二頁。
(28) 竹内默庵［一九二四］『八面観　大連の二十年』木魚庵、二三四～二三五頁。
(29)「河原新之助」竹中編著［二〇一二］四六二頁。

(30)「大高洋太郎」竹中編著［二〇一二］二七九頁。
(31)「堀諫」東方拓殖協会編［一九二二］『支那在留邦人興信録　奉天』七頁。竹中編［二〇一三］一二九二頁
(32)「岡野保」竹中編著［二〇一二］三二〇頁。
(33)「伊藤寛市」竹中編著［二〇一二］一三五頁。『満蒙日本人紳士録』八頁。
(34)「阿部秀太郎」竹中編著［二〇一二］四〇頁。
(35)松田利彦［二〇〇九］七三頁。
(36)同右、八一～八二頁。
(37)「小笠原又吉」竹中編著［二〇一二］三一二頁。『満蒙日本人紳士録』九三頁。
(38)「大津哲郎」竹中編著［二〇一二］二九〇頁。
(39)「瓜生基」竹中編著［二〇一二］二四一頁。『満蒙日本人紳士録』二六二～二六三頁。
(40)「尾沢光章」竹中編著［二〇一二］三四八頁。
(41)この点にかかわって、朝鮮総督府の官僚採用政策について松田利彦の詳細な研究があることを紹介しておく（監修宮田節子・解説松田利彦「未公開資料　朝鮮総督府関係者録音資料　一九一〇年代の朝鮮総督府」（『東洋文化研究』第一七号、二〇一五年三月、一〇五～一四三頁）。また、木村健二［二〇〇〇］「朝鮮総督府経済官僚の人事と政策」（波形昭一・堀越芳昭編『近代日本の経済官僚』日本経済評論社）および岡本真希子［二〇〇八］『植民地官僚の政治史――朝鮮・台湾総督府と帝国日本』三元社、松田利彦・やまだあつし編［二〇〇九］『日本の朝鮮・台湾支配と植民地官僚』思文閣出版なども、朝鮮総督府官僚の内部構成、植民地在勤加俸問題、本国と植民地の官僚制度の運用など、総督府官僚にかかわる多面的な論点を考察している。
(42)「阿部秀太郎」竹中編著［二〇一二］四〇頁。
(43)「阿部譲」竹中編著［二〇一二］四〇頁。
(44)「大草志一」竹中編著［二〇一二］二六六頁。
(45)「小野淡路」竹中編著［二〇一二］三五五頁。
(46)「大庭栄」竹中編著［二〇一二］一九八頁。『満蒙日本人紳士録』一〇一頁、「を一一」参照。
(47)「大小田友一」竹中編著［二〇一二］二六三頁。
(48)「小田信治」竹中編著［二〇一二］三五二頁。『満蒙日本人紳士録』九三頁、「を三」参照。小田信治の渡満年は不詳のため、表

3－1には非掲載。

(49)「秋山三夫」竹中編著［二〇一二］一九頁。

(50)「東省実業株式会社」東方拓殖協会編［一九二二］『支那在留邦人興信録　付録事業録　奉天』一三頁。

(51)「飯倉汎三」竹中編著［二〇一二］七〇頁、前掲『満蒙日本人紳士録』一二頁、「い一二」。

(52)「江藤盛一」竹中編著［二〇一二］二四六～二四七頁。

(53)「東省実業株式会社」（満洲日報社［一九二九］『満蒙銀行会社要覧』）二四頁。

(54)黒瀬郁二［二〇〇三］『東洋拓殖会社――日本帝国主義とアジア太平洋』日本経済評論社、一三五～一六四頁。東省実業株式会社は、一九二八年時点で資本金一七五万円（全額払い込み）の不動産・土地信託会社であったが、借入金が、三八二万円という巨額に上っていた（満洲日報社［一九二九］『満蒙銀行会社要覧』二四頁参照）。

(55)「大橋正巳」竹中編著［二〇一二］三〇〇頁。

(56)「大家清」竹中編著［二〇一二］三〇八頁。

(57)「大塚将史」竹中編著［二〇一二］二八八頁。

(58)「江里口吉太郎」竹中編著［二〇一二］二五一頁、前掲『満蒙日本人紳士録』三八一頁。

(59)日露戦争前の日本の支配層が、「満韓一体論」に転換したことの重要性は、日露戦争後の日本の朝鮮「保護国化」と満洲進出政策をみると一層明らかになる。この点につき、李盛煥［二〇〇九］『近代日本と戦争』光陽出版社、七四～七六頁。小林啓治［二〇〇四］「近代東アジアの国際秩序と帝国日本の形成」（大日方純夫他編『近代日本の戦争をどう見るか』大月書店）一一五～一一八頁を参照のこと。

(60)金子文夫［一九八六］一九～三六頁。

(61)「堀謙」［一九二九］『満蒙日本人紳士録』六五頁。

(62)柳沢遊［一九九七］「「満州」における商業会議所連合会の活動」九九～一〇八頁。この拙稿では、「この間、満鮮商議連合会も定期的に開催されたが、その議案は、満鮮間の貿易・交通関係ないし国内地域経済との関連にほぼ限定され」たと言及するにとどまっている（一〇八頁）。本章で考察した結果によれば、表面上の「鮮満一体化」政策の終了後も、朝鮮と満洲の主要都市の商業会議所代表が、定期的に連絡調整を行っていたことの歴史的意味を、改めて問なおすことで、戦間期に継続した朝鮮・満洲関係の実態をさぐることが研究史上求められているといえよう。

参考文献

岡本真希子［二〇〇八］『植民地官僚の政治史――朝鮮・台湾総督府と帝国日本』三元社

金子文夫［一九八六］「第一次大戦後の対植民地投資――中小商工業者の進出を中心に」『社会経済史学』第五一巻六号（のちに柳沢遊・岡部牧夫編［二〇〇一］『展望日本歴史20　帝国主義と植民地』東京堂出版に収録）

木村健二［二〇〇二］「在朝日本人植民者の「サクセス・ストーリー」」『歴史評論』第六二五号、歴史科学協議会

小林信彦［一九九五］『日本の大陸政策1895‐1914』南窓社

小峰和夫［二〇一〇］『満洲紳士録の研究』吉川弘文館

松田利彦［二〇〇九］『日本の朝鮮植民地支配と警察』校倉書房、二〇〇九年

柳沢遊［一九九七］「「満州」における商業会議所連合会の活動」波形昭一編著『近代アジアの日本人経済団体』同文館

柳沢遊［一九九九］『日本人の植民地経験――大連日本人商工業者の歴史』青木書店

柳沢遊［二〇一〇］「日本人の居留民社会」和田春樹ほか編『岩波講座　東アジア近現代通史3　世界戦争と改造――一九一〇年代』岩波書店

柳沢遊［二〇一一］「「鮮満一体化」構想と寺内正毅・山県伊三郎」（国立歴史民俗博物館編『「韓国併合」100年を問う』岩波書店）

柳沢遊［二〇一八］「日本帝国主義史論」浅井良夫ほか編『中村政則の歴史学』日本経済評論社

李盛煥［二〇〇九］『近代日本と戦争』都奇延・大久保節士郎共訳、光陽出版社

第四章　国境を渡った「国家」——間島朝鮮人社会

李　盛　煥

はじめに

間島は豆満江以北一帯にある朝鮮民族の集住地を指し、現在は中華人民共和国（中国）吉林省東部の延辺朝鮮族自治州になっている。元来、無主地でありかつ無人地であったこの地域に一九世紀半ば頃から朝鮮人が大量に移住、開拓した。朝鮮人が開墾した土地という意味で墾土あるいは墾島とも言った。それ以来、間島は常に朝鮮人が全人口の八〇％以上を占めている、朝鮮人にとって豆満江を挟んだもう一つの「朝鮮＝国家」のような存在であった。

こうした事情を背景に、一九世紀後半から朝鮮と中国の間にこの地域をめぐって激しい領有権争いが繰り広げられた。しかし、朝鮮（韓国）を保護国として外交権を握った日本は一九〇九年九月、「間島に関する日清協約」（間島協約）を締結して中国に間島の領有権を認めた。（韓国では未だに、この協約の無効を主張する見解がある）。間島協約締結のちょうど一年後、日韓併合が断行された。その後、間島は朝鮮人の最大の反日運動の根拠地と化し、日本の朝鮮支配を脅かすようになった。

こうした歴史的背景によって間島は様々な問題をはらむようになった。領有権問題をはじめ、間島で最大の人口を構成している朝鮮人を軸にして民族問題、経済問題、共産主義運動など多岐にわたる問題が絡み合って一つの複合体（コンプレックス）をなしていた。一般にこれらを総体的に「間島問題」と呼称する。(1)間島問題は、そもそも間島に朝鮮人が大量に移住することによって生じたものである。この観点からすると、間島問題はそこに移住している朝鮮人の存在の有り方によって規定されたものであるといってよい。この文脈で、本章は朝鮮人の移住と農業経営を中心に間島朝鮮人社会を分析し、間島朝鮮人社会の特質を探ることにする。その際に、朝鮮人を軸にして日本、中国の三者間に重層的に形成されている間島の政治社会的構造をも考察する。本章での考察の対象は、朝鮮人の移住から間島の特質がほぼ固まったと思われる一九二〇年前後までを中心にする。なお、本章は本格的な分析に先立って大まかな見取り図を示すにとどめることにする。

間島問題に関する研究は、戦前日本において在満朝鮮人問題の一環として行われたが、戦後韓国では、主として領土問題と独立運動を中心に集中的に行われた。(2)中国との外交関係が樹立された一九九〇年代以降は、「満州」（中国東北地方を指すが、以下、歴史的文脈を考慮し括弧なしで満州と書く）における朝鮮人問題の一環として間島朝鮮人社会に関する研究も行われたが、それも領土問題と独立運動と関連づけたものが多い。(3)

一　朝鮮人の間島移住と間島問題

間島を含んだ満州地方は清朝以来封禁地帯となっており、朝鮮側も豆満江以北への移住を禁止していたので、間島は一種の中立地帯のようなものであった。この地域への朝鮮人および中国人の移住時期については必ずしも明確ではない。一般には、朝鮮王朝と清朝末期から両国人の進出が始まったが、早くから朝鮮人の進出が顕著であったといわれる。一九世紀半ばから二〇世紀半ばに亘る朝鮮人の間島移住は、韓国の移住史において最初で最大規模の連鎖移住

（chain migration）として特記すべきである。

朝鮮政府の移住禁止にもかかわらず、一九世紀半ば頃から朝鮮人の間島移住は絶え間なく続いた。自然災害に見舞われた朝鮮北部の農民らは、豆満江以北の間島と、鴨緑江以北の西間島に移住し生計を立てた。「朝に耕し、夕べに帰る」、「春に耕し、秋に帰る」段階を経て定住し、農業を営んだのである。初期朝鮮人の移住は、間島より西間島の方が多かったが、一九世紀後半からは逆に、間島に集中するようになった。一八六九年と七〇年にかけて咸鏡道地方は、未曽有の凶作に見舞われ、豆満江沿岸の窮民が、大量に間島に移住するに至った。移住民の規模などについては不明であるが、この頃から間島において朝鮮人の定着が始まったという。当時朝鮮政府は、形式的には「越江罪」を適用するなど移住を禁止したが、実際は黙認していたのである。

また、当時の朝鮮国内における混乱も朝鮮人の間島進出を促した要因であった。近代移行期における政治的混乱、身分制度の崩壊、高利貸資本の浸透による農村の疲弊などで、農民反乱が頻発するとともに、多くの流民が発生したのである。一八六二年、朝鮮南部で起こった「三南民乱」は、当時の朝鮮社会の混乱を象徴している。このような政治社会的混乱は、朝鮮北部にも波及し、朝鮮人の間島および西間島への移住を駆り立てた。

朝鮮人が容易に間島で定着するようになったのは、この地域が地理的に朝鮮と一衣帯水をなしているのみならず、前述のように、長期間無人地であったからである。その上、当時の朝鮮北部の人たちが持っていた間島に対する領有意識も、彼らの移住を促した要因であった。すなわち、一七一二年、中国の主導で白頭山の頂上に立てられた定界碑（国境碑）には、西側は鴨緑江、東側は土門江（松花江の支流）を以って両国の国境とすると刻まれていた。朝鮮北部の農民の間には、この定界碑の内容が口伝で広く伝わっていた。朝鮮北部農民の間島に対する領有意識は、一八八二年、朝鮮政府が中国政府の要請を受けて間島朝鮮人の刷還を試みたが、彼らは定界碑を盾にして引きあげを拒否したことからも推察できる。これらの要因を背景に、朝鮮人の間島移住は続き、不完全な統計ではあるが、一八八二年に間島朝鮮人は、約二万人に達していたという。[4]

一方、中国人の間島移住についても不明な点が多く、間島は満州の中で中国人の移住が最も遅れた地域であった。間島は中国本部から遠く離れているのみならず、豆満江方向を除いて、西南方面は老嶺山脈、北は哈爾巴嶺山脈（老爺嶺山脈）、東は黒山山脈（兀良哈山脈）によって取り囲まれているので、中国人の接近を困難にしたのである。こうした地理的条件は、逆に豆満江によってのみ隔てられていた朝鮮人の進出を容易にした。

一八世紀半ばから黒龍江岸へのロシア勢力の南下に備えて中国側は、一七五七年吉林に吉林将軍を設け吉林省西北部の開発を進めた。さらに一八六〇年締結された北京条約でロシアの沿海州と間島とが国境を接するようになってから、中国は間島地方に移民実辺政策を実施した。一八八一年、間島に招墾局が設けられることによって、中国人の間島移住が本格化した。前述したように、この時、間島にはすでに多くの朝鮮人が居住していたので、中国（清国）は、朝鮮政府に間島朝鮮人の刷還を要求した。朝鮮政府は中国の要求を拒否するとともに間島領有権を主張した。一八八五年と八七年に朝中間に国境会談が行われたが決裂した。その後、両国の間に国境会談は行われていないので、韓国では未だに間島領有権は未解決のままであるという見解もある。[5]

以上の展開過程で見られるように、朝中両国人の移住形態にはそれぞれ次のような特徴があった。すなわち、朝鮮人の間島移住はもっぱら朝鮮国内の経済的・社会的理由を背景にした自然発生的なものであったのに対して、中国人の間島移住は政府の開発政策に伴ったものであったといえる。

二　間島の人口推移と日本の朝鮮植民地支配

1　間島の民族別人口構成

表4－1で示すように、間島の人口は、主に朝鮮と中国の両民族によって構成されている（日本人とロシア人などの外国人もいたが、一％未満で論外とする）。一九〇七年の間島総人口九万六六二〇人のうち朝鮮人が七六％、中国人が二四％を占めていた。一九三〇年の間島総人口五〇万八〇二四人のうち朝鮮人と中国人の占める比率は、それぞれ七六％と二三％である。間島総人口は二三年間に約四一万人も増加しているものの、両民族が占める割合は、ほとんど変わっていない。ちなみに、間島朝鮮人の総人口は、一九三〇年の場合、在外朝鮮人全人口の約二五％、在満朝鮮人

表4－1　間島地方民族別人口累年変化

（単位：人）

区分／年度	満州	間島			
	朝鮮人	朝鮮人	中国人	日本人	合計
1907		73,000	23,500	120	96,620
1908		91,000	27,800	280	119,080
1909		98,000	31,900	330	130,230
1910	109,000	109,500	33,500	320	143,320
1911		127,500	35,200	290	162,990
1912		163,000	49,000	320	212,320
1913	169,000	161,000	36,900	240	198,140
1914		178,000	38,100	230	216,330
1915		182,000	38,500	295	220,795
1916		203,422	60,896	660	264,978
1917					
1918		253,962	72,602	1,048	327,612
1919	431,198	297,150			
1920	459,427				
1921	588,656	307,806	73,748		
1922	515,865	323,806	70,698	1,320	395,824
1923	528,027	323,011	77,709	1,942	402,662
1924	531,857	329,391	82,730	1,956	414,077
1925	531,973	346,198	82,470	1,978	430,646
1926	542,185	356,016	86,349	1,950	444,315
1927	558,280	368,827	94,960	1,965	465,752
1928	557,052	382,930	100,165	2,115	485,210
1929	597,677	381,561	116,666	2,083	500,310
1930	607,119	388,366	117,402	2,256	508,024
1931	630,982	395,847	120,394	2,436	518,677
1940	1,189,338	551,714			

出所：朝鮮総督府警務局［1931］『間島問題の経過と移住鮮人』、外務省［1935］『在満日本帝国大使館編纂・在満朝鮮人概況』、満洲国民政部総務司調査課編［1933］『在満朝鮮人事情』、拓務省［1940］『拓務要覧』、朝鮮総督府財務局［1943］『問答式議会説明資料（八四回）』第七冊、南満州鉄道株式会社東亜経済調査局［1928］『経済資料　第14巻第2号――東部吉林省経済事情』等による。1940年は安図県を含めた間島省の人口である。

の三九％、朝鮮国内人口の約二％に相当する。

満州方面への移住朝鮮人が、間島に集中していたのは、中国人の満州進出と密接に関連している。山東省などの中国北部より行われた中国人の満州移住は、地理的に近接している鴨緑江以北の西間島（奉天省、今の遼寧省）を中心に定着し、前述のように、間島を取り巻く地形が妨げになって間島までたどりつくことは困難であった。他方、朝鮮人は、中国人の進出がなく地理的に接近している間島に集中した。こうした事情が反映され、一九二五年現在、間島では朝鮮人が総人口の約八〇％を占めているのに対して、西間島では総人口のうち朝鮮人が占める割合は約一七％に過ぎなかった(6)。間島と西間島は、同じく朝鮮人の移住歴史が古く、さらに地理的にも鴨緑江と豆満江を隔てるのみであるが、人口の民族構成は全く異なっていた。間島には朝鮮人、西間島には中国人が集中的に移住したのである。

間島は、基本的に朝鮮農民の移住によって形成された農業社会である。間島朝鮮人の職業別人口は、一九三〇年の朝鮮総督府警務局の調査によると、総人口三八万八三六六人のうち三四万二一〇七人（五万八七九五戸）が農業に従事し、六八四人が官公吏、三〇三人が銀行、会社員であり、残り四万七二七二人が不明になっている(7)。これを比率で換算すれば、農業八八％（朝鮮国内は約七七％、満州全体は五八％）、官公吏〇・二％、銀行・会社員〇・〇七％であり、残りの一二％（その実態は商人ないし労働者と推定される）は不明ということになる(8)。

農民中心の朝鮮人の人口構成は、朝鮮人の地域的分布にも反映されている。一九二五年を基準に、朝鮮人は、都市地域に該当する商埠地内人口が一万七七三〇人（間島朝鮮人の約五％）に過ぎない。そのうち龍井村に一万一三七八人が集中している（商埠地内人口の約六四％）。中国人の場合は、商埠地内人口が一万六三四八人（間島中国人の約一九％）であり、そのうち局子街に七八八一人（商埠地人口の約四八％）が密集していた。ちなみに、日本人は全人口一九七八人のうち、商埠地内人口は一六八二人（全体の八五％）であった(9)。以上の数字でわかるように、中国人の都市人口比率が約四倍も高いが、これは両国人の職業分布と生活程度を反映したものであるといえよう。

2　日本の朝鮮植民地支配と間島の人口推移

間島は現在までも海外における最大の朝鮮人移住民社会であり、すでに日韓併合当時、間島朝鮮人は一〇万人を超えていた。朝鮮人の間島移住は、そもそも自然災害などが原因であったが、近代移行期に生じた朝鮮国内の政治・社会的混乱なども重要な要因であった点については、指摘のとおりである。こうした傾向は、一九一〇年日韓併合後においても変わらず、むしろ強化される側面があった。日韓併合以後における朝鮮人の間島移住は、朝鮮国内における日本の植民地支配の政策と抑圧の度合いに影響されていたのである。

表4－2　間島の朝鮮人と中国人の増加指標

年度＼区分	総人口		指数	
	朝鮮人	中国人	朝鮮人	中国人
1907	73,000	23,500	100	100
1910	109,500	33,500	150	143
1912	163,000	49,000	223	209
1916	203,422	60,896	279	259
1921	307,806	73,748	421	314
1926	356,016	86,347	488	367
1930	388,266	117,402	532	500

出所：表4－1より作成。

表4－2で見られるように、一九〇七年から一九一〇年までの朝鮮人の増加指数は五〇に過ぎないが、その後は、常に一九一〇年以前の指数を上回っている。一九一〇年の日韓併合を境に朝鮮人の間島移住が全体的に増加しており、この増加分は日本の植民地支配の結果として析出されるものであると考えてよいであろう。間島朝鮮人の人口推移を便宜上、表4－2のように五段階に分けてみると（人口増加は移住によるものとみなす）、一九一〇年から一二年までと一六年から二一年までの増加が顕著である。一〇年から一二年までは、年平均二万六七五〇人、一六年から二一年までは年平均二万八七六八人の移住者があった。この時期の年平均移住者は、その前後の期間に比して二倍以上に達している。

この時期に移住が急増した理由は、間島にプル（pull）要因があるか、もしくは朝鮮国内でプッシュ（push）要因があったかである。間島ではこの期間中に、移住を誘引する要因は見あたらない。移住増加は、一九一〇年の日韓併合と一九一九年の「三・一独立運動」のような朝鮮国内における政治変動によるものであろう。これらの事件と移住増加との直接的な相関関係は明らかではないが、時期的にこれらの事件に前後して間島朝鮮人が急増していることに注目する必要がある。

まず、一九一〇年の日韓併合と間島移住の関連性についてである。日韓併合は、朝鮮人にとって未曾有の他民族による支配開始であるだけに、強い民族的反動を呼んだ。それは植民地支配下の朝鮮を逃れ、朝鮮国内で困難になった反日運動の拠点を海外に求める動きとして現れた。こうした動きは、朝鮮人の海外移住を促進させる要因になり、地理的に最も近くすでに多くの朝鮮人が定着している間島に移住民が集中するのは自然であった。日韓併合に前後して急増した間島移住は、こうした朝鮮人の反日という政治的意味を強く帯びたものであった。「日韓併合以後満州に向ふ朝鮮移民は増加し居れり、寺内総督は早くも之を政治的意味を有する」ものであるとの認識を示していた。[10] 附言すると、表4−2に見られるように、朝鮮人の間島移住が「日韓併合」直後の二、三年間に集中し、その後ある程度鎮静したことは、日韓併合が朝鮮人に与えた政治的影響を計る尺度であるともいえよう。

次は、一九一六年から二一年までの間島朝鮮人の急増と朝鮮国内の状況との連関性についてである。この間、朝鮮において最も大きな影響をおよぼした事件は一九一九年の「三・一独立運動」である。三・一運動は日本の植民地支配に対する朝鮮民族の反発であったが、日本の武力弾圧によって挫折した。朝鮮国内での独立運動の挫折は朝鮮人の海外への移住に拍車を掛ける要因であったと考えられる。表4−1で見るように、三・一運動前後に間島朝鮮人が急増したのは、そのためであろう。三・一運動と朝鮮人の間島移住との関係は日本官憲の資料からも窺える。資料によると、一九一九年三月と四月に起きた朝鮮での独立万歳運動発生件数は、二二八件であり、各道別平均発生件数は二二件であった。そのうち、特に京畿道（五一件）、平安南道（四五件）、黄海道（三八件）、慶尚南道（二四件）、咸鏡南道（二三件）、平安北道（二〇件）などで多発した。これら多発地域出身者の間島移住は、咸鏡南道を除いて、全般的に増加しており、特に京畿道、平安南道、黄海道、慶尚南道、慶尚北道などは前年度の約三、四倍も増加した。[11] こうした現象は、従来朝鮮北部を中心になされていた朝鮮人の間島移住が、後述の土地調査事業とも相俟って、朝鮮全地域へと拡大したことを示す。

以上のような朝鮮国内における政治的動きと合わせて、土地調査事業の実施も朝鮮人の移住を促した要因であった。土地調査事業は、一九一〇年三月、韓国統監府の土地調査局の設置から始まり、一九一二年八月、土地調査令の公布で本格化し、一九一八年一一月まで実施された。土地調査事業は、所有権の確保、生産力の増進などを名目にしていたが、実質的には「日本・日本人による土地略奪と、それに協調する朝鮮人地主の擁護」と「植民地財政体系の確立」が目的であった(12)。土地調査事業が進行中であった一九一四年と一応それが終結した一九一九年における朝鮮人の土地所有関係をみると、自作農が減少し小作農と地主が増加している（小作または自小作が全体の七六・九％）。反面、日本人と総督府の土地所有は増加している(13)。自作中心の朝鮮農民層の分解に並行して日本人の地主化が進んだのである。その結果、朝鮮の農村には、土地から分離された大量の過剰人口を広範に生み出すことになったのである。

朝鮮南部を中心に大量に発生した過剰人口の小作農は、満州移住者の増加と結び付いていた(14)。矢内原忠雄が、「内地人（日本人）の農業者による耕地の所有経営はそれぞれ北鮮及び南鮮の移民を促す有力なる動因であらう。〔中略〕朝鮮人の境外移住は、内地人植民の必然的結果」であると指摘したのは(15)、土地調査事業の結果、土地を喪失した朝鮮人が満州へ移住する状況を説明するものであった。また、朝鮮総督府も、一九一五年以降朝鮮農民の小作化が顕著になったとしたうえで、「最近〔一九一〇年代後半——引用者〕に至り、慶尚北道及び全羅北道地方の農家にして、満州、西伯利亜方面へ移住し水田耕作を行ふものが漸く増加」したと分析している(16)。因みに、水田農業を基本にしている南部出身の移住者の増加は、畑作中心の間島と満州に水田農業を広げる契機にもなった。

間島朝鮮人の人口推移のうち注目すべき点は、一九二〇年代に入り朝鮮人の増加が徐々に鈍くなったことである。表４－２でわかるように、一九一〇年から一九二一年までの間島朝鮮人の増加指数は、二七一であるが、一九二一年から一九三〇年までの増加指数は一一一である。一九二〇年代に朝鮮人の増加が低くなったのは、一九二〇年の日本の間島出兵を契機に日本の間島朝鮮人に対する弾圧が一段と強められたことと関係がある[17]。一九一〇年代の朝鮮人の間島移住増加が、政治的要因によるものであったことを考慮すれば、間島に対する統制強化は、朝鮮人の政治的移住を減少させたはずである。その結果、一九二〇年代に入り朝鮮人の間島移住が減少し、その代わりに満州の他の地方への移住が増加するようになったのである。間島朝鮮人社会を基盤に活動していた反日運動が、その後西間島の方にその活動舞台を移していったのもこうした理由からである[18]。

以上を総じていえば、日韓併合後における朝鮮人の間島および満州移住の増加は、日本の植民地支配政策と結び付いていた。移住者の増加は、主として反日という政治的理由と、農民層の分解という経済・社会的理由によるものであった。拓務省は「満州朝鮮人移住者の移住動機及理由」を、政治的理由が約七％、経済的理由が約九〇％、その他が三％と分析しているが[19]、現実的に移住動機を明確に分けることは困難である。土地を喪失した農民の直接的な移住動機は経済的理由であるが、土地喪失には土地調査事業のような日本の植民地経営という政治的背景がある。つまり、政治的動機と経済的理由は相関連しているのであった。石津半治は「満州在住朝鮮人の現状と其の救済策」で朝鮮人の移住を「経済的圧迫に余儀なくせられたること夫の経済的原因により来住せるものの相撰ふことなしと雖彼等は少数の政治的排日鮮人に統率せられ」ていると描写していた[20]。これら資料から、経済的理由を持った人たちが、反日運動家と合流して移住することが想定される。換言すると、日本植民地時代における朝鮮人の移住は、全体的に政治的性格が濃厚な経済的移住であったというべきである。移住民によって形成された間島朝鮮人社会が、反日傾向を強く有し、反日運動の母体になりえたのも、こうした理由からであろう。

三　間島の農業と社会関係――土地所有関係をめぐって

1　初期における間島の土地所有関係

開拓初期における間島の農業経営状態に関する資料はないが、無人地として朝鮮と中国の統治権が及んでいなかったため、移住者が自由に農業を営んでいたと推測される。したがって、中国が間島開発に乗り出す以前には間島の農地はほとんど朝鮮人によって占められていたと見てもよい。

しかし、一八八一年、中国が琿春に招墾局を設け、間島一帯に対して土地丈量に着手して以降、間島の土地所有状況は大きく変わるようになる。中国政府は土地丈量を通じて琿春地方の五六二〇余晌（一晌は約〇・七二町歩）と五道溝地方の三〇七三余晌を中国人に払い下げ、執照（地券）を与えた[21]。中国の措置によって、「韓民（朝鮮人）にして自ら無主地を開墾して従来之を事実上占有して居た」土地を奪われたのである[22]。この丈量を通じて、間島に多数の朝鮮人が居住していることを発見した中国政府が、朝鮮人の退去を要求することで間島領有権問題が発生したことは、前述したとおりである。その後、一八八九年、九二年、九八年、一九〇六年の四回にわたって行われた土地丈量を通じて、間島の土地はほとんど中国人の手中に入るようになった。「清人ハ官吏ト結託シテ（朝鮮人が占有していた土地を）自己ノ所有地ナリト称シテ之ヲ奪ヒテ（朝鮮人を）小作人タラシメ」たという[23]。これに対して間島に勢力を有していなかった朝鮮政府は、対抗措置をとることができなかったのである。

中国政府は退去を拒否する朝鮮人の土地を剝奪する傍ら、「帰化」を強要し中国国民化への同化を図った。一八九〇年三月、中国政府は、朝鮮人約二万人を中国籍に編入し、耕作していた約一万五〇〇〇余晌に対して所有権を認めた[24]。現実的に朝鮮人の駆逐が困難な状況で、中国人の進出も多くなかったので、間島開発に彼らを用いる必要があったためである。中国人地主にとっても同様であった[25]。朝鮮人は、土地を所有するためには帰化するか、中国の支配力が及ばない奥地へ移住するようになった。しかし、朝鮮政府が、一九〇二年、李範允を間島管理使に派遣し積極的に朝鮮人保護に当たることで状況は大きく変わるようになった。義和団事件を契機にロシアが満州を占領し、間島から中国勢力がほとんど排除されていた状況下のことであった。

李範允が調査したところによると、当時間島朝鮮人は約一万戸で、三六四万四九六円の不動産を所有していた[26]。これを土地で換算すると、約三万六四七五町歩になる（一九〇八年の咸鏡北道の畑地一反歩の平均価額一〇円を基準にしたもので、正確ではないが、土地の所有状況を知るには差し支えないであろう）。この面積は、前記の一八九〇年、中国政府が朝鮮人に所有権を認めた一万五〇〇〇晌（約一万八〇〇〇町歩）の約四倍にも達するものである。僅か一二年間に、朝鮮人の土地所有が急増したのは、李範允が「私砲隊」を組織するなどで間島に勢力を構築し、かつて中国側に奪われた土地を朝鮮人に取り戻したためである。

しかし、日露戦争が終りロシア軍とともに李範允が間島から撤退し、中国の支配力が回復されるや、朝鮮人の土地所有状況は再び変化する。中国政府は一九〇六年、間島一帯に対する土地丈量を実施し、翌年には全面的な執照（地券）の書き換えを行った。統監府間島派出所の調査によると、中国が執照を書き換えた翌年の一九〇八年、朝中両国人の土地所有面積は、それぞれ一万七八七〇町歩と三万四三二〇町歩であった[27]。中国人が朝鮮人の約二倍近くを所有し、朝鮮人の全所有面積は、前述の一九〇二年の半分ほどになってしまったのである。

以上のように、間島における朝鮮人と中国人の土地所有状況は両国の力学関係に直結していた。一九〇七年八月に日本の統監府間島派出所の設置に乗じて、親日朝鮮人団体である「一進会」は「間島全体ニ於ケル土地所有権モ清人ノ手ヨリ奪テ之ヲ韓人（朝鮮人）ニ帰シ未墾地ニ木標ヲ建テ、之ヲ占有」することを要求したが、派出所は「間島ノ所属問題決定スル迄ハ現状ヲ維持」する方針を堅持したので[28]、両国人の土地所有状況の変化は起こらなかった。

要するに、中国の間島開発は、中国人の土地所有権の確立過程であった。その結果、中国人は少ない人口で広大な土地を所有するようになったが、中国に帰化した者を除いた大半の朝鮮人は土地を奪われ、余儀なく中国人地主の小作人として編入された。かくして、間島には中国人地主、朝鮮人小作人という基本構図が生成された。このことで間島では土地を媒介にして民族を単位とする階級分化が行われ、民族間の対立構造を内包するようになったのである。やがてそれは、政治・社会的な民族間対立へと発展していくことになる。朝鮮人が間島において絶対多数の先住民であるにもかかわらず、政治的力学関係によって、上記のように中国人地主対朝鮮人小作人の階級構造が形成されたことは、間島朝鮮人の中国に対する反感を増幅させるものとして働いたのであろう。

ちなみに、従来の研究では、間島および満州における朝鮮人農民と中国人農民の対立は、主に日韓併合以降日本が満州朝鮮人問題に介入してから形成されたものであるとされたが、以上で考察したように、両者の対立はそれ以前より胚胎されていたのである。しかし、日本の介入でそれがさらに増幅されるようになったのは（とりわけ政治的側面において）明らかである。

2　朝鮮人と中国人の土地所有関係

ここまで考察したように、間島における土地所有は間島での朝鮮と中国の力の盛衰によって左右される流動的なものであった。しかし、一九〇九年九月に締結された間島協約で間島における朝鮮人の土地所有権が保障された（第五条）ので、流動的な土地所有関係は一応安定したように見えた。しかし、日韓併合後、朝鮮人の国籍が曖昧になったことを口実にして中国側は、間島協約上の「韓民」（朝鮮人）は存在しなくなったので土地所有権を認めず、帰化朝鮮人に限り土地所有権を与えるという方針を明らかにした。その結果、間島朝鮮人は、①中国に帰化するか、②帰化した者を名義人（地方主人）にして出資額に応じて分割占有するか、③中国人と永小作権を設定するか、などの方法

表4－3　朝鮮人と中国人の土地所有面積

年度	所有面積（町歩）			人口比率（朝鮮人：中国人）
	朝鮮人	中国人	比率（朝鮮人：中国人）	
1909[1]	17,870	34,320	34：66	75：25
1918[2]	38,838	50,620	43：57	78：22
1926[3]	92,083	104,566	46：54	81：19
1931[4]	141,517	100,493	58：42	77：23

注：1）1926年と1931年は、原資料の単位は反歩であったが、町歩に換算した（1町歩は10反歩）。
2）朝鮮人の所有面積には約3分の1の商租地を含む。
出所：1）統監府臨時間島派出所残務整理所［1910］『間島産業調査書』
2）朝鮮総督府特別調査（1918年11月）［1978］「東部間島及咸鏡南北両道報告書（Ⅱ）」『白山学報』＊第24号
3）満鉄東亜経済調査局［1928］『経済資料　第14巻第2号――東部吉林省経済事情』
4）李学文［1933］「間琿地方農況」『満鉄調査月報』第13巻第1号

で農業に従事した(29)。特に、②と③の方法を用いる場合が多かった。したがって、中国側の措置にもかかわらず、「在住鮮人ハ実際上土地ヲ所有シ殆ンド不安ヲ感ジナイ。而シテ毎年長足ノ進歩ヲシツツアル」と末松吉次（間島総領事館警察部長）は報告している(30)。表4－3で見るように、朝鮮人の土地所有面積は徐々に増え、一九二〇年代後半からは全体の約半分を占めるようになったのである。

しかし、中国側の政策如何によって朝鮮人の土地所有は大きく制約され、不安定なものであったことは否めない。前述のような方法で土地を所有したとしても、中国側は朝鮮人に下附する地券に、「如典売或抵押於外人即作無効」の文字を加印するなど、制限を加えていたのである(31)。中国側の措置は、一九一五年の「南満州および東部内蒙古に関する条約」（以下、「南満東蒙条約」）にある土地商租権を利用して、朝鮮人を媒介に土地を買収し満州に勢力を拡大しようとする日本の意図を防ぐためであった。つまり、中国側は朝鮮人を日本の「走狗」（手先）と見なし、彼らを通じて日本の勢力拡大を阻止しようとしたのである。ここで日中朝の錯綜した関係が芽生えるのであった。

間島総人口の大部分を朝鮮人が占めている状況を考慮すると、民族別土地分布は極めて偏っていることは明らかである。中国人一人当たりの所有面積は朝鮮人の約四倍以上であり、間島における民族別人口と土地所有の割合は、全く逆の関係にある。このような土地所有状況は中国側の土地政策に由来しているが、そこに直接的あるいは間接的に日本が介入することで、間島では微妙な日中朝の関係が形成されるのであった。

表4－4で見るように、一九三一年現在、朝鮮人が所有している土地面積は五八・五％になっているが、朝鮮人が占めている人口に比して民族別土地所有が極めて偏っている点については、しばしば指摘したとおりである。民族別土地所有の偏在は、農業経営状態に決定的な影響を及ぼし、農業を基盤にしている間島の民族関係を規定した。以下では、表4－4に基づき間島の農業経営状態を簡略に分析しよう。

表4－4　間島の土地所有および小作状況（1933年）

（単位：下段％）

区分 ＼ 民族別	全所有面積（反）	土地所有者（戸）		小作（戸）		合計
		地主	自作農	小作	自小作	
朝鮮人	1,415,169 58.5	4,305 7.2	21,638 36.2	18,675 31.2	15,187 25.4	59,805 100
中国人	1,004,925 41.5	4,503 43.7	3,381 32.6	1,421 13.7	1,044 10.0	10,349 100

出所：李学文［1933］「間琿地方農況」『満鉄調査月報』第13巻第１号

表4－4によると、朝鮮人と中国人の小作および自小作の比率はそれぞれ五六・六％と二三・七％であり、間島における農民の約半数以上が小作ないしは自小作である。そして中国人と朝鮮人の小作と自小作を全部合わせると、合計三万六三二七戸であり、そのうち朝鮮人農家は、三万三八六二戸として白小作と小作農全体の約九三％を占めている。自小作農も幾らかは土地を借りなければならないから広くみれば小作農であるといえる。この観点からすれば、間島の農業は全体的に小作に依存しており、その小作の大部分は朝鮮人から構成されている。間島の農業は全般的に朝鮮人小作に支えられているといってよい。そして、全土地面積を全戸数で割ると一戸当たりの平均所有面積は約三四・五反になる（（1,415,169＋1,004,925反）÷（4,305＋21,638＋18,675＋15,187＋4,503＋3,381＋1,421＋3,044戸））。同じ方法で朝鮮人と中国人の一戸当たり所有面積を計算すると、それぞれ二三・七反（1,415,169反÷（4,305＋2,1638＋18,675＋15,187戸））と九七・一反（1,004,925反÷（4,305＋3,381＋1,421＋1,044戸））になり、朝鮮人一人当たりの所有面積は中国人の四分の一に過ぎ

ない。間島における朝鮮農民が中国農民に比して如何に劣悪な状態に置かれていたのかを如実に示している。

3　地主と小作人の存在形態

間島の農業は朝鮮人の小作に大きく依存しており、朝鮮人の小作関係は、間島の経済、社会関係を規定すると言っても過言ではない。朝鮮人の小作関係は、朝鮮人同士の地主対小作人と、中国人地主対朝鮮人小作人の二種類がある。前者の場合は、小作料は収穫の三分の一を超えず権利と義務においても相当に緩やかであったが、後者の場合は、小作料は収穫を折半するのみならず雑役などの労務を負わされていたという[32]。こうした小作関係の相違を浮き彫りにして、従来の研究では、間島地方の地主対小作人の関係をもっぱら朝鮮人小作人、中国人地主という二項対立の民族単位としてとらえ、両民族の政治的・社会的葛藤を強調する傾向があった。しかし、民族を異にするからといって必ずしも葛藤が生じるわけではないであろう。

では、中国人を地主にする場合と朝鮮人を地主にする場合とが相異なる経営状態をもたらす原因は何であったのか。東洋拓殖株式会社『最近間島事情』は、「支那人（地主は）は鮮人を目して小弱国人と看做し」、「侮蔑横暴」な態度をとり、朝鮮人地主の場合は「同族たるの観念より（小作人に）諸種の便宜を与ふるものにして」「地主対小作人の間柄は万事円満なる」と記し[33]、地主対小作人関係を同族観念に求めている。また、在外朝鮮人事情研究会編『南満及間島琿春朝鮮人事情（下）』は、朝鮮人同士の地主対小作人の関係が良好なのは、「当地方は耕地面積の広大なるに住民極めて希薄なる関係上、小作地は至処に横はり、地主は小作人の招致するに容易ならざるものあるに因る」と指摘し[34]、人口と耕地面積の不均衡で説明している。

しかし、この二つの説明は表面的なもので、民族を異にする地主対小作人の対立関係を十分に解明しているものとはいえない。同族意識が地主と小作人の対立関係をある程度緩和させることは否定できないとしても、それが地主対小作人の対立を完全に解消しうる要因であったかについては疑問がある。また、間島の耕作地の広さは、朝鮮人地主と中国人地主にとっては同じ条件である。所有面積が広く中国人小作人が少ない状態では、むしろ中国人地主の方が不利な立場で朝鮮人小作人を優遇する可能性がある。

民族別の地主対小作人の関係を把握するためには、前記の二つの説明に加えて、小作人の移動性と農業経営形態の相違という二つの側面を考慮する必要がある。小作人の移動性は土地の地域分布と直接結び付くものである。中国人地主は平野の豊沃にして治安などが良い地域で土地を所有しているのに対し、朝鮮人は傾斜地もしくは比較的痩せている土地を占めていた。こうした地理的条件により、朝鮮人小作人は収穫高が高い中国人地主の下で小作をすることを好む。これは、逆に中国人地主にとっては、朝鮮人小作人に対して不利な小作条件を強いる条件にもなる。その上、しばしば指摘したように、経済的困窮のため移住した朝鮮人は、土地の所有率が高い中国人地主の方に編入される可能性が高く、小作を開始するにあたって家屋、農具などの生産手段を地主に依存することが多かったので、容易に地主を変えて移動することは困難であった。これらの要因は、中国人地主にとって安定的に小作人を確保し、朝鮮人小作人を身分的に束縛するようになる。いわば、一種の土地緊縛であり、地主に対する小作人の従属性を高めることになる。他方、傾斜地など比較的条件の悪い地域に土地を所有している朝鮮人地主は小作人を探すのが容易ではなかったという(35)。それ故に、朝鮮人地主は小作人に比較的有利な条件を提供しなければならなかった。

さらに、朝鮮人地主の場合に小作条件がより良好な理由には、朝鮮人と中国人の異なる農業経営形態があった。中国人は主に畑作をしており、朝鮮人は水田作をかなり広く行っていた。間島における水田面積は、一九二九年に一万一一六七町歩、一九三〇年に一万二六八六町歩であった(36)。表4－4の所有面積を基準に計算すると、これは間島における全耕地面積の約五％、朝鮮人所有面積の約九％で、朝鮮人地主が小作に出せる全面積の約半分にあたる。この水田のほとんど大部分が朝鮮人地主に属しており、それを小作に付しているとすれば、小作のかなりの部分（約半分位）

は、水田を媒介にした地主対小作人関係が成立することになる。というのは、当時水田農業の技術は朝鮮人のみの得意分野であったからである。また、水田作は畑作よりもはるかに所得が高いので（約四ないし五倍）、朝鮮人地主と小作人は可能な限り水田作を指向するようになる。地主が小作人に水田作を奨励するためには有利な小作条件を与える必要があった。「稲作経営を為さんとするもの（小作人）に対しては、種子の無償供与播種前の耕耘は勿論、小作料たる納穀料亦有利の契約を成す」などの慣行が成立していたのである。[37]

以上を整理すると、間島の小作制度、特に民族を単位とする地主対小作関係について次のことがいえよう。従来の研究では、中国人地主対朝鮮人小作人の関係のみを浮き彫りにし、単純にそれが原因で民族を単位とした政治・社会的葛藤と対立が生じたと強調されたが、それのみではない。その背景には、それぞれの異なった小作経営状態が存在していた。中国人地主と朝鮮人小作人の間には、小作人の移動を困難にする土地緊縛の構造があったのである。このような劣悪な小作関係は、民族的葛藤と結び付き、政治的対立へ発展していくのである。他方、朝鮮人を地主にする場合は、水田作の経済性と土地所有の地理的分布状況などにより小作人に相対的に有利な小作条件が与えられ、地主と小作人の対立をある程度緩和させたのである。

四　日本の介入と間島の政治化

前述のような朝鮮人の移住の性格と、間島で形成された民族を単位とする地主対小作人関係により、間島は政治的に他の地方とは全く異なる特殊な地域となった。間島が政治的に反日化し、且つ近代国家における基本的要素すら欠いた特殊な様相を呈するものになった過程と要因を簡略に示すと以下のようである。

まず、間島朝鮮人社会の反日化についてである。一九世紀半ばから始まった朝鮮人の間島移住は、一九一〇年の日韓併合を境に量的に増加し、その性質も大きく変わった。日本の植民地支配を逃れるという政治的動機による移住と、土地調査事業などによる経済的な理由による移住が増えたのである。これらの二系列の移住は、日本の朝鮮植民地支配によってもたらされたものであるという共通点を持っている。一九一〇年以後における朝鮮人の間島移住は「反日」という政治色を帯びるものであったのである。このように朝鮮人の政治的移住が増えるにつれて、間島朝鮮人社会は自然に反日という方向へ政治化していくことになった。間島と満州における朝鮮人社会がいち早く独立運動の根拠地になり、それを基盤に反日運動が可能であったのも、こうした朝鮮人移住の政治性に求めることができよう。

以上のような間島朝鮮人社会の反日化と並行して、日本も絡んで土地問題などをめぐって日中朝間の葛藤と軋轢が深化していった。一九〇九年九月、間島協約で中国は間島に対する領土的主権と朝鮮人に対する支配権は確保したものの、これを契機に、間島における居住権、土地所有権、朝鮮との自由往来などの権利が与えられた朝鮮人が、全人口の約八〇%を占めるという異常な構図ができあがった。そのうえ、これらの朝鮮人を「保護」する日本の領事館が龍井村などの四カ所に設けられた。つまり、間島協約を契機に、間島には朝鮮、日本、中国の三者が共存するようになったが、当時の朝鮮、日本、中国の関係に照らしてみると間島におけるこれら三者の共存は必ずしも安定的なものではなかった。

第一次大戦に乗じて、一九一五年、日本の中国に対する二十一カ条の要求を契機に間島における朝鮮、中国、日本という三者間の関係に大きな混乱が生じた。日本は、「南満東蒙条約」を根拠に、中国に対して日本人と同じく間島朝鮮人の治外法権を主張した。これは、間島協約と日韓併合によって形成された矛盾が「南満東蒙条約」の実施で顕在化したものであるが、間島の政治構図を根本から覆すものであった。中国側は、特殊条約として間島協約が存在する限り、間島は「南満東蒙条約」の適用地域ではないとの方針で日本に対抗した。もし、間島朝鮮人に治外法権が認められると、中国は間島人口の八〇%を占めている朝鮮人に対する支配権を喪失し、間島は実質的に日本の植民地になってしまうのであった。言い換えれば、間島において最大の集団である朝鮮人を支配することこそが間島を支配することになるのだった。その結果、間島では朝鮮人の支配をめぐって日中両国が相対峙し、朝鮮人に対する両国の支配力も重なり合うことになった。それが原因で、間島の政治状況は極めて流動的になった。

このような状況では、支配の対象になっている朝鮮人の動向が重要になる。彼らの動向如何によって、日中両国の間島での支配力の盛衰が決まるからであった。逆説的にいうと、「南満東蒙条約」を契機に間島協約と日韓併合によって形成された政治的矛盾が顕在化することで、朝鮮人の存在価値を浮き彫りにしたのである。極論をすれば、朝鮮人こそが間島問題を決定しうる政治的状況が生み出されたのである。この意味において間島における朝鮮人の動向は、日中両国にとって脅威としての側面をもっていた。したがって、日中両国としては、朝鮮人に対する支配力を強化し、彼らの勢力を弱体化させる必要に迫られるのであった。

しかし、日中両国の間には侵略と被侵略という基本的対立関係があったので、協調対応は困難であり、むしろ対立を深めた。中国は朝鮮人に対する支配力を確保するため従来通りに朝鮮人に帰化を強要した。他方、日本は領事館を中心に親日団体として朝鮮人民会の組織化を推し進めた[38]。両国によるそれぞれの措置は、次のような相反する二つの政治状況を生じさせることになった。一つは、両国の朝鮮人に対する統制強化によって、朝鮮人社会は帰化朝鮮人を中心とした「親中国集団」と民会を中心にした「親日本集団」に分裂することになった。朝鮮人民会の組織率と朝鮮人の帰化率に対する正確な統計はないが、一九一〇年代後半における帰化朝鮮人は約一〇%、民会の組織率は約五%程度であったと推測される[39]。残りの約八〇%以上の朝鮮人は、どちらにも積極的支持を示さない中立ないしは朝鮮人独自の性格を維持する集団であるといえよう。こうした朝鮮人社会の分裂は、朝鮮人社会が民族的統一性を保つことを困難にした。

いま一つは、朝鮮人の管轄をめぐる両国官憲の衝突により、両国の朝鮮人に対する支配力が弱まったことである。

たとえば、日本側は朝鮮人に対する中国側の管轄権を否定し、中国側は日本の管轄権を否定することで朝鮮人を巡って両国官憲の衝突が頻発し、朝鮮人に対する管轄権が効かなくなるのであった。また、朝鮮人も中国官憲に対しては日本管轄を主張し、日本官憲に対しては中国管轄を主張することで、両者の支配を逃れるという有様であった。こうした状況は、結局朝鮮人に対する全般的な支配力の低下につながり、朝鮮人に対する体系的な支配体制は存在しえなくなるという状況を生み出したのである。こうした朝鮮人に対する支配力の空白は、朝鮮人に「一つの政治的緩衝地帯」を提供したのである。[40] 山口省三・岩本二郎が『満蒙の米作と移住鮮農問題』（東洋協会、一九二七年）において、「鮮人が（日本と中国の勢力を）巧みに利用し、日本側を操り実力を養成、間琿（間島と琿春）の天地に於て新高麗国建設の理想実現に進みつつある」と分析していたのは、まさに当時、間島における朝鮮人を取り巻く政治状況を示すものであった。

以上のような朝鮮人社会の反日化と支配力の空白は、朝鮮人をして、日中両国から離脱し新たな朝鮮人社会の形成を目指す政治的条件を創出させつつあった。したがって、その後における間島情勢は、朝鮮人の動きを軸にして展開されることになる。その端的な表れが、間島における反日独立運動である。朝鮮国内の三・一独立運動と連動して三月一三日、龍井村で反日集会が開かれた。「間島三・一運動」と呼ばれるこの反日集会には、三万人が参加したと伝えられている。[41] 多少誇張があるとしても、参加規模は間島朝鮮人の約一〇％くらいとして朝鮮国内での三・一運動をはるかに上回っている。

朝鮮国内より一段と強化された反日闘争がくり広げられた背景には、今まで触れたように、間島に醸成された朝鮮人をめぐる特殊な政治的条件があったのである。間島三・一運動を皮切りに間島朝鮮人社会を基盤にする反日運動は、反日武装闘争へと発展していった。翌年には朝鮮独立運動史において最も熾烈な反日闘争である、一五万円奪取事件、鳳梧洞戦闘、青山里戦闘などが繰り広げられた。こうした闘争は、間島における日中両国のそれぞれの支配体制を揺さぶり間島朝鮮人社会の自律を求めるとともに、ひいては日本の朝鮮植民支配を脅かすものであった。これに対処するため、日本と中国は、一九二〇年一〇月、「日支協同討伐に関する協定」を結び、間島朝鮮人社会に対して大掛かりな弾圧を実施した。間島朝鮮人社会に壊滅的な打撃を与えた「間島出兵」であった。その後、間島における朝鮮人社会は新たな道として共産主義運動へと傾斜していくことになる。朝鮮軍の間島連絡班は、一九二二年五月「間島方面朝鮮人共産主義運動の現勢」で、現に「不逞（朝鮮人）団独立の夢は武力より赤化へ遷り而かも赤色の流れは瞬時も止むことなく浸潤しあり」と報告した(42)。

おわりに――解体された「国家」

以上、本章では朝鮮人の間島移住と農業経営状態、間島朝鮮人を取り巻く政治状況などを考察した。間島は一九世紀以来朝鮮人が開拓した最大の朝鮮人集住地として、朝鮮の延長地のようなものであった。間島朝鮮人の底流には、朝鮮の新たな生活空間としての同地に対する領有意識もあった。しかし、中国の移民実辺政策に伴って流入した中国人の合流によって、間島では中国人中心の土地所有権が確立するようになった。その結果、間島では、中国人地主対朝鮮人小作人という民族を単位とした農業の基本構造ができあがり、土地をめぐって中国人と朝鮮人の間には緊張と葛藤が存在した。そこには、土地緊縛を容易にする中国人中心の農業経営構造があり、それは間島における諸社会関係を規定したのである。同一民族間（朝鮮人地主対朝鮮人小作人）の小作関係に比して、異民族間（中国人地主朝鮮小作人）の小作関係の方が、小作料をはじめ全体的に劣悪であった。民族を異にして形成された地主対小作人関係が容易に民族間の対立へ発展した原因である。

一九〇九年、朝鮮の外交権を握った日本と中国の間で締結された間島協約で、間島は中国の領土にはなったものの、依然として間島はほとんど大部分の人口を朝鮮人が占めており（約八割）、朝鮮が植民地化されつつある情勢の中で間島は「中国の中の新たな朝鮮」というに値する特異な地域になった。そのうえ、日韓併合以降日本の植民地支配の結果、大量に発生した反日的な朝鮮移住民によって間島は反日化していった。このような間島の状況は、一九一五年の「南満東蒙条約」の成立を契機にして日本が朝鮮人に対する治外法権を主張することで、さらに複雑さを増すようになった。領土は中国に属し、その地域の構成員の大部分は朝鮮人であり、彼らに対する統治権は日本が持つという構造になったのである。いわば近代国家の三要素という国民、領土、主権（統治権）が別々に分散して、解体された「国家」というべき状態を呈したのである。国民国家体制が普遍的になった近代世界ではほとんど例のない特殊な現象であり、国境を越えた移住民社会ではあり得ないものであろう。こうした特殊性を利用して間島朝鮮人は独立運動のような自立のための政治的動きを見せ続けていた。飛躍をすると、満州国下の「間島省」と戦後中国における延辺朝鮮族自治州の原型をここに求めることもできるだろうか。

以上、考察したように間島は、当時の東アジアの縮図というべきものであった。内的には地主対小作人という前近代的な構造が支配的になっており、外的には朝鮮人をめぐって日本と中国が対立し、その中で朝鮮人は自律を求めていたということである。

補記　本章は、李盛煥［一九九一］『近代東アジアの政治力学――間島をめぐる日中朝関係の史的展開』錦正社、をもとに擬制国家の概念を取り入れて加筆、再構成したものである。

注

（1）中国では間島を地名ではなく朝鮮、中国、日本の間で展開された諸懸案を指す場合に使う。高士華［二〇〇三］「近代中国における国境意識の形成と日本――間島問題をめぐる宋教仁と呉祿貞の活動を中心として」東京大学博士論文。

（2）韓国における領有権問題を中心とした研究については、金基勲［二〇〇九］「間島談論の研究史的検討」＊（ハンソクチョンほか『近代満州資料の探索』東北亜歴史財団）九三～一二六、二〇五～二一六頁、に簡潔に整理してある。参照されたい。
（3）金春善［二〇一六］『北間島朝鮮人社会の形成と民族運動』＊高麗大学校民族文化研究院、には、中国と韓国における最近までの研究が網羅されている。
（4）申基碩［一九七九］『間島領有権に関する研究』＊探求堂、七三頁。
（5）「間島を取り戻す運動本部」なるものが結成され活発に活動している。ホームページ（http://www.gando.or.kr/）で最近の活動ぶりなどを見られる。
（6）外務省亜細亜局［一九二五］『支那在留本邦人及外国人人口統計表（十八回）』および、国務院総務庁情報処［一九三六］『省政彙第八輯・奉天省』六頁による。
（7）朝鮮総督府警務局［一九三一］『（高等警察資料）間島問題の経過と移住鮮人』六五頁。
（8）林吉男［一九三〇］「間島琿春地方の朝鮮農民」（東亜会『東亜』第三巻第六号）七五頁。
（9）満鉄東亜経済調査局［一九二七］『経済資料　第十四巻第二号　東部吉林省経済事情』二九頁。
（10）拓務大臣官房文書課［一九三三］『（拓務調査資料　第三編）満洲ト朝鮮人』一〇五頁。
（11）韓国史料研究所編［一九七二］『朝鮮統治史料』第一〇巻、宗高書房、三八七～四一一頁。
（12）朴慶植［一九七五］『日本帝国主義の朝鮮支配（上）』青木書店、六六頁。
（13）細川嘉六［一九四一］『植民史』東洋経済新報社、三六八頁。
（14）「併合以後外国移住朝鮮人累年比較表」（朝鮮総督府警務局編［一九八四］『朝鮮の治安状況（昭和二年）』復刻、不二出版）所収。
（15）矢内原忠雄［一九三三］『植民及植民政策』有斐閣、七八～七九頁。
（16）朝鮮総督府［一九三五］『朝鮮の小作慣習』一二六頁。
（17）李盛煥［二〇〇一］「原敬内閣の間島政策――間島出兵を中心に」＊（『日本語文学』日本語文学会、第一七号）、四三〇～四三五頁。
（18）李盛煥［二〇〇三］「西間島独立運動基地形成の政治力学」＊（『日本語文学』日本語文学会、第二〇号）を参照されたい。
（19）拓務大臣官房文書課［一九三三］一〇六～一〇七頁。
（20）石津半治［一九三〇］「満州在住朝鮮人の現状と其の救済策」佐藤昌介記念文庫所蔵。
（21）満鉄総務部調査課［一九三六］『間島に於ける農業機構概要』四九頁。

(22) 同右、五〇頁。
(23) 同右、四九頁。
(24) 同右。
(25) 統監府臨時間島派出所残務整理所［一九一〇］『間島産業調査書』三一頁。
(26) 申基碩［一九七九］七五頁。
(27) 統監府臨時間島派出所残務整理所［一九一〇］六一頁。
(28) 「統監府臨時間島派出所紀要」（韓国史料研究所編［一九七〇］『朝鮮統治史料』第一巻、宗高書房）一一〇〜一一一頁。
(29) 「朝鮮人ノ間島琿春同接壌地方移住ニ関スル調査（大正十五年）」（韓国史料研究所編［一九七二］『朝鮮統治史料　第一〇巻　在外韓人』）三五四〜三五五頁。
(30) 同右。
(31) 東洋拓殖株式会社［一九一八］『最近間島事情』一五五頁。
(32) 朝鮮総督府内務局社会課［昭和二］『満州及西比利亜地方に於ける朝鮮人事情』一二一〜一二二頁。
(33) 東洋拓殖株式会社［一九一八］三〇九頁。
(34) 在外朝鮮人事情研究会編［一九二三］『南満及間島琿春朝鮮人事情（下）』一六七頁。
(35) 同右。
(36) 李盛煥［一九九一］『近代東アジアの政治力学』錦正社、四二六頁。
(37) 同右。
(38) 廣岡浄進［二〇一五］「間島における朝鮮人民会と領事館警察――在満朝鮮人と植民地帝国日本」（『人文学報』京都大学人文科学研究所、第一〇六号）。
(39) 朝鮮人の帰化は主に農村地域、民会の設立は日本領事館が置かれている都市地域を中心に推進されていた。東洋協会［一九二七］『（秘）在外鮮人調査報告・満蒙の米作と移住鮮農問題』などの資料は、一九二〇年代後半に約八％の朝鮮人が帰化していると報告しており（一〇八頁）、リットン調査団の報告書は朝鮮人の帰化率を五ないし二〇％とみていた（外務省編［一九八〇］『日本外交文書・満州事変・別巻』一一二頁。
(40) 満州国軍政府顧問部編［一九三六］『満州共産匪の研究』第一輯、一五一頁。

(41)『独立新聞』＊一九二〇年一月一〇日。

(42) 金正明編［一九六七］『朝鮮独立運動』第五巻、原書房、二三九頁。

参考文献

日本文

高士華［二〇〇三］「近代中国における国境意識の形成と日本――間島問題をめぐる宋教仁と呉祿の活動を中心として」東京大学博士論文

廣岡浄進［二〇一五］「間島における朝鮮人民会と領事館警察――在満朝鮮人と植民地帝国日本」（『人文学報』京都大学人文科学研究所、第一〇六号）

朴慶植［一九七五］『日本帝国主義の朝鮮支配』上、青木書店

李盛煥［一九九一］『近代東アジアの政治力学――間島をめぐる日中朝関係の史的展開』錦正社

韓国文

金基勲［二〇〇九］「間島談論の研究史的検討」（ハンソクチョンほか『近代満州資料の探索』東北亜歴史財団）

金春善［二〇一六］『北間島朝鮮人社会の形成と民族運動』高麗大学校民族文化研究院

申基碩［一九七九］『間島領有権に関する研究』探求堂

李盛煥［二〇〇一］「原敬内閣の間島政策――間島出兵を中心に」（『日本語文学』日本語文学会、第一七号）

李盛煥［二〇〇三］「西間島独立運動基地形成の政治力学」（『日本語文学』日本語文学会、第二〇号）

第五章　豊南産業株式会社による「南洋農業移民」
――朝鮮総督府との交渉を中心に

今泉裕美子

はじめに

本章は、一九三九年に南洋庁が朝鮮総督府に「斡旋」を求めた豊南産業株式会社による「南洋農業移民」の第一回入植までを対象に、朝鮮人をどのように「募集」しようとし、朝鮮総督府がいかに対応したのか、を明らかにする。

朝鮮半島からの戦時労働動員は、朝鮮半島を含む大日本帝国の勢力圏について、韓日両国の研究者、市民によって研究が蓄積されてきた。たとえば、山田昭次・古庄正・樋口雄一［二〇〇五］では、戦時労働動員について議論となってきた多方面の論点について、研究史の整理と実態を明らかにしている。また、近年の研究状況は、樋口雄一［二〇一五］が整理している。これら研究史をみると、南洋群島への朝鮮人の労働動員について、戦時期南洋群島をめぐる政策のなかで分析したものはいまだ多くはない。

筆者は朝鮮半島からの朝鮮人の南洋群島への戦時労働動員に関して、山田昭次、古庄正が指摘した特徴(1)のなかで、動員された朝鮮人のおかれた状況は、戦時労働動員以前の当該産業分野や企業の労働者の統制方式、朝鮮人の雇用経験の有無などによって「多少の差異」があること、戦時期植民地朝鮮からの人口移動の実態は、出稼ぎ渡航者と強制連行者の併存であったこと、そして官斡旋の内実をもつ「募集」の事例に関連する研究を行った。すなわち、南洋群島における二大拓殖企業、南洋興発株式会社、南洋拓殖株式会社の戦時労働動員の事例を検討した。

南洋興発株式会社については、テニアン島の甘蔗農場への労働動員を示す史料紹介を通じて、一九三九年に「甘蔗栽培移民」として導入された朝鮮人の「移民訓練」、「労務状況」の実態を、同社の報告書から明らかにした。また、南洋興発株式会社が全羅北道知事からの要請に応じて、一九四一年に作成した全羅北道出身朝鮮人に関する報告書（ソンソン農区）、および南洋庁の要請により翌四二年に作成した「半島労働者生活状況」についても分析した。特に後者は、南洋興発株式会社が甘蔗栽培の低廉労働力として、事業開始当初から積極的に受け入れてきた沖縄出身（本籍が沖縄県）移民との労働実態を比較したものである。同社が朝鮮人の労働・生活を管理し、導入を検討するため沖縄出身移民に対する労働管理の経験をもとに、朝鮮人の学歴、性格、貯蓄などに関する情報を収集していたことを明らかにした。例えば、沖縄出身者との比較で、朝鮮人が細かな仕事は不得手だが、土木作業では沖縄出身者に勝ること、「国語」が十分には通じない者が約七五％を占めるため、移民契約や労務指導が十分には理解できていないこと、翼賛運動に協力的な者が三割に満たないなど、の分析があったことを紹介した(2)。

南洋拓殖株式会社については、パラオ諸島への戦時労働動員を、一九三〇年代後半から始まる南洋群島経済の戦時化に関わるつぎの二点との関係から明らかにした(3)。第一に植民区画地への五カ年計画に基づく入植をうたった「南洋群島開發十箇年計画」（一九三五年）に関して、南洋庁が同計画を立案した南洋群島開発調査委員会の再開を求めて提案した内容に、日中戦争開始後の軍事・外交政策、および南洋群島経済の戦時化(4)との関係から計画を再検討し、植民区画地への入植にさらに拍車をかけようとしたことである。第二に海軍指揮下に「特殊工事」が本格化したことにより、南洋群島内の労働力が不足したことである。特に後者については、南洋興発株式会社が、自らが雇用する日本人労働者が賃金の高い「特殊工事」に流出しないよう強く要望していたこと、「特殊工事」に関わる機密保持の必要があったこと、などから朝鮮半島から朝鮮人を動員した可能性を指摘した。そして、日米開戦前の労働動員と、開戦後の急速な兵站基地化のための労働力動員の異同と関係性を、南洋興発株式会社、南洋拓殖株式会社の事例から分析した。この南洋拓殖株式会社の事例では、同社の子会社である豊南産業株式会社によるパラオ諸島バベルダオブ島（パラオ支庁管轄下）への「南洋農業移民」募集について概要を明らかにした。それは、国家総動員法の公布による朝鮮人戦時労働動員が、「募集」という表現を用いても実態はすでに官斡旋だった、との指摘を裏づける事例であった。(5)しかし同論文では、南洋庁、豊南産業株式会社、朝鮮総督府が、具体的にはどのような交渉を行って朝鮮人の動員を実現したのか、は明らかにしていなかった。

そこで本章では、パラオ諸島への戦時労働動員について、豊南産業株式会社による一九三九年の第一回送り出しまでの「南洋農業移民」の募集に関し、南洋庁、豊南産業株式会社、朝鮮総督府の間で、募集条件や移動の方法などが、どのように話し合われ、実施に至ったのかを明らかにする。この時期の交渉は、朝鮮総督府では内務局、南洋庁では内務部が担当した。使用する主な史料は、「昭和十四年　南洋農業移民関係綴　社会（課）」（大韓民国国家記録院所蔵）であるが、南洋庁などの関連史料と併せて検討する。なお、以下では特別な断りがない限り、記録、史料と表現するものは、「昭和十四年　南洋農業移民関係綴　社会（課）」（大韓民国国家記録院所蔵）を指すこととする。

一　南洋庁の移民募集と豊南産業株式会社の事業

豊南産業株式会社の朝鮮半島での「南洋農業移民」募集をみるにあたり、パラオ諸島バベルダオブ島で、南洋庁が行った植民区画地（図5－1、5－2参照）への移住者募集の内容を確認したい。なぜなら豊南産業株式会社の事業地は、植民区画地の一部や、同区画地の近隣であり、南洋庁の植民区画への入植政策とも関わっていたからである。

図５－１　南洋群島地図（1939年）

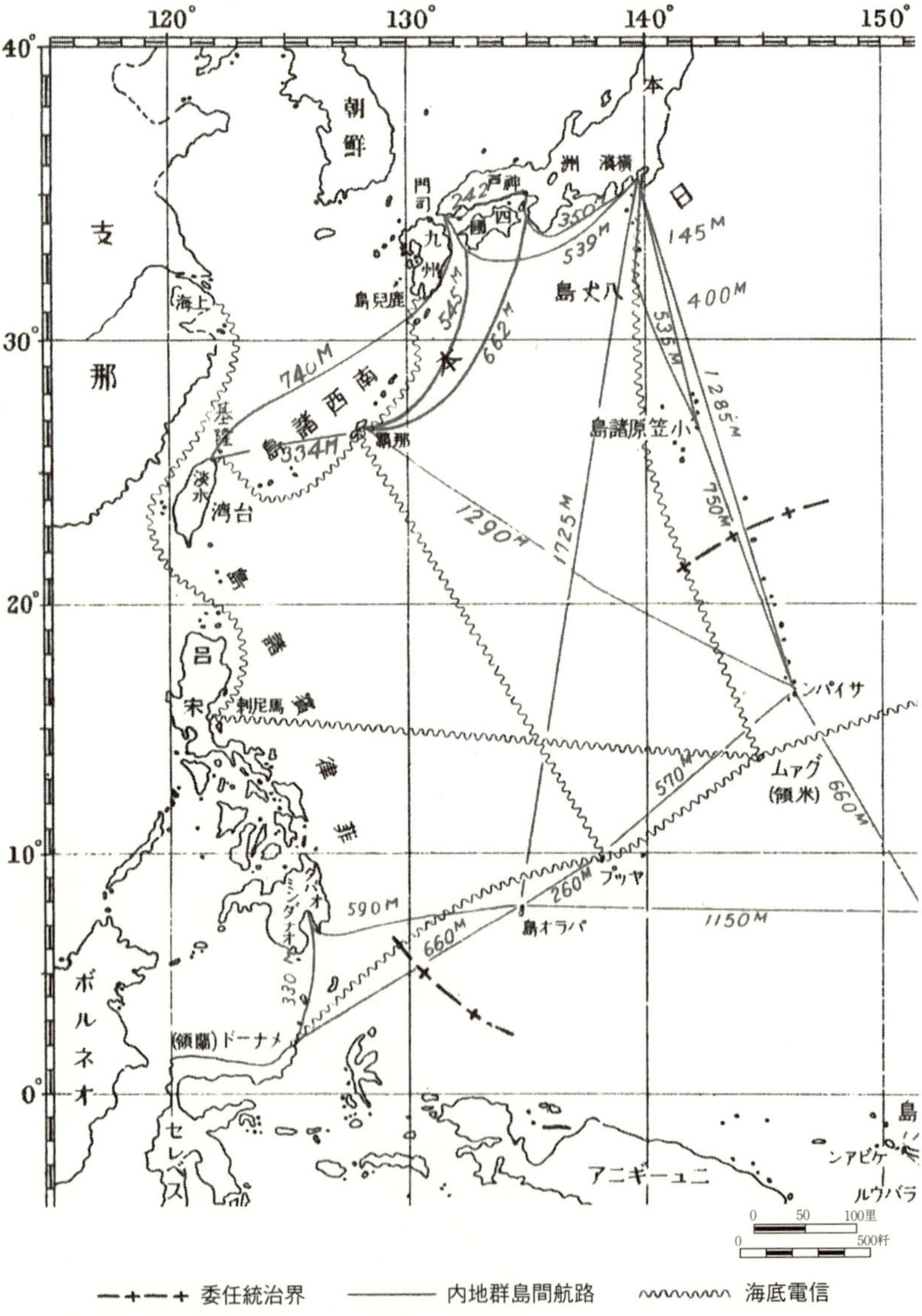

原注：委任統治界〔中略〕ハ其ノ境界ノ位置ヲ示シタルモノニアラス〔中略〕委任統治ノ島嶼若ハ支庁ノ管轄島嶼ト其ノ他ノ島嶼トノ区別ヲ示シタルモノナリ。
出所：「南洋群島地図」1939年10月末日調（南洋庁『南洋群島要覧　昭和14年版』1939年）より抄録。

図５－２　バベルダオブ島植民区画地（1939年）

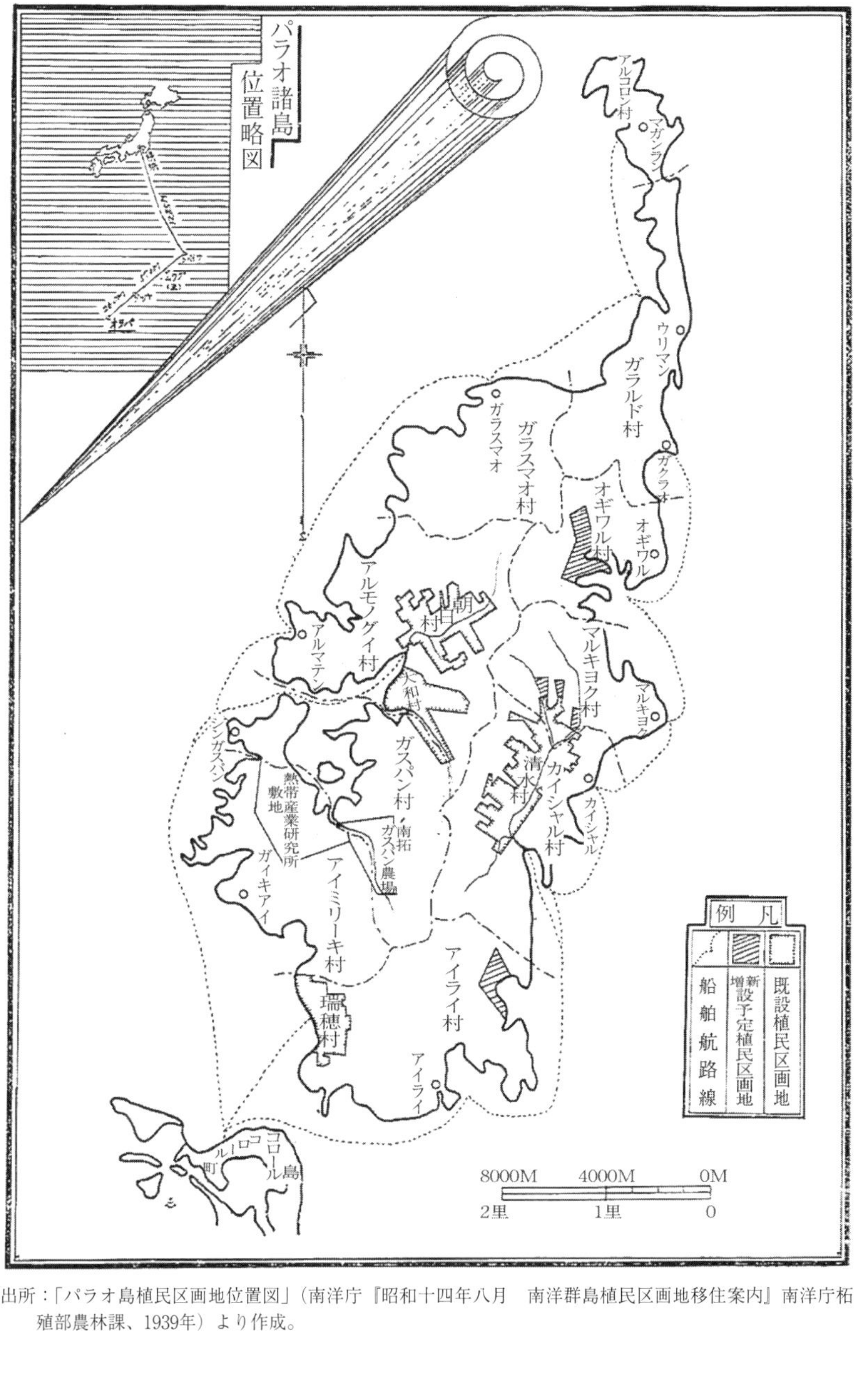

出所：「パラオ島植民区画地位置図」（南洋庁『昭和十四年八月　南洋群島植民区画地移住案内』南洋庁拓殖部農林課、1939年）より作成。

そこで、豊南産業株式会社が最初に朝鮮半島で朝鮮人を募集した一九三九年に、南洋庁が刊行した『南洋群島植民区画地移住案内』（内洋庁拓殖部農林課）から、入植希望者に提示された資格条件を中心に紹介する。(6)

1　南洋庁の植民区画地と募集条件

南洋庁はパラオ諸島のバベルダオブ島に、一九二四年から順次四つの植民区画地を設定した。すなわち、アイライ村アイライ植民区画地（一九二四～二五年選定）、アルモノグイ村ガルミスカン植民区画地（一九二六年及び一九二七年選定）、マルキヨク村・カイシャル村ガルドック植民区画地（一九二五～二七年選定）、アルモノグイ村・ガスパン村ガバドール植民区画地（一九三七～三八年、一九三八～三九年選定）で、一九三八年八月には南洋庁が瑞穂村、朝日村、清水村、大和村（上記植民区画地記載順）と名称をつけた。(7)一九四一年には、「植民区画地」を「指定開拓地」と名称変更した。(8)植民区画地では、商品作物としてパイナップル、タピオカ、カカオなどの栽培と加工のほか、コロール島在住日本人向けの野菜や甘藷などを栽培した。(9)最初の入植は一九二五年、北海道からのアルモノグイ村ガルミスカン植民区画地へ行われたものであった。全植民区画地の本籍地別人口は、一九三七年一〇月では、入植者一五三三人のうち、第一位が北海道（七三七人）、第二位が福島県（八一人）、第三位が和歌山県（五七人）、(10)一九四〇年八月では第一位が北海道（七八六人）、第二位が福島県（一一一人）、第三位が山形県（八五人）であった。(11)南洋群島全体の本籍地別人口は、南洋群島が糖業モノカルチャー経済として発展してきた経緯を反映し、甘蔗栽培と関連事業へ労働力として導入された沖縄県出身者が第一位であったことに照らすと、植民区画地での入植者本籍地別人口の様子は異なる。ただし、バベルダオブ島における植民区画地の本籍地別人口上位五位について、既述の二つの年に限ってみれば、沖縄出身者はいずれも六位以内に入っている。一方、朝鮮出身者は一九三七年では二七名、一九四〇年では一九名であり、必ずしも多いとはいえない。

⑴ 入植者の条件

募集する入植者には、「内地居住者」、「外地居住者」、「群島内居住者」を設定している。いずれの居住者についても「実情を調査した上で移住の資格の有る人」から選抜するとしたが、「内地居住者」の一部と、「外地居住者」、「群島内移住者」には、次のような条件があった。

「内地居住者」では、北海道庁の「許可移民」についてのみ、次のような情報提供が求められた。それは、移民の義務を遂行したとの北海道庁による証明書、北海道庁官設植民地での農業経営条項、借受け面積や開墾面積、主作物の種類や反当たりの収穫量、一カ年平均の収入・支出額、南洋群島への転住理由である。桑原真人によれば、北海道の「許可移民」の入地率は一九三五年以後著しく低下したが、その理由は許可移民が多数入地した地域の冷害や、国策移民としての満洲移民が活発化したためとされる[12]。既述のように、植民区画地には北海道からの入植者が最も多かったが、南洋庁による植民区画への入植に、北海道庁の「許可移民」政策と入植者自身の経験がどのようにいかされたのか、否かは今後の研究課題となろう。

「外地居住者」とは、「朝鮮、台湾、樺太等の居住者」で、「役所で設定した植民地へ移住してゐる人」には、「どんな事情があっても」許可しないとした。しかし、その子弟で、所轄官庁から南洋群島植民区画地への移住が認められている者は、「一般居住者」の扱いとした。

最後に、「群島内居住者」については、南洋群島内の「会社移民」には許可せず、ただし会社の業態、移民の生活状態を調査して「止むを得ない事情があれば」許可するとした。

以上のように、北海道や外地への行政のもとで実施された入植者や、南洋群島内の企業と契約中の移民について、その転出に慎重な姿勢を示すものであった。

つぎに入植者に求められる資格は、次の六点であった。

第一は、現在農業に従事しているか、あるいは相当な農業経験をもつ、満二〇歳以上五五歳未満の男性の妻帯者である。また、移住出願者やその妻の親族や同居人であっても、それぞれの戸主が同意した場合は、家族として扱うとした。第二は、移住後は自作農として永住する意思が強固であり、「克く困難や辛苦に耐え得る人」であること、移住後に帰国や転業をせず、「自分で農業を営み移住地を墳墓の地として永久に暮す心持が固」いことが求められた。第三は、出願者は役所から許可された日から、六カ月以内に家族全員を植民区画地に移住させることができることである。ただし家族全員を移住させせえない理由があり、役所がこれを認めた場合は許可するとした。第四は、身元が確実で、自作農として「成功の見込」みがあることである。この見込みは、役所が認めたものとし、「性質不良」、「職業を何度も替えた落ち付きのない人」、「前科のある人等」は「絶対に許可し」ないとした。役所が認めるとは、本籍地の市町村長が作成した、兵役や犯罪、破産や家資分産宣告の有無などの情報が記載された身元証明書の提出であった。第五は、携帯資金である。渡航費の他、約一年分の生活費、耕作資金を次のように準備するものとした。すなわち、移住者二人は二五〇円以上、四人までは一人につき五〇円以上ずつ追加し、五人の場合は増加一人につき一〇〇円以上の金額を、現金か郵便貯金で持参できる、とした。ただし、(2)に記す、南洋拓殖株式会社からの貸付資金を希望する場合は、その金額を携帯資金から差し引いて良いとした。第六は、身体強壮で「他人に嫌忌される様な疾患の無い」こと。具体的には、「発狂の系統を持つ人や、肺結核、癩病、トラホーム等悪い伝染病患者」には許可しないとした。健康体であることを証明するために、出願者全員は健康診断書を提出しなくてはならなかった。第七は、移住者家族として認められる対象についてで、出願者とその妻子、兄弟姉妹などの親族で、出願者と同居するためにその戸主の同意を得た者である。

以上の内容は、「移住許可願書」に記載あるいは添付書類として提出しなければならなかった。添付書類とは、すでに言及した証明書の他に、「経歴書」、「資産調書」、「移住調書」である。出願者は、求められた条件を満たすだけではなく、詳細な書類を準備するための時間と費用を必要とし、また行政組織からも人格などを保証されねばならなかった。

(2) 移住者の特典

移住者にはいくつかの補助や特典があると紹介されている。

まず、諸費用の割引きであり、渡航の船賃割引きでは三等で定額の五割引き、引っ越し荷物は定額の三割引きがあった。次に、農業経営資金では、南洋拓殖株式会社が一戸につき、三五〇円以内を年利六分程度で貸し付けるとした。また、開墾には一町歩に五〇円、植付けには栽培作物によって異なるものの、おおよそ一〇円から三〇円位までを補助するとした。さらに家畜の買い入れ、畜舎建設などにも補助金が出た。

出願者をもっとも引き付けたと思われる特典は、一定の条件を満たせば土地が無償で譲渡されることであった。南洋庁は、移住者一戸に対して、「五町歩内外の国有未開地」を無償で貸し付けたうえで、「大体三ヶ年間に事業成功」を成し遂げ、「いろいろの條件」を満たしたうえで願い出れば、自分の土地として無償で土地が譲渡される、とした。

(3) 入植者の仕事と生活

入植者は、第一に、移住地内には植生している樹木を建築資材に、自分の住居を作らねばならないとされた。ただし入植当初は立派なものではなく、「十二、三坪位の簡単な掘立小屋で充分」とし、材料は移住地内に生えているとした。開拓の仕事は、最初に原始林を伐採した後を、一、二カ月乾燥させて焼き払い、最初の年は一町五反歩位がちょうどよいとした。栽培作物は、村によって、また村内でも土壌によって異なるが、五町歩のうち四町五反歩程度を農耕地として鳳梨、キャッサバ、カカオ、黄麻とか、小面積の陸稲、水稲、蔬菜を栽培し、残り五反は薪炭林地として開墾せずに残しておくことが将来に有利と説明している。また労働力に余裕がある家族は、家畜を飼育し、収入増加と堆肥を得るのに良いとした。

生活については、入植当初は生活に困り、また生産物の市場にも遠く、植民区画地を出たり、仕事を変える移住者もいたとする。しかし、一九三九年段階では、道路、水路も開けてインフラ整備が進み、農事組合やパインの缶詰工場、キャッサバルート（澱粉の原料）製造工場もでき、巡査駐在所、移住者指導所、小学校などいろいろな施設もできて、移住者の生活は「頗る楽」になったとされている。

2　豊南産業株式会社の設立と事業概要

(1) 設立の背景

南洋庁は植民区画地の経営について、既述の「南洋群島開發十箇年計画」（一九三五年）に基づき、南洋拓殖株式会社を設立（一九三六年）することによって本腰を入れようとした。同計画では、パラオ、ポナペ（現ポーンペイ）、クサイ（現コスラエ）各地域に植民地を選定し、一〇カ年間に「内地人約千四百戸ヲ移住」させ、各戸に約五町歩を割り当てて、総計約七〇〇〇町歩の開拓を行うというものであった。(13) パラオには、最も多い入植者数（一一一〇戸、全入植予定戸数の約八割）と開拓面積（五五五〇町歩、全開拓予定面積の約八割）が割り当てられた。(14) たとえば、豊南産業株式会社が設立される昭和一三年度をみると、パラオの入植計画上の累計戸数は二〇八戸であり、同年度の実際の収容見込み戸数は二八四戸、実際に移住を許可した戸数は二七八戸であった。(15) 入植戸数では計画をほぼ実現してはいたが、一九三七年の段階では、特にパイナップルキャッサバなどの商品作物は、加工工場や販路がなく畑に腐らせている状況があった。(16) これら農家は、南洋庁による補助金がなければ生活、経営を維持するのは難しかった。(17)

そこで、一九三〇年代後半には植栽物についても、さらに生産に重点を置くべき作物が設定された。それがキャッサバである。キャッサバは「南洋群島開發十箇年計画」においても、パイナップル、コーヒーと並び、商品作物として重視されたもの[18]の一つである。キャッサバは、タピオカとも呼ばれ、根の澱粉が料理、菓子など食料品として、また織物用の糊、アルコールなど工業原料として使用された。日中戦争開戦後には、工業原料の開発、確保に拍車がかかるなか、キャッサバが注目されるようになり、従来オランダ領インド諸島からの輸入に依存してきた日本は、国内で増産を図ることになった。そこで南洋庁は、南洋群島開発という点からもキャッサバ栽培を奨励し、南洋拓殖株式会社にも栽培を慫慂、同社がキャッサバ事業に経験がある豊順洋行と提携して、豊南産業株式会社が設立されたのであった[19]。

豊南産業株式会社が設立されたのは、バベルダオブ島に一九三八年末頃から「農業企業会社の物凄い農村進出」が始まった、と指摘された時期とも重なる。すなわちこの時期には、南洋拓殖株式会社、南洋興発株式会社といった南洋群島経済を支える二大企業のほか、濱市商事などの一般農事会社、熱帯油脂組合、南洋繊維興業、太洋興産、日本軽量木材、豊南産業、南洋食糧などの「特殊農事会社」によって「未開墾地の開拓」が「どんどん行われ」始めたという。その結果「指定地および一般農家も増加し、パラオの農業は活況を呈し、ひたすら熱帯特殊農産資源の開発と一般農作物の増産過程をたどりつゝあった」とされる[20]。

豊南産業株式会社による朝鮮半島からの移民導入は、二でみるように、同じくパラオ諸島コロール島向けの土木工事向け労働者の家族移民を、「南洋開発ノ一策トシテ官有地開墾移民ノ計画ヲ樹立」するという目的で、転用する形で行われようとする。実際には、後述のように、コロール島向け土木工事労働者の斡旋を予定していた平安北道で「応募」者を集められなかったものの、こうした要請が認められたことにも、豊南産業株式会社の設立事情がうかがわれる。つまり、「南洋群島開発十箇年計画」の見直し提言ともいえる南洋庁による「南洋群島開発調査委員会再開ニ関スル件案」（以下、「件案」）の次のような内容との関連である。「件案」は、本章が対象とする豊南産業株式会社による朝鮮半島からの「南洋農業移民」が開始された翌年、一九四〇年五月九日に発表された。同文書では、南洋庁のパラオの植民区画地は、瑞穂村、朝日村はほぼ入植が完了していたが、その他三村はまだ余裕があり、全体としては予定の三分の一が未入植であることを指摘する。そこで、これらの村に着実な農家を誘致して農村を建設させ、「特殊農作物並ニ自給農作物ノ増産」に努めるべきことが掲げられた。また、南洋群島全域の「土地利用方針」として、農耕地として利用可能な土地が官有地四万六五〇〇町歩、民有地二万三〇〇〇町歩のうち、未だ利用されずに「放置」されている土地は、前者が六九〇〇町歩（利用可能な官有地の約一五％）、後者が七七〇〇町歩（利用可能な民有地の約三三％）とされた。そこで官有地の未利用地は「一般的ニ大面積集団耕地ハ植民地又ハ栽植式経営地（プランテーション）」とし、「小面積分散耕地」は個人経営として、適切な利用方法を考え、熱帯特殊農作物と自給作物の増産にあてるべきだとした。加えて、「件案」では、「官有地処分方針」として、公用地、公共用地以外は「将来其ノ大部分ヲ民ニ移譲シ、健全ナル農家ノ永住ト土地ノ合理的利用ヲ図ル方針」とした。現在南洋庁が会社に貸付けている土地の処分方法の一つとしては、会社が希望すれば公共用部分以外は有償譲渡し、小作人に耕作させている土地は、借金返済後の小作人に土地を有償もしくは無償で譲渡することを前提とするような貸付けを提案している(21)。植民区画地については、「事業成功後無償譲渡」することは従来通りの方針であったが、以上のように、植民区画地入植者以外の移民にも小作人として土地所有を認め、定着を図ろうとするものであった(22)。

植民区画地についてみれば、パイナップルの生産・加工がようやく軌道に乗りつつあったが、軍需資源増産への転換が求められ、キャッサバ栽培は増産すべき重要な作物の一つであって、バベルダオブ島では小規模企業が、植民区画地以外の開拓、増産を始めつつあったことは、すでに紹介した通りである。南洋拓殖株式会社の子会社である豊南産業株式会社が朝鮮半島から農業移民を導入したことは、右に述べたような、南洋群島経済の戦時化と大きく関わるものであった。

(2) 事業の概要

豊南産業株式会社の経営について、これを具体的に示す情報は多くはないが、概要は以下のとおりである。同社は、一九三八年一一月に設立され、南洋拓殖株式会社が全株（公称資本金二〇万円（払込金額二〇万円）で株式数四〇〇〇株）を保有した。[23]本店はパラオ支庁管内のパラオ諸島コロール島（事務所は東京市麹町）においた。事業内容はキャッサバその他農作物の栽培、加工、販売と、関連する一切の事業、としている。

豊南産業株式会社は、一九四〇年一〇月時点では、パラオ諸島バベルダオブ島の南洋庁の植民区画地である清水村に、第一農場四四町三畝、同ガショールに第二農場五六七町歩の土地を借り受けてキャッサバを栽培した。第一農場ではすでに一部収穫を開始し、第二農場では移民約九〇家族を入植させて開墾植え付けの進捗中とあり、次年度より収穫開始を見込んでいる。ただしこの移民約九〇家族が、朝鮮人であるかどうかの情報はない。そして、これら農場や南洋庁の植民区画地から収穫したキャッサバよりルートを製造するために、清水村に第一工場を設置した。[24]第二次世界大戦末期の一九四四年二月の記録では、第一農場二〇〇町歩、第二農場二〇〇町歩を経営し、南洋庁より食糧自給対策上、第二農場に六〇町歩、年産一八万貫（一貫＝三・七五キログラム）の生産命令が下り「目下鋭意其ノ要請ニ応ズベク開畑植付ニ努力中」であった。[25]

業績をみると、利益金は計上され始めた第三期（昭和一五〔一九四〇〕年上期）以後、第九期（昭和一八〔一九四三〕年上期）まで全て赤字であった。負債額は期ごとに上昇し、第九期の負債は五四万四五三円、そのうち払込み資本金二〇万円以外は、外部負債の三四万四三五円であった。

南洋群島に往来する船腹が激減してゆく一九四四年、南洋群島では「船腹は戦へ」を標語に、食糧の自給体制構築をめざすが、同時に、日本軍の作戦に即応する「兵站の村」への急激な転換を余儀なくされた。前述のように、豊南産業株式会社が一九四四年二月に南洋庁から食糧自給のための生産命令を受けたことは、一九三八年頃からバベルダオブ島に進出し始めた複数の「特殊農事会社」が、あげて「食糧増産一本建に企業計画を切り替えねばならならぬ受命割当を承諾」した、という報道からも裏付けることができる。[26]

二　南洋庁および豊南産業株式会社と朝鮮総督府の交渉

本章では、一九三九年に実施された朝鮮半島から豊南産業株式会社への第一回送り出しまでの「南洋農業移民」の募集をめぐる南洋庁と朝鮮総督府の交渉内容を明らかにする。

朝鮮半島から豊南産業株式会社への「南洋農業移民」の検討は、史料で確認できる範囲では、南洋庁から朝鮮総督府に対する次のような働きかけから始まった。

すなわち、南洋庁内務部長が朝鮮総督府内務局長に、一九三九年六月末にパラオに来島を予定しているパラオ諸島コロール島（パラオ支庁管轄下）への土木工事労働者について、雇用先を変更したい、というものである。具体的に述べれば、同募集者のうち家族同伴の五〇名は、「家族持チナル点ヲ考慮シ、近ク着手セラルベキパラオ本島〔バベルダオブ島――引用者注〕官有地開墾ニ當タラシムル為ニ誘致」させるならば「将来ノ定着上好都合」というものであった。また、「誘致後一〇年ヲ期シ、自作農タラシムベキ計画」で、事業担当会社と協議中である、とし、この文書にはまだ豊南産業株式会社の名前は出てきていない。[27]これに対し朝鮮総督府では、具体的な内容が決定し次第、詳細を通知してほしいと返信した。同時に総督府は、平安北道の知事には、すでに「南洋庁直轄土木工事ニ斡旋スル労働者トシテ家族持四〇人ヲ水電工事地区内水没民ヨリ選出方手配中」である件について、南洋庁から彼らを「パラオ群島コロール島官有地」[28]に「官有地開墾移民トシテ」「誘致」したいとの要請があることを通知した。[29]この通知から、コロール島土木工事労働者の募集先が、平安北道の水力発電工事で居住地を水没させられた人びとから選出しようとしていたことがわかる。

南洋庁側から提案された内容は次のようなものであった。南洋庁は豊南産業株式会社とこの五〇家族を、同社のキャッサバ等農作物栽培の小作人として使役する内交渉がまとまり、「ヨケレバ将来永ク定着セシメ自作農ニシ立テタ」いというものである。そのため、豊南産業株式会社は小作人と直接に契約を結びたいとした。そこでこの五〇家族を、コロール島土木工事労働者として供給契約をしていた木村組から分離し、「成ルベク農業経験アル適当ノ者」を「選定」したいと希望した。そして次のような契約条項で良いならば、早速、豊南産業株式会社の責任者を朝鮮総督府に派遣し、打ち合わせしたいとした(30)（豊南産業株式会社を（甲）とし、小作人（乙）とする）。

一、甲はキャッサバその他農作物栽培のため、南洋庁より貸し下げられた土地四町歩を乙に無償で耕作させる。

二、甲は乙に契居住地から原地《ママ》までの本人およびその家族の渡航費、支度料、農具費、家産建築費の一部、並びにキャッサバの収穫を得るまでの食費など最大限度六四〇円以内を前貸しする。

三、乙は前貸し金に二名の保証人をつけ、連帯責任を負わせること。

四、乙の前借金に対する元利金償却はキャッサバの収穫高より一割を引き、これに充当させ、利息は年六分とする。

五、甲は乙が前借金を完済し、入地後満十カ年を経過した時は、乙の希望により耕作地の借地権を無償譲渡する。

六、乙はキャッサバ以外の農作物を自由に売却できる。

以上の条件は、本章第一節(1)で紹介した南洋庁の植民区画地への入植条件をひな形として朝鮮人用に変更を加えていることがわかる。南洋庁の植民区画地と豊南産業株式会社の相違点は、貸し下げ土地面積が前者は五町歩であるのに対し、後者は四町歩であること、前貸し金は、前者では農業経営資金（南洋庁が求めた携帯資金との関係からみれば農具費、家産建築費も含むと考えられる）として三五〇円以内（年利六分）としたが、後者では農業経営資金に渡航費、支度料、現地での食費などを含めて六四〇円を限度とし、元利金償却方法を指定（キャッサバ収穫高より一割をひき、年利六分）し、二名の連帯保証人をつけるという厳しい条件が課された。また、渡航費は、南洋庁では船賃の半額割引としたが、豊南産業株式会社では、後述のように朝鮮総督府に半額補助を求める交渉の継続中であった。

朝鮮総督府は、右の南洋庁提案に対して、保証人の選定が困難である場合、「便法」はないか、また、キャッサバの一戸あたり作付面積及び段あたりの収穫高、キャッサバの会社買い上げ如何と価格、農家一戸あたり（家族四人）、年あたりの生活費、の見込みなどを照会した[31]。

これに対して南洋庁は、保証人の選定が困難であれば取り消すこと、一戸当たり四町歩の作付面積のうち三町歩にキャッサバを植栽し、三段歩には蔬菜、果樹、七段歩には緑肥並びに薪炭保安用の作付けとする、とした。またキャッサバ収穫量は一〇カ月ごとに一段あたり標準八〇〇貫（本人の努力次第で一五〇〇貫の増収可能ともした）であるとした。そして、蔬菜、果樹は段あたり年収一〇〇円で、会社は収穫したキャッサバを一貫あたり四銭五厘で買い上げること、生活費は一戸あたり三六〇円見当であるとした。加えて、朝鮮総督府がコロール島土木工事向け家族移民には旅費半額を補助していることから、同様の補助を行うよう要請した[32]。

朝鮮総督府と南洋庁の間で以上のようなやり取りがあったのちに、既述のような南洋庁が最初に提案した契約条件に、朝鮮総督府が照会したり、意見を述べたりした内容を反映させる形で条件が整えられた。そして七月三日には、朝鮮総督府内務部長から平安北道知事に「南洋農業移民」の「斡旋」のためとして、南洋庁提案に対する意見が求められた[33]。総督府は斡旋を直接担当する道知事の意見を聴取したうえで、南洋庁からの要請に応じようとしていた。一方、南洋庁は、豊南産業株式会社の代表者を朝鮮に派遣するために、総督府の意見を至急要請した[34]。

史料に綴られている一連の文書の中には、総督府内務部長からの意見聴取に対する平安北道知事の回答は見当たらないが、七月一二日には同知事より、「南洋移民」の件は「極力募集中」ではあるが「目下応募者ノ見込ナシ」との連絡が入った[35]。翌一三日、南洋庁から朝鮮総督府に、豊南産業株式会社の重役が、南洋農業移民五〇戸斡旋の打ち合わせのため出張したとの通知があった[36]。

三　慶尚南道、慶尚北道への斡旋要請から「輸送」まで

平安北道知事からは南洋移民の「応募者」がいない、との回答をであったにもかかわらず、豊南産業株式会社の重役が打ち合わせのために朝鮮を訪れるとの連絡が入り、総督府は、南洋農業移民の送り出しの時期を南洋庁に問い合わせた[37]。

そして朝鮮総督府内務局長は七月一七日に、慶尚南道、慶尚北道の各知事に南洋農業移民の斡旋を要請した。すなわち、南洋庁から「南洋開発ノ一策トシテ官有地開墾移民ノ計画ヲ樹立シ朝鮮農家ヲ誘致シタキ」との申し出があり、内務局長はこれに対し旱害に見舞われた慶尚南道から二〇戸、慶尚北道から三〇戸を送出するよう要請したのである[38]。

この旱害とは、樋口雄一によれば、朝鮮半島南部の八道全域にわたる一九三九年の大旱害で、「朝鮮が近代になってから、最も大きな災害の一つ」であり、朝鮮社会に極めて大きな影響を与えたものである。すなわち、農家の収入は激減して食料確保も難しく、負債が増加したことで、農民の離村、流浪化を推し進めた。一九三九年とは、国家総動員法のもとで朝鮮半島から戦時労働動員が始まる時期であり、結果的に罹災農民がその対象とされた[39]。またこの時期、総督府は一九三七年に始まる満洲移民の第一次五カ年計画遂行の中にあり、朝鮮の南部各道の「過剰」農民の移動と、満洲国の補強を目的に、「極めて強権的に」満洲移民を送り出していた[40]。

一方、南洋群島の事情をみると、一九三九年とは日本軍による特殊工事が本格的に開始され、労働力需要が急速に

高まった時期であることは、すでに紹介した通りである[41]。

さて、七月一七日の朝鮮総督府から慶尚北道、慶尚南道への「農業移民斡旋」の具体的な説明はつぎのように行われた。入植地は「パラオ群島パラオ本島官有地区」であり、事業担当会社は豊南産業株式会社として、入植方法、移住地に要する経費、移住者の特典、耕作収入、年あたり生活費について、すでにみた南洋庁と朝鮮総督府間の交渉を反映した内容が示された。つまり、連帯保証人の選定という条件を削除し、総督府が照会したキャッサバの収穫高や買い上げ価格、生活費などについて南洋庁が回答した情報が追加されていた。ただし応募資格は明記されておらず、移住者の送り出し時期や方法は別途通知する、とした。

七月二五日になると、朝鮮総督府から改めて慶尚南道、慶尚北道の知事に対して、選定方針、雇用条件（契約書）、輸送方法、移住者の携行品について通知された[42]。先に見た七月一七日の通知と異なる点は、つぎのような選定方針が明示され、全二五条からなる契約書が添付されていたことである。

一、従来から農業に従事し、開墾耕作経験者で必ず家族同伴できる者。

二、主働者は年齢二〇歳以上四〇歳までの朝鮮人男子で、心身健全かつ労働力旺盛で、忍苦就労、永住の意志が強固であること。

三、漫然と出稼ぎを希望する者、一攫千金を夢見るような者を混入させないこと。

四、移住家族にかなり稼働能力者が多いこと、疾病者や老衰者がいないこと。

など、年齢以外は一、1でみた『南洋群島植民区画地移住案内』で示された募集対象者の年齢や性向などに関する条件であった。

全二五条からなる契約書には、朝鮮総督府と南洋庁および豊南産業株式会社の間で交渉の懸案となった募集条件以外に、つぎのような厳しい内容があった。それは、キャッサバ栽培や耕作地の手入れなどについて、豊南産業株式会社の指示を拒むことができないこと（第八条）、キャッサバは同社の集貨所にて買い上げるにあたり、同社が定めた条件（付着土の割合、腐敗していないこと、十一カ月を経過していること）を満たしている必要があること（第十条）、第八条の違反あるいは「行動粗暴、飲酒ニ耽リ、風儀ヲ乱シ入植者間ノ協和ヲ紊シ又ハ耕作地ノ手入レヲ怠」る場合は戒告し、改善が認められない場合、期限をつけて退場を命じること（第二一条）、など入植後の労働、生産物、生活に関するものである。

さらに、募集した移民の移動経路と時期について、その都度詳細に通知するとしながら大体次のような内容が決められた。経路は出身地から釜山、門司経由でパラオに出港するものとし、慶尚北道は八月二〇日頃、慶尚南道は九月三日頃に、それぞれ門司出帆と決めた。そして、移民の「輸送」には、具体的に次のような指示があった。

まず移民の出身地から門司までは各道の職員一名が付き添い、門司で関係者に引き渡すとした。出身地から門司までの輸送費は、一戸あたり二〇円を前貸し金から充当させるものとした。そして、移住者を取りまとめる際には、乗車駅別人員を報告し、移住希望者選定調書（満洲移民に使用の調書）を三通提出することとした。輸送日が確定したら、釜山、下関、門司の水上署長にあらかじめ渡航日程、移住者の本籍、住所、氏名、年齢などを記載した「移住者連名簿」を送付、手配すること、移住者が出発する際には、連名簿一五部を作成し、引率者が携帯すること、移住者には必ず戸籍謄本一部を携行させること、が指示された。以上の指示から、門司まで道職員が監督し、移動中の駅、港ごとに名簿が渡されるなど、厳しく管理されていたことがわかる。また、移住者に求める携行品には、夏物の衣類を必ず携行させること、家財、炊事道具は必要限度とすること、鎌、鉈、鍬など簡単な農具に加え、唐辛子、大蒜などの調味料は「可成携行セシムル」よう指示している。

右のように、慶尚北道、慶尚南道に斡旋が依頼された後にも、豊南産業株式会社と朝鮮総督府との間で継続した検討事項は、内地から南洋群島までの渡航運賃の割引きであった。すなわち、朝鮮半島から内地まで渡航した後、内地からパラオにむかう日本郵船株式会社の内地と南洋群島間の航路に、船賃の割引きを要請した。[43]

南洋庁の植民区画地では、第一節第1項(2)でみたように、三等乗船で定額の五割、引っ越し荷物には定額の三割引きがあった。よって豊南産業株式会社は、同様の割引を希望したが、日本郵船は難色を示し続けた。そこで豊南産業株式会社は朝鮮総督府に対して、今回が朝鮮半島から南洋への家族移民募集の初めての試みであり、「将来外南洋への進出に対する準備」ともなる「国家的意義」をもつこと、さらに旱魃被害が最も厳しい地方からの選定という「一種の救済的意味」があることを強調し、[44] 日本郵船株式会社との「所謂政治折衝」を要請した。[45] 総督府は交渉したものの、「割引ハ交渉ノ余地ナシ」との回答であった。[46] なお、割引きの実現の有無は本史料からは確認できない。総督府に対して「所謂政治折衝」を求めた豊南産業株式会社の主張には、交渉上の理屈であるとしても、朝鮮半島からの「南洋農業移民」が一回限りの募集ではなく、朝鮮半島から南洋群島への家族移民として、今後、外南洋に朝鮮人を送り出し、定住させる「国家的意義」をもつ、という位置づけをみることができる。同時に、一九三九年の朝鮮半島の大旱害の救済事業であることを強調することで、総督府側の協力をひき出そうとするものであった。

今回の交渉で斡旋された南洋農業移民は、二〇家族を八月初旬に日本郵船株式会社の山城丸（第一回目送り出し）で、残り三〇家族を九月初旬の南洋汽船株式会社南星丸（第二回目送り出し）で移送することとなった。[47] 実際には最初の南洋行きは、八月二二日に釜山から門司に移動、門司から二三日に出帆する山城丸に乗船し、[48] 九月六日にパラオに到着、七日にバベルダオブ島の入植地に到着した。内訳は、慶尚北道から二〇戸（八一名）、慶尚南道から一戸（四名）の計二一戸八五名であった。[49] 第二回目送り出しは一〇月一〇日で、慶尚北道から五戸（二五名）、慶尚南道から二〇戸（一一六名）、総計四六戸（三二六名）で、当初の募集希望五〇戸より四戸少なかった。

おわりに

本章では、豊南産業株式会社によるパラオ諸島バベルダオブ島の入植地に対する、朝鮮半島からの「南洋農業移民」について、募集の経緯、募集条件、そして第一回送り出しまでの様子を、「昭和十四年 南洋農業移民関係綴 社会（課）」（大韓民国国家記録院所蔵）の南洋庁および豊南産業株式会社と朝鮮総督府との交渉内容から明らかにした。

南洋群島では、一九三〇年代末から始まる朝鮮半島からの労働動員について、日米開戦前後では募集の目的や形態に変化が見られた。本章が対象とした時期では、一九三六年に発表された「南洋群島開發十箇年計画」のなかで、南洋拓殖株式会社による事業が計画通りに進んでいなかった。さらに日中戦争開戦を契機として、同計画の見直しと南洋庁の植民区画地への入植事業の推進、南洋拓殖株式会社による事業の梃入れがうたわれた。同時に、南洋群島内で軍の特殊工事向けの労働力を新たに導入する必要が生じていた。こうした時期に、南洋拓殖株式会社の子会社として豊南産業株式会社が設立されたのである。そして同社による朝鮮人「南洋農業移民」は、南洋庁が朝鮮総督府と交渉することから始まった。それは南洋庁が、同交渉が始まる以前にパラオ諸島コロール島の土木工事向け労働者の斡旋を総督府に依頼しており、その労働者のなかの家族移民を転用する形で実現させようとしたからであった。

一方、朝鮮総督府では、一九三九年の大旱害により困窮化した農民の「救済」と、国家総動員法による戦時労働力供出への対応に迫られる時期にあたった。総督府は、コロール島土木工事向け労働者の斡旋を依頼していた平安北道の知事に、「南洋農業移民」の「募集」を依頼したが、これが叶わないとの回答を得るや、慶尚南道、慶尚北道の知事に斡旋を求めた。この募集では、二回に分けて送り出しをすることを前提に「募集」を進めたものの、予定した五〇戸に四戸及ばず、後述のように、第二回目送り出し予定の移民に、参加を取りやめる者や入れ替えが生じた。こうした事態が起きた理由には、既述のような朝鮮半島の事情に加えて、豊南産業株式会社が提示した募集条件が厳しかったことが指摘できる。とくに朝鮮人にとっては、以下のことがさらに厳しい条件となったことが考えられる。それは、自然環境も栽培作物も朝鮮半島とは大きく異なる熱帯への、しかも永住をほぼ前提とした家族単位の入植が求められたこと、さらに鉄道と船を乗り継ぎ、遙か太平洋の島嶼に移動しなくてはならなかったことである。また豊南産業株式会社の側にも、輸送船の確保や船賃割引の交渉が必ずしもスムーズに進まず、しかも同社が、朝鮮人の開拓移民や募集が従来どのように行われてきたのかについて、必ずしも十分には把握していなかった様子があった。例えば豊南産業株式会社は、第一回目に送り出された「南洋農業移民」を受け入れて後、新たに次の募集（「第二次計画」）を立案することを理由に、朝鮮総督府に朝鮮人満洲入植者募集を参考にしたいとして、契約書の送付を要請しており、[50][51]パラオ諸島バベルダオブ島に定着させ、村落を建設しうるような募集条件を引き続き検討中であった。

以上のように、一九三九年の豊南産業株式会社による「南洋農業移民」とは、大日本帝国の勢力圏を熱帯に拡大するための新たな担い手として、朝鮮半島の朝鮮人農民に着目し、パラオ諸島バベルダオブ島を開拓・永住させようとするものであった。しかし、朝鮮人にとって熱帯への開拓・永住という「越境」は、たとえ自作農となる可能性が示されても、南洋庁や企業が想定する以上に困難なものであったといえよう。

また、豊南産業株式会社に「選定」された朝鮮人がどのような人たちだったのかをみても、同社の条件にかなう朝鮮人選定の困難さや、それゆえに同社が朝鮮総督府の斡旋に依存せざるをえなかったことがうかがわれる。たとえば「移住希望者選定調書」によれば、慶尚北道義城郡の一〇戸家族では、主働者の平均年齢は三〇・九歳で、募集条件とした二〇歳から四〇歳という範囲では、中間的な年齢層となっている。また教育程度は、一〇人の主働者のうち一名のみが「無学」であり、他は諺文を解すか、小学校などを修業しており、学歴をもつ者が比較的多かった。[52]以上は、慶尚北道義城郡の事例であるものの、南洋庁経営の植民区画地の入植資格をもとに作成した条件で募集した結果であることは本章でみた通りである。つまり、農業経験に加え、ある程度の読み書きができる働き盛りの家族持ち男性が、熱帯に新たな村落を作り、永住させるために求められたのであった。

こうした条件を備えた家族移民を集めることの困難さは、つぎの事例にもみてとれる。それは、何らかの理由で応募をとりやめ、その補充（あるいは一家族から別れて別の一家族として登録した者も含む）として選定された人びとには、前述の義城郡とは対照的な様子があったことである。たとえば、慶尚南道陜川郡から選定された五戸（大人一二名、満一二歳未満五名、満六歳未満八名、の計二五名）、昌寧郡から選定された四戸には、戸主の平均年齢は三九・四歳で、豊南産業株式会社が主働者の条件とした二〇歳から四〇歳のうちの、上限にほとんど達する年齢だった。また、主働者の教育程度は全九戸のうち、六戸が「無学」であり、全戸主働者の三分の二は文字が読めない人たちであった(53)。こうした家族移民の主働者の学歴、資産や営農経験、家族構成、指導員の選定など入植集団の分析をすることは、戦時南洋群島での朝鮮人の労働・生活状況を分析するうえで手がかりにもなろう。

また、同時期に行われた南洋興発株式会社によるサイパン島、テニアン島、ポナペ島への「農業移民」と、豊南産業株式会社の「南洋農業移民」との比較、関連づけを行い、南洋群島への朝鮮人「農業移民」の島嶼ごと、企業ごとの事例と全体像を明らかにする必要がある。これらの分析は、朝鮮半島から南洋群島への戦時労働動員の目的や性格が、日米開戦後にどのように変化、あるいは継続し、日本の熱帯勢力圏拡大のための朝鮮人の「越境」に、日本の強制性がいかに増大していったのか、を明らかにすることにもなろう。

つまり朝鮮半島からの「農業移民」が、日米開戦後の南洋群島の兵站基地化のなかで、どのような労働やくらしをしたのかは、まだ不明なことが多い。太平洋戦争末期のパラオ諸島では、内地や本籍地に疎開しなかった、あるいはさせられなかった民間人は、バベルダオブ島に疎開させられた。現地召集をうけた男性で、アンガウル島やペリリユー島に送り込まれた者は、ほとんどが激戦で命を落した。一方、軍属となった者、その家族も食糧自給に動員された。米軍の攻撃も激しくなり、民間人、兵士には飢餓が深刻化するなか、陸軍の指揮下に南洋庁や企業の開拓地を単位として、農産部隊が編成されて軍民とともに厳しい食糧増産に従事させられた。そして、日本敗戦後の民間人は、米軍占領下に「自治」を任された陸軍のもとで生活し、引揚げとなる。[54] 戦時南洋群島にくらした朝鮮人のなかで、「南洋農業移民」と太平洋戦争末期に労働動員されてきた朝鮮人とはどのような関係にあったのは、つぎの研究課題としたい。

注

（1）山田昭次・古庄正・樋口雄一［二〇〇五］『朝鮮人戦時労働動員』岩波書店、一二頁、二九頁、五一頁。
（2）今泉裕美子「朝鮮半島からの「南洋移民」――米国議会図書館所蔵南洋群島関係史料を中心に」（文化センター・アリラン『アリラン通信』№三二、二〇〇四年五月）。
（3）今泉裕美子［二〇〇九］「南洋群島への朝鮮人戦時労働動員」（『季刊戦争責任研究』第六四号、夏号）。
（4）今泉裕美子［二〇〇四］「南洋群島経済の戦時化と南洋興発株式会社」柳沢遊・木村健二編著『戦時下アジアの日本経済団体』日本経済評論社。
（5）山田昭次・古庄正・樋口雄一前掲［二〇〇五］七七～七九頁。
（6）南洋庁が植民区画地を設定してから一九三九年に至るまでの間で、例えば土地の貸付けなどの諸条件は異なる。
（7）区画は新たに選定される場合もあり、ここでは、南洋庁拓殖部農林課［一九四〇］「昭和十五年八月　植民地移民状況調書」八月、の記載によった。
（8）「南洋庁告示第四七号」（一九三八年八月一日）により瑞穂、朝日、清水、大和の名称が正式に定められた。同じく南洋庁がポナペ島に経営したジョカージ村・キチー村パルキール植民区画地も春木村と定められた。
（9）「南洋庁告示第八五号」（一九四一年九月二七日）。
（10）伊藤俊夫「南洋群島農業殖民の一類型――自作農経営の成立と其の実態」（『北海道帝国大学法経会法経会論叢』八、一九四〇年）記載の南洋庁拓殖調《ママ》農林課「植民地移民状況調書」（一九三七年一〇月）を再引用。
（11）南洋庁拓殖部農林課前掲［一九四〇］。

(12) 桑原真人［二〇〇六］「北海道の許可移民制度について」（『地域と経済』第三号、三月）一五頁。
(13) （南洋群島開発調査委員会）『（秘）昭和十年十月　南洋群島開発調査委員会答申』一九三五年（稲田「南洋拓殖設立ニ関スル書類」（昭和一一年七月）国立公文書館アジア歴史資料センター、レファレンスコードA１５０６０３６６７００）一二～一三頁。
(14) （南洋群島開発調査委員会）『参考　南洋開発事業財政計画』一九三五年（稲田「南洋拓殖設立ニ関スル書類」（昭和一一年七月）国立公文書館アジア歴史資料センター、レファレンスコードA１５０６０３６６７００）二七～三三頁。
(15) 南洋庁［一九三八］『南洋群島要覧　昭和十三年度』二二〇～二二一頁。
(16) マルキヨク村・カイシャル村ガルドック植民区画地のキャッサバは、一九三七年段階で「大部分は畠に植え放し、雑草の中に其の形骸を止めて居る悲惨な現状であ」った。及川淳太郎編『昭和十二年八月現在　南洋群島パラオ島《ママ》ガルドック植民地誌概要』［一九三八］ガルドック自治会、一四頁。
(17) 上原轍三郎［一九四〇］『植民地として観たる南洋群島の研究』南洋群島文化協会、七九～一四〇頁。
(18) （南洋群島開発調査委員会）前掲［一九三五］一一～一二頁。
(19) 南洋拓殖株式会社管理課［一九四四］『関係会社要項（第七輯）』四一頁。
(20) 「土の村は斯く戦ふ　パラオ本島開拓地の現況（三）」（『南洋新報』一九四四年二月一一日付朝刊）。
(21) 南洋庁［一九四〇］「南洋群島開発調査委員会再開ニ関スル件案」五月九日、一〇〇～一〇五頁。
(22) 南洋群島の移民に定着を求めることは、日本が国際連盟脱退後、委任統治を継続しながらも、南洋群島を実質的には日本の領土とする政策が露骨に採用され始めたことと関連する。「件案」でも、一九四〇年の南洋神社建立を引き合いに、国民が「南洋群島ハ萬世不易ノ皇土ナリトノ信念ヲ固メ」たことや（同前、七頁）、南洋群島在住日本人に「免レザリシ、不定着性・腰掛的・出稼的傾向ヲ除去シ、群島ヲ己ガ郷土トシ、之ガ開發ニ努ムル」べきことを指摘する（同前、三六頁）。
(23) 一九四〇年一〇月の時点では、社長が下田文一、常務取締役が田中初三郎であった。（「豊南産業株式会社」（広告）大宜味朝徳編［一九四〇］『躍進パラオ案内』海外研究所）。
(24) 南洋拓殖株式会社管理課『昭和十五年十月調、（社外秘）関係会社要項（第四輯）』（刊行年、出版社不明）。
(25) 南洋拓殖株式会社管理課前掲［一九四四］四二頁。
(26) 前掲「土の村は斯く戦ふ　パラオ本島開拓地の現況（三）」。
(27) 南洋庁内務部長より朝鮮総督府内務局長宛電報第三六九一号、一九三九年六月六日接受。

(28) 同前史料の南洋庁からの要請では「パラオ本島官有地」とあるため、「コロール島官有地」は「パラオ本島官有地」の誤りである。
(29) 朝鮮総督府内務局長より平安北道知事宛「南洋行労働者斡旋方ニ関スル件　案ノ二（普通便）」一九三九年六月二一日起案、六月二二日発送消印。
(30) 南洋庁内務部長より朝鮮総督府内務局長宛電報、一九三九年六月二七日接受。
(31) 朝鮮総督府内務局長より南洋庁内務部長宛「南洋農業移民斡旋方ノ件」一九三九年六月二八日起案、七月二八日発送の消印。
(32) 南洋庁内務部長より朝鮮総督府内務局長宛電報「移住契約条項ニ関スル件返」一九三九年六月三〇日接受。
(33) 朝鮮総督府内務局長より平北道知事宛「南洋農業移民斡旋方ニ関スル件（六月二二日附照会）」一九三九年七月三日起案、七月六日発送の消印。
(34) 南洋庁内務部長より朝鮮総督府内務局長宛電報、一九三九年七月一〇日接受。
(35) 平安北道知事より朝鮮総督府内務局長宛電報、一九三九年七月一二日接受。
(36) 南洋庁内務部長より朝鮮総督府内務局長宛、一九三九年七月一三日接受。
(37) 朝鮮総督府内務局長より南洋庁内務部長宛「南洋農業移民斡旋方ノ件」一九三九年七月一三日起案、一三日発送の消印。
(38) 朝鮮総督府内務局長より慶南北道知事宛「南洋農業移民斡旋方ニ関スル件」一九三九年七月一三日起案、七月一三日発送の消印。
(39) 樋口雄一［一九九八］二〇五〜二一七頁。
(40) 同右、一三〇〜一四四頁。なお樋口は、朝鮮人満州開拓団と同時期に朝鮮農民が南方の各島にも送出されたとして、一九三九年に南洋興発株式会社が募集した移民について紹介している。同前、一四二〜一四三頁。
(41) 今泉裕美子前掲［二〇〇九］五三〜五四頁。
(42) 朝鮮総督府内務局長より慶南北道知事宛「南洋農業移民斡旋方ニ関スル件（七月十八日附通牒）」一九三九年七月二五日起案、七月二八日発送の消印。
(43) 日本郵船株式会社は、南洋庁設置前は海軍御用船として運航し、南洋庁設置後は、補助航路として一九三八年度には「西廻線」（年四〇回内三二回はパラオを終点とする）と「東廻線」（年一九回）、「サイパン線」（年一八回）、「神戸・門司・パラオ間直航線」（年往復一二回）を運航し、いずれも門司に寄港した。また三八年度から、南洋海運株式会社の日本・ジャワ航路を補助航路として、年六回（往復共）パラオに寄港することになり、外南洋との連絡も図られた（南洋庁『南洋群島要覧　昭和十四年度』一九三九年）。朝鮮半島からパラオへの渡航には、門司経由であれば「東廻線」、「サイパン線」以外を利用したことになる。

(44) 田中初三郎より朝鮮総督府社会科労務係三浦義城宛、一九三九年七月三一日付書簡。田中はこの時も豊南産業常務取締役。
(45) 豊南産業株式会社田中初三郎より朝鮮総督府社会科労務係義城宛、東第一八五号、一九三九年八月一一日。
(46) (朝鮮総督府社会科労務係) 三浦義城から豊南産業株式会社田中初三郎宛「南洋農業移民輸送ノ件」一九三九年八月一四日起案、八月一四日決済。
(47) 豊南産業株式会社田中初三郎より朝鮮総督府社会課労務係宛電報、一九三九年八月五日接受。なお、南星丸は南洋拓殖株式会社の傍系会社である南洋汽船株式会社の所有船と説明された（前掲注45史料）。
(48) 朝鮮総督府内務局長より慶北道知事宛「南洋農業移民輸送ノ件」（電報案）、朝鮮総督府内務局長より豊南産業株式会社田中初三郎宛、一九三九年八月一五日起案、八月一七日発送。
(49) 豊南産業株式会社より朝鮮総督府内務局長宛電報、一九三九年九月八日接受。
(50) 豊南産業株式会社から朝鮮総督府内務局長宛の電報に、第二回目送り出しを以て「豊南産業会社ノ分ハ一應打切ルコト、ナリタリ」とのメモが書き込まれており、また今回使用した交渉史料の中に「第二次計画」に関する情報はない。豊南産業株式会社から(朝鮮総督府) 内務局長宛電報、一九三九年一〇月二四日接受。
(51) 田中初三郎より朝鮮総督府社会課労務係三浦義城宛、一九三九年九月二五日付書簡。これに対して三浦は、満洲移民は広範囲かつ入植地が点在しており、土地の優劣の違いが大きいため参考にならないのではないかとしつつも、鮮満拓殖株式会社の「朝鮮内開拓移民入植条件概要」を提供した。朝鮮総督府内務局社会課三浦義城より豊南産業株式会社田中初三郎宛「私信案」一九三九年一〇月一三日。
(52) 「南洋行農業移民名簿（慶尚北道）」及び「移住希望者選定調書（慶尚北道義城郡）」（朝鮮総督府内務局長から豊南産業株式会社田中初三郎宛、「南洋農業移民斡旋ニ関スル件」（案ノ二）一九三九年八月一六日起案、八月一七日発送）。
(53) 慶尚南道知事から朝鮮総督府内務局長宛「南洋農業移民斡旋方ニ関スル件」一九三九年九月三〇日。
(54) 今泉裕美子［二〇一六］一四〇～一四九頁、一六二～一六九頁。

参考文献

日本文

今泉裕美子［二〇〇四］「南洋群島経済の戦時化と南洋興発株式会社」（柳沢遊・木村健二編著『戦時下アジアの日本経済団体』日本経

済評論社）
今泉裕美子［二〇〇九］「南洋群島への朝鮮人戦時労働動員」（『季刊戦争責任研究』第六四号、夏号）
今泉裕美子［二〇一六］「パラオ諸島をめぐる民間人の「引揚げ」――第二次世界大戦中の兵站基地化から米軍占領下までを中心に」（今泉裕美子・柳沢遊・木村健二編著『日本帝国崩壊期「引揚げ」の比較研究――国際関係と地域の視点から』日本経済評論社）
樋口雄一［一九九八］『戦時下朝鮮の農民生活誌』社会評論社
樋口雄一［二〇一五］「朝鮮人強制動員研究の現状と課題」（『大原社会問題研究所雑誌』第六八六号、一二月）
山田昭次・古庄正・樋口雄一［二〇〇五］『朝鮮人戦時労働動員』岩波書店

韓国文

金度亨［二〇〇六］「中部太平洋パラオ群島韓人の強制動員と帰還」（『韓国独立運動史研究』第二六集（日本語訳は宮本正明氏による）
金明煥［二〇〇八］「一九四三〜四四年パラオ（Palau）地域朝鮮人労務者強制動員――『朝鮮人労務者関係綴』の分析を中心に」（『韓日民族問題研究』第一四号）（日本語訳は宮本正明氏による）

第六章　在朝日本人鉄道従事員の戦時と戦後

木村　健二

はじめに

本章は、山口県文書館に寄贈された八五点からなる「J家文書」において、中心的部分をなすJ氏の履歴書・身上書をベースとしつつ、J氏がたどったライフヒストリーを、戦時・戦後の朝鮮をめぐる状況と関連付けつつ論じることを課題とする。

J氏は、一九二〇年一月に山口県に生まれ、県立中学校を一九三八年三月に卒業後、朝鮮総督府鉄道局（一九四三年一二月以降交通局に組織換え）に勤務し、敗戦後は一九四五年の一二月に郷里に引揚げ、その後山口県内で公務員として過ごしたのであった。

寄贈された全八五点の史料は、前述の履歴書・身上書のほか、勤務先であった朝鮮総督府鉄道局の局報（号外）や部内史料、職員録、さらには個人的な書簡、そして引揚げ後の再就職活動関係や交通局同窓会誌などからなる。そのうち身上書からは、J氏の家庭環境や就職にあたっての動機が示されており、また鉄道局報や部内史料関係では、総督府訓令よりさらに下位の訓示レベルのものも含まれており、実際の在朝日本人職員の待遇や戦後処理の実態を知るうえで貴重な情報を提供してくれるものとなっている。

そもそもこうした個人のライフヒストリーに関しては、多少詳しく書かれてある「紳士名鑑」類などから複数の事例を抽出して一定の傾向を引き出したり、伝記や個別の聞き取り調査によって、その間の経験や意識をたどり、地域的あるいは世代的特徴を浮き彫りにしたりするケースが多いのであるが[1]、ここでは、ミクロレベルの一個人の人生を、マクロレベルの日本の戦時・戦後という激変する時代の大きな流れの中に位置づけ、この間の個人の体験が大きな歴史の流れの中にどのように位置付けられるのかを検証しようとするものである。

戦時下の在朝日本人に関する研究は、これまでは、それ以前の在留者の明治初年以来の時代を経た関わりの中で言及されたことはあっても、この時期に新たに渡航したものという観点では、管見の限りほとんどないように思われる。戦時下に新たに朝鮮に渡航した日本人の数は、のちにみるように大きなふくらみをもって存在し、それが日中戦争以降の総力戦にともなう渡航であり、かつまた敗戦とともに引揚げるという、何よりも戦争の動向に大きく規定された存在であったことを考えるなら、在朝日本人史においても避けて通ることのできない時期のものとしてとらえることができるのではなかろうか。

以下では、まずJ氏が朝鮮総督府鉄道局に就職するに至る過程を、当時の山口県内の就職事情や朝鮮側の求人動向などから明らかにし、ついで職場での状況を職種や賃金水準、各種訓令にみる勤務姿勢、加俸をめぐる日朝格差について検討し、最後に敗戦後の勤務状況や引揚げ過程、引揚げ後の再就職に関して検討していく。もとより本章は、同時期に朝鮮で就職し敗戦により引揚げてきた幾人かの人びとを傾向的にとらえたものではないし[2]、個別に本人あるいはその周辺の人びとからの聞き取りを通して意識面にまで接近したものでもない。将来的にはそれらを含めた総体的分析を行うこととして、ここではその前提作業として、前掲の諸史料から判断し得るものは何かを提示するにとどめたいと考える。

一　朝鮮総督府鉄道局への就職

ここではまず、J氏が朝鮮総督府鉄道局に就職するにあたって、その要因を、J氏を取り巻く状況、当時の山口県における求人の一般的状況、そして朝鮮鉄道局の状況からたどってみよう。

1　J氏を取り巻く状況

J氏が就職にあたって提出した「推薦状（身上書）」によれば、「朝鮮志望ノ理由」は空欄なのであるが、村内中層の農家の長男であること、兄弟姉妹が多く、またそのうちの姉が京城三越に勤めていたことが示されている(3)。

農家の長男ということから、農家の後継ぎということが想定されるのであるが、当時の山口県の農村地域の状況を見てみるなら、一九三〇年代半ば以降、山口県においては、瀬戸内沿岸地域で官営・民営の大工場が急増していく。そうした事態の進行のもとで、周辺農村がどのような変容にさらされたかに関して、農林省農政局が九州帝国大学農学部に依頼して調査した、山口県熊毛郡の一九四〇年三月における資料がある。

そこでは、熊毛郡の近隣の徳山市・下松市において工業化が進み、「本郡農家の一戸当り平均耕作反別は水田六反、畑一反五畝、計七反五畝程度で、一ヶ年の農業所得は約五百四十円である。それ故に一戸当りの平均労力を二人としても、一人当りの所得は二百七十円に過ぎない。然るに工場に通勤するときは一人当り八百円乃至千五百円の収入を挙げることが出来るのであるから、農業に比較して如何に有利なるかは明白である。之れ殷賑産業のあるところ、農家の子弟が相ひきゐて工場労働に転向する所以であって、洵に阻止すべからざる経済の法則であると言ふべきである(4)」などとあり、近隣の工場勤務の方がはるかに高い所得を得られることを述べている。

したがって、農家労力を一人減らし、農業所得が減少しても、農外に職場を得られたならば、充分農業所得を上回るだけの収入が得られる状況が現出していたということである。この調査結果に示されている所得が、中学新卒者に実際に得られたかどうか疑問であるが、何年か勤めればそのくらいの収入は得られたことは疑いない。もっとも、工業学校卒などのような技術を有していない場合、事務職としてはそう簡単に就職口があったとも思えないのであって、そうした折、姉が勤める京城に求人があれば、それに応募することはそんなに突飛な考えということではなかったといえよう。また当時の在朝鮮日本人中、山口県を本籍とするものは道府県別で最多であって、一九四〇年の国勢調査によれば、七〇万七三三七人中第一位の五万六二八二人で八・〇%を占めた。人的・地理的親近性が大きく影響したと考えられる。ちなみに、第二位は福岡県、第三位は熊本県、第四位は長崎県、第五位は鹿児島県と九州各県が上位を占め、これら五県の構成比は三三・一%でそれ以前よりも低下しつつも、実数は引き続き増大していたのである。(5)

2　山口県の求人状況

J氏が朝鮮総督府鉄道局に就職した一九三八年の、県内各学校新卒者の進路状況を、県内の二大新聞であった『防長新聞』と『関門日日新聞』によって見てみよう。

まず、山口県社会課が就職希望児童の「性能検査」を行うことになったこと、(6)県内すべての学校生徒の就職に関しては、労力資源の統制の観点から、職業紹介所の指導下に置くこととなったことが報道されている。(7)

そして実際の進路に関して、山口職業紹介所に志願した（高等）小学校卒業予定者の進路状況をみると、その数がわずかに三九名と少なく、その理由は、時局が反映し、家族に応召者が出たり、「兄弟等が工場に就業して家業が手薄となったため家業の手伝ひを余儀なくされる関係ではなひか」と分析している。それでもこのときの三九名の就職希望先は、男子は東京の工業方面、大分の海産物商、名古屋の自転車製作所、呉海軍工廠、下関の林兼、徳山の工場見習工、県内工業方面、その他県内駅夫、自動車・鉄道従業員、電工、看板職、給仕、小間物商店員、指物大工などであり、女子は大阪市の洗濯婦、県内の家政婦、ミシン、広島の洋裁職人、山口市の家事見習、看護婦各一名となっていた[8]。男子は軍需関連の工場を中心に、交通電気関連などで、遠隔地も厭わず、地元の商店員[9]、職人などはなかなか集まりにくい状況になっていたのである。

さらに中学校に関してみると、山口中学校卒業生一四六名の進路は、高等学校・大学予科が四二名、陸海軍各学校一四名、高等商業学校五〇名、高等工業学校一〇名、高等農業学校四名、外国二名、医専一名、水産講習所二名、その他の学校一三名、就職八名とあり、徳山中学校の場合は、上級学校（官公立）七名、私立一六名、就職一二名となっていた[10]。ともに上級学校への進学者が多かったことがうかがえよう。

そうした中、厳しい労働条件であったといえる炭坑の労働者は容易に集まらず、引抜合戦も行われていたことも報道されている[11]。その結果、小野田地方の炭坑では、「求人難をかこち、その筋に泣きついて朝鮮同胞大量渡航の許可を得て差し当り一両日中に百名が本山炭鉱に雇入れられること、なつてゐる[12]」とあって、朝鮮人労働者に依拠せざるを得なくなったことがうかがえるのである。

その一方、「外地」からの求人も盛んで、三・一独立運動後の朝鮮、満洲国成立以降の関東庁（実際は満鉄警備）からの警察官の大量募集はよく知られているところであるが[13]、一九三〇年代後半以降、とりわけ日中戦争以降の朝鮮・満洲における重化学工業化にともなう大規模会社の設立によって大量の求人数を見、その結果、さらに大量の教員や鉄道従事員の求人が増加していくことになった[14]。その際には、旅費の支給、宿舎の提供、さらには手当としての「加俸」の支給など、好条件が提示されたのである。

表6－1　民籍別・国籍別鉄道局従事員数の推移

（単位：人）

年次	日本人		朝鮮人		其他	計	
		同年増加分		同年増加分			同年増加分
1928年9月末	8,928	1,281	6,446	852	9	15,383	2,136
1929年　〃	9,440	512	6,880	434	8	16,328	945
1930年　〃	9,500	60	7,012	132	8	16,520	192
1931年　〃	9,370	－130	7,131	119	6	16,507	－13
1932年　〃	9,309	－61	7,012	－119	4	16,325	－182
1933年　〃	9,001	－308	6,685	－327	4	15,690	－635
1934年　〃	9,884	883	7,216	－531	12	17,112	1,422
1935年　〃	11,396	1,512	7,900	684	12	19,308	2,196
1936年　〃	13,166	1,770	8,761	861	10	21,937	2,629
1937年　〃	16,125	2,959	10,095	1,334	4	26,224	4,287
1938年　〃	19,119	2,994	11,987	1,892	2	31,108	4,884
1939年　〃	21,006	1,887	14,346	2,359	2	35,354	4,246
1940年　〃	27,788	6,782	19,844	5,498	2	47,634	12,280
1941年　〃	28,964	1,176	28,559	8,751	2	57,525	9,891
1942年　〃	31,179	2,215	29,792	1,233	2	60,973	3,448
1943年6月末	31,669	490	34,866	5,074	1	66,535	5,562
1944年　〃	32,303	634	61,920	27,054	1	94,223	27,688
1945年4月末	31,783	－502	74,964	13,044	1	106,748	12,525

注：1）其他は中国、英国、露国人である。
　　2）1945年の女子従事員数は、日本人2,237人、朝鮮人1,102人であり、他に休務休職者が7,134人いた。
出所：財団法人鮮交会編著『朝鮮交通史』本編、1986年、101、183、185頁より。

3　朝鮮総督府鉄道局の状況

次に、朝鮮総督府鉄道局の従事員の状況について見ると、まず表6－1から、日本人従事員数が一九三〇年代半ば以降、毎年一千人規模で増加していることがうかがえる。四二年までその傾向は続き、その後は朝鮮人従事員の数が増加し、全体でも日本人従事員数を上回ることになる。

J氏が就職した一九三八年には、二九九四人という日本人従事員の大量増加を見た年であり、その際の募集広告を発見することはできなかったが、一九四〇年の分を資料6－1に掲げた。この年は日本人従事員の増加数が最大の年であり、「今次事変以来その重要性は急激に増し帝国の大陸発展の足場として或は兵站基地として朝鮮が再認識さるに至るや同鉄道の発展も素晴らしく新線の開通、京釜・京義両線の複線化等々のため事業は膨張に膨張を告げ今回従事員の大増加を行ふこととなり」とあって、「今次事変」（日中戦争）以降の総力戦にともなう朝鮮の大陸兵站基地化によって、関釜連絡船の大混雑はいうまでもなく、

資料6－1　朝鮮総督府鉄道局求人情報（一九四〇年）

「朝鮮総督府鉄道局
高小卒業者二千五百名を募集
二月中旬柳井山口下関で採用試験実施」（『防長新聞』一九四〇年一月三〇日付）

「朝鮮国有鉄道は総延長四千キロ従事員四万を擁し朝鮮産業開発の先駆者として更に内地と大陸とを結ぶ重要なる連結機関として重きをなして来たのであるが今次事変以来その重要性は急激に増し帝国の大陸発展の足場として或は兵站基地として朝鮮が再認識さるに至るや同鉄道の発展も素晴らしく新線の開通、京釜・京義両線の複線化等々のため事業は膨張に膨張を告げ今回従事員の大増加を行ふこととなり県下各職業紹介所に就職希望者の斡旋を依頼して来た。就職後は養成所その他の施設もあり雇員登格試験、車掌、機関士試験等の制度もあつて将来は判任官となれる道も開かれてゐるのであるから鉄道従事員として成功せんとの希望に燃ゆる青少年は大いに応募すべきであらう今回の募集は尋常及び高等小学校卒業者二千五百名（内訳昭和十四年三月以前尋常及び高等小学校卒業者千二百五十名及び本年三月高等小学校卒業見込の者千二百五十名）であつて駅従事員、機関車乗務員、検車区役事員、保線役事員、電気従事員、土木従事員等本人の希望によつて定められることゝなつて居る、尚来る二月十六日柳井、十八日山口、二十日下関で採用試験のため朝鮮総督府鉄道局員が来県することゝなつてゐるので、それまでに就職希望者は最寄職業紹介所に照会し募集要項により申込されたいとのことである。」

朝鮮内の新線の開通や京義線・京釜線の複線化による事業拡大のため、各種従事員の募集を行うことが示されている。

この点は林采成の研究によっても、一九三八年以降経理課等の組織拡充および人材の流動化によって大量の新規募集が行われたことが指摘されている。一九三八年の日本人・朝鮮人合わせた新規採用者は、判任官及同待遇が三三人、雇員及嘱託が四九七人、傭人が三〇〇五人、試用が四四四二人であった[15]。

さらにこの募集広告では、高等小学校新卒者一二五〇名、尋常・高等小学校既卒業者一二五〇名ということで、尋常・高等小学校卒業者も対象とされ、かつ駅従事員のほかは、機関車乗務員、検車区役事員、保線役事員、電気従事員、土木従事員など現業部門の募集が大部分であった。また養成所の施設もあり、将来は判任官になれる道も開かれているとある。山口県内の、柳井・山口・下関の各職業紹介所で試験が受けられるということであり、J氏が受験した際も、ほぼこれと同様の採用条件と試験場で受験できたものと見られる(16)。J氏は中学校卒ということであり、高等小学校卒よりも条件のよい採用となったことが推測される。たとえば満鉄の場合は、中等学校程度以下の場合は「傭員」、専門学校以上出身者の場合は「雇員」をとばして「職員」とされ、後者の場合、さらに口答試問と健康診断のみで、筆記試験は課せられなかったなどの差がつけられていたのである(17)。

二　職場での状況

1　職種構成、賃金水準

それではJ氏は、朝鮮総督府鉄道局ではどのような職場に配属され、どのような労働条件で就労したのであろうか。同氏の「履歴書」をみると、J氏は一九三八年四月採用時点では、「工務課庶務係事務見習」の「傭人」として、日給一円六五銭（二六倍すると四二円九〇銭となる）を支給された。朝鮮における警察官（巡査）の初任給は、一九二八年で三六円であったということであるので（もちろんその上に六割の「加俸」が支給された(18)）、それよりは多かったといえる。ちょうどこの前年に、軍需工業その他の各種産業が活況を呈し、一般物価および労賃が騰貴したので、鉄道局でも一割程度の増給がなされたという(19)。その後一年三カ月を経過した一九三九年六月末時点で、月給五八円の「雇員」となり、「改良課庶務係」勤務となる（六月三十日付「辞令」あり）。

朝鮮総督府鉄道局に関しては二冊の『職員録』が残っている。一九四〇年四月一〇日現在『職員録』（国立国会図書館所蔵）と、一九四二年一一月現在『職員録』（山口県文書館所蔵J家文書）である。前者においては、J氏は月給六一円を支給される「改良課庶務係雇員」となっており、この間三円の給与増額を見ている。また後者においては、釜山改良事務所庶務課雇員となっており、前者の時点で勤務先がどこであったかは記載がないので明らかではないが、後者の時点で釜山に勤務していたことが判明する。そしてこの改良課あるいは改良事務所というのは、先の一九四〇年一月の『防長新聞』の募集広告記事に見られる、京釜・京義両線の複線化（実際には一九三六年から着手され、一九

表6－2　朝鮮総督府鉄道局高等官及書記給与一覧

	1937年7月1日現在		1939年7月1日現在	
職名	給与幅	人数	給与幅	人数
局長	1等1級	1	1等1級	1
理事	2等2級	1	2等2級	1
参事	3等3級～3等4級	3	3等3級～6等8級	8
副参事	3等3級～7等8級	24	4等3級～7等8級	26
技師	2等4級～7等10級	30	2等3級～7等8級	48
書記	1級	4	1級（7等待遇1含）	7
	2級	30	2級（兼総督府属2含）	30
	3級（兼総督府属2含）	50	3級（兼総督府属2含）	72
	4級（兼総督府属2含）	63	4級（兼総督府属1含）	67
	5級	55	5級（兼総督府属2含）	100
	6級	64	6級（兼総督府属1含）	45
	月74円	5	月74円	4
	73	6	73	4
	72	5	72	12
	71	5	71	4
	70	9	70	11
	69	4	69	8
	68	3	68	8
	67	3	67	17
	7級	4	66	9
	64	1	7級（兼総督府属1含）	18
	63	2	64	10
	62	10	63	6
	61	3	62	10
	60	3	61	7
	59	1	60	1
	58	3	59	6
	57	7	58	4
	56	1	57	9
	54	2	56	8
	52	1	8級	1
	49	1	54	1
			52	1

出所：『旧植民地人事総覧　朝鮮編8』日本図書センター、1997年より。

表6－3　1931年国鉄判任官俸給表

（単位：円）

級俸	月額
1級	145
2級	125
3級	110
4級	95
5級	85
6級	75
7級	65
8級	55
9級	50
10級	45
11級	40

注：1）6級以下は月額で示すこともあり。
2）1937年6月以降、臨時年功加給実施（月額1～6円）
出所：『国鉄百年史』7、321、322頁より。

三七年六月に釜山・京城・平壌に改良事務所が置かれた[20]のための事務所であったと見てよい。

その後J氏は、一九四四年一月に京城府の交通局総務課（人事）に配置換えとなり、四月には「書記」となる。「雇員」となって五年余りが経過したことにより、この時点で「判任官」となったものとみられる。一九四五年三月時点で、交通局の判任官（書記）は、日本人三九六五人、朝鮮人八一一人で、平均給与は一三三円五四銭であった[21]。J氏はその際の給与は六一円で、四二年一一月の時点と同一であったが、翌四五年一月には六七円に昇給し、三月には六級俸に、六月には五級俸に昇給していく。

表6－2は、『旧植民地人事総覧』に示された「書記」以上のランク別人数である。両年ともにJ氏はまだこのランクには達していなかったため、人名表記もされていないが、これを一九四四年一月に書記になった際の給与をあてはめてみると、七級の「中の下」に位置していたことがわかるが、一年半のうちに「中の上」から、さらに六級、五級と上がっていくことになるのである。一九三一年の国鉄判任官の俸給表によれば（表6－3）、七級が月額六五円からで、六級が月額七五円からということで、ほぼ表6－2の給与一覧に対応する。

したがって、J氏の一九四五年八月の最終的な収入は、八五円の本俸に加俸六割を加えた額の一六カ月分、年収にすれば二一七六円あたりであったといえるのではないだろうか。これは当時の二五歳の青年の収入からすれば、平均以上のものであったといえる。林采成の指摘にあるように、J氏は、相対的に減少する日本人従事員の中で、中間管理職としての地位を急速にのぼっていったといえるのである[22]。

2　各種訓令

この間、鉄道局員は局長の「訓示」に接するのであって、一九三九年四月の訓示では、資料6－2に示すように、朝鮮鉄道は事変下に大陸交通の要路として国策遂行上重大な使命を有しており、それは今後ますます繁劇を加えることになるであろうから、鉄道精神を昂揚し、安全正確を確保する責務を完うするようにという内容であった(23)。

さらに一九四一年一一月には、朝鮮総督による「新体制ニ伴フ官吏ノ心構」が『鉄道局公報』に掲載され（一一月二七日付）、太平洋戦争開戦後の一九四二年八月には、国民総力朝鮮連盟に呼応して、鉄道局長名で、「国民総力朝鮮連盟に於て戦時下国民生活の明朗化を企図し親切運動を実施するに際し朝鮮交通連盟に於ては率先本運動を強調すべく云々」（八月八日付公報号外）が出される。一九四三年正月には、「昭和十八年御用始メニ於ケル総督訓示要旨」が公報号外（一月六日付）で出されたのを受けて、鉄道局長名で、「生産拡充ト輸送力ノ確保トハ絶対不可分ノモノデアリマシテ従事員ノ一挙手一投足ガ直ニ戦力ニ至大ノ影響ヲ及ボシ現時局下鉄道即チ兵器ナリノ感愈々深キモノデアリマス」という訓話が出されている。

こうした時局認識を高揚させる環境のもとで、J氏は勤務していたのである。

3　「加俸」をめぐる内地人と朝鮮人

岡本真希子の研究によれば、「内鮮・内台融和の実現」にあたって、一九三一年に内地人官吏の減俸・加俸削減問題が起こったが、それへの認識は一様ではなく、けっきょく実現をみたのは、戦時下に「内鮮一体」が標榜される中であったという。

すなわちまず、一九四四年四月四日に「植民地在勤加俸令」（勅令第二三〇号）が出されるが、この時は高等官・判任官・同待遇者（朝鮮総督府令第一六八号、同月一一日公布）と限定的に定められ、朝鮮人への加俸支給はごく少数に

資料6－2　鉄道局長訓示

「朝鮮鉄道局局報号外」昭和十四年四月十一日

訓示

我ガ朝鮮国有鉄道ハ事変下大陸交通ノ要路ニシテ国策遂行上之ガ使命ノ重大ナルハ諸子ノ熟知スル所ナリ今ヤ支那ニ於ケル治安ノ恢復ト朝鮮開発ノ進捗ニ伴ヒ客貨ノ激増ハ将ニ当局未曾有ノ誠事ニシテ洵ニ慶祝ニ堪ヘザル所ナリト雖モ之カ処理ニ当リテ日夜激務ニ携ハル諸子ノ労苦ハ実ニ筆舌ノ克ク尽シ得ザルモノアルベク衷心感謝ノ意ヲ表スル次第ナリ而シテ現下ノ事態ヲ目シテ過渡的現象ナリトスルハ中ラズ寧ロ今後一段ノ繁劇ヲ加フベキハ大陸ノ情勢ニ鑑ミ充分ニ予測セザルヲ得ズ吾人ハ此ノ現状ニ直面シテ啻ニ時流ニ副ヒ環境ニ応ズルヲ以テ足レリトセズ常ニ時代ノ前途ヲ望ミ将来ニ備ヘテ日常業務ノ一端ニモ絶エザル研鑚錬磨ヲ図ルベキハ言ヲ俟タザル所ナリ特ニ今日真ニ国民ノ輿望ニ応ヘ大陸交通路ノ安全正確ヲ確保スベキハ刻下吾人最大ノ任務ナリト謂フベシ

然ルニ近来局務ノ内外ニ事故発生ノ兆アリ昨年十一月実状ニ鑑ミ結果ヲ慮リテ注意ヲ惹起シタルハ諸子ノ記憶ニ新タナルモノアルベシト思量ス図ラズモ頃日京釜線ニ於テ主要列車ニ事故ノ勃発ヲ見従事員ノ精神的弛緩ヲ論難セラル辯疏ノ辞ナキニ至リ茲ニ再ビ遺憾ノ意ヲ表セザルヲ得ザルハ諸子日常ノ精励ヲ思ヒ洵ニ痛感ニ堪ヘザルモノアリ

固ヨリ事故ノ絶滅ハ其ノ表面的現象ノ糾明ニ依リ其ノ効果ヲ期シ得ルモノニアラズ其ノ因タルヤ時ニ思ハザル所ニ伏在シ予期セザルニ醸成セラルルモノニシテ其ノ根源ヲ芟除セザレバ百年河清ヲ待ツニ等シ宜シク全員一心一体トナリ時局下交通従事員ノ責務ヲ完フスルヲ要ス

諸子既ニ周知ノ如ク本局ニ於テハ年度ノ更新ト共ニ係ノ新設及分割ヲ行ヒ或ハ係ノ所属変更ヲ行フ等著々新時代ニ善処スベキ組織ヲ整備シ且広範囲ニ人事ノ異動ヲ行ヒタリ希クバ諸子ハ時局ノ重大ト我ガ鉄道ノ使命ヲ認識シ各自互ニ相戒メ言行ヲ慎ミ業務遂行ニ際シテハ恒ニ戦時下ノ緊張ヲ忘レズ鉄道精神ヲ昂揚シテ時難ノ克服ニ邁進セラレンコトヲ切望ス

昭和十四年四月十一日
鉄道局長　工藤　義男

とどまった。もっとも実際の交通局の現場では、「在勤加俸ヲ受ケザル主要駅長及区長ニ雑事手当支給ノ件」というJ家文書にある史料に示されているように、総督府令発効にともない、そこからはずれるものの追加として、交通局限定で主要駅長及区長にも同様待遇とすることを決定し、これらに該当する朝鮮人への支給が実現している。そして一九四五年四月一二日公布の「朝鮮総督府令第七五号」によって、すべての朝鮮人官吏（判任官及同待遇者）を加俸対象とすることになった。

ところが、それに対応して交通局では、五月一二日に「人秘朝鮮人判任官及同待遇者ニ加俸支給ニ伴フ調整ノ件」（交総人第三六〇号）によって、「均衡上調整ヲ図ル」ため臨時増俸として、内地人の五級は四級へ、六級は五級へとする措置がとられる。[24]「内鮮一体」とはいえ、あくまで内地人優遇は継続したのである。

この措置によって、J氏も、三月に六級となったものが、早くも六月には五級に昇級するということになったのである。

朝鮮人従事員との比較については、鄭在貞の研究がある。[25]そこでは、「朝鮮総督府鉄道局は一時総督府財政の三分の一を占め、一〇万人余りの従事員を抱えた植民地最大の官業機関であった」と位置づけつつ、「日帝時代の韓国鉄道は韓国人に文明の利器として機能した側面もあったが、総体的には侵略と支配、収奪と分裂、弾圧と差別の機構として利用された性格が強かった」とする。そのうち「差別」の側面として、植民地時代の全期間を通して、日本人従事員には最低基本給の四〇％以上の加俸が別途支給されたこと、また高等官（勅任官と奏任官）と判任官の官吏、雇員と傭人、試傭の数量的変化と職階の上昇傾向をみたうえで、韓国人従事員は、高等官は一九四〇年に三人のみ、判任官は一％程度でごく少数である一方、雇員は一九三八年以降徐々に増加していったこと（一九三八年で日本人の四割となり、四五年には日本人を上回る）、傭人は一九三八年にはほぼ同数で、四五年には一・九倍と急増するが、非現業への転出や職階上昇において、韓国人は日本人よりはるかに不利な条件下に置かれていたこと、一九四〇年以前には鉄道従事員養成所の入所率は韓国人が劣勢であり、とりわけ中堅従事員の養成を目標とする本科ではいっそうそれが顕著であったこと、さらに韓国人は鉄道業務を総合的に企画し、指導・監督する中枢機関からはほとんど排除されていたことを指摘している。

また、宣在源による日本窒素株式会社朝鮮工場に関する最近の研究によれば、民族間賃金格差は労働力不足のもとで徐々に是正されたが（ただし家族手当は一九四三年でも日本人五円に対し、朝鮮人三円であった）、日本人従業員にのみ諸手当（在鮮手当、内地帰郷休日手当）が支給されたこと、また職級が高くなるほど多くの賃金が払われる「上厚下薄」の原則のもとで、一九四〇年代にあっても、朝鮮人は工員から社員への登用の機会がほとんどなく、格差の小幅是正に止まるしかなかったことを指摘している。(26)こうした差別状況の中で、J氏は職級を上げ、収入を増加させていったのである。

なお、J氏は一九四〇年には満二〇歳となって召集適齢となる。彼の履歴書からは兵役については書かれていない。J氏は、一九四三年に生命保険（三千円）に加入し、同僚を受領方の代人とする「委任状」（一九四三年六月二八日付）を作成している。これがどのような経緯で作成されたのか定かではないが、受取人に同僚を指定するなど、召集と何らかの関係があったのではないかと推測される。しかしこの時期に召集された事実は確認できていない。

ちなみに、一九四五年三月一日現在の朝鮮交通局従事員の応召者は、高等官六人、技手六三二人、医官補五人、教諭七人、交通手三四人、雇員二三七〇人、傭人三六五人、計四一三六人であった。(27)渡辺勉の研究によれば、一九四一年以前には交通業従事者の召集率は農林業などに比べて高くなかったが、戦争が深まっていくにつれ不平等度は低下し、しかし高級ホワイトカラーは終戦まで召集率は低かったと指摘している。(28)J氏は高級ホワイトカラーといえるのか微妙であるが、戦時下に一定数の鉄道従事員は不可欠の存在であったのであり、召集はなかったものと考えられる。

要するにJ氏は、朝鮮人とは差別的な優遇状態のもとで、減少する日本人従事員の中で、中間管理職としての地位をのぼっていたのである。

三　敗戦・引揚げ・再就職と植民地の記憶

1　敗戦から引揚げへ

一九四五年八月一五日における京城の日本人がいかなる状況にあったのかについては、同月一八日に元朝鮮総督府殖産局長で京城電気株式会社社長・京城商工会議所会頭の穂積真六郎を会長とする京城日本人会（のち京城内地人世話会から京城日本人世話会に改称、事務局長は元陸軍少将で興亜総本部大陸局長の金子定一）が発行した会報などで明らかにされているところである。

Ｊ氏に関わる史料によれば、まず八月一五日付に知り合いの人物からの書簡が残されており、そこでは、

「（前略）さて本日のかなしくも有難いみことのり　私たちは一体如何なる気持で進んだらよいのでせうか　ともすればくづれ様とする心を幸であった昨日を思ひ気を取りなほしておりますけれども今後に於て如何なる困難が押しよせて来ようとも心は常に安らかに又私の名誉にかけても純潔に進んで行く覚悟でございます。（後略）」

とあるように、当時の切迫した状況が述べられている。

また、九月には「右ハ朝鮮総督府交通局ノ要務ノ為夜間外出ノ要アルモノナルコトヲ証明ス　朝鮮総督府交通局長小林利一」という「夜間外出証明書」も残されており、Ｊ氏は敗戦後、交通局の要務に従事していたことがうかがえる。敗戦にともなう警察機構の改編と警察官僚の内地引揚げについては松田利彦の研究に詳しく、朝鮮半島南部では

おおむね一九四五年一二月末までに行われたという。[29]また鉄道業務の接収、引継ぎに関しては、林采成の研究に詳しい。[30]J氏が帰国するのは、その履歴書にあるように、一九四五年一二月一四日であり、この間交通局の継続勤務にあたっていた（太平洋米国陸軍総司令部布告第一号第二条、一九四五年九月七日）ものと見られる。

この当時の状況を、先の『京城内地人（日本人）世話会々報』によって見てみよう。[31]同会報には、引揚者をめぐるそのときどきの状況や情報、主として米軍政庁の方針、そして会の活動や主張・見解が掲載されており、当時京城にいたJ氏をとりまく状況がどのようなものであったかを知ることができる。たとえば、情報面では「内地引揚の手続き」（第十一号）（当初は除隊兵や「満洲」からの戦災者が優先、のちに内地労働力不足から鉱山関係者も優先）、鉄道運行状況、釜山や博多・仙崎の状況（とくに待ち時間とそれに対応した夜具や食料準備など）、朝鮮語・英語講習会案内、「簡単な（英）会話手引き」（第十九号以降各号掲載）、求人案内、医療案内などがあった。また米軍の方針に関する事項としては、「財産処理問題」が非常に大きなウェイトを占めており（ただしその処理をめぐっては米軍政の方針は二転三転した、第五十七号に「不動産売買の書式」掲載）、また貯金通帳の提出や払戻しの停止などの通告があった。医療問題では、米軍々政当局、日本外務省、日本人世話会の支援のもとに移動医療局が新設されたこと（第三十七号）、発疹チフスへの警戒や予防注射に関する事項が掲載された。また日本人登録を行うこと（第三十四号、第六十九号）や、「財産売買の税金」（第五十号、朝鮮人への財産売渡しにつき軍政当局の認可を得ていない場合）、「帰還日本人は納税すべし」（第五十六号）などが示された。

さらに興味深いのは、各号巻頭（といっても一枚ものであったが）に掲載された同会の主張であり、「過去に於て外地に在住する日本人の共通の欠点は、軍や官に対する依頼心があまりにも強すぎたことであった（中略）、もっと我々は自治的に物事を解決するやうにしなければならない」（第五号）とか、「天晴れ大和民族の矜持と不動心を示すべきである」（第六号）とか、日本人の心得として、「『我等は敗れた』この意識をしつかりと把握せよ」（第十九号）とか、「我ら敗れて、且いま外国にゐるのだ」（第三十六号）、「日本人の生活程度引下げ」（第二十三号）などの記事が並ぶ。注目すべきは、「朝鮮人の独立を慶賀し協力せよ」（第十九号）とする意見や、在日朝鮮人の帰還への対処（第十五号、金子定一の報告、第二十四号、安井俊雄世話会報道課長）なども認められる。引揚げに際しての方便ともとれるが、「在鮮日本人に希望する、時の遷り変りにより多少の悪条件はあらうとも、日本人は輝かしい朝鮮の将来を考へることによつて日本人の善処の道は講じられると思ふ〔中略〕、独立といふ立場をかち得た朝鮮の人々に対しては日本人としても真に慶祝の気持を以てこれに接し、独立の成果を全うすることに日本人の立場において出来るだけの貢献をする心構が必要だと思ふ」（金子定一氏談、第五十二号）という、主として金子定一の意見であるが、在日朝鮮人への配慮や、独立への慶賀とこれへの貢献という視点は、貴重なものであるといえよう。

J氏に関連した事項としては、直接記事掲載に関わったかどうか不明であるが、そのときどきの釜山への列車運行状況や荷物取扱、「交通局情報」（第二十二号）、「交通局だより」（第二十三号）が掲載され、また先に示した「夜間通行禁止令」が、当初は午後八時より午前五時まで（第六号）、のちに午後十時より午前四時までとなったこと（第二十三号）などが掲載されている。第七十九号（一二月七日付）には、釜山行第九列車が八日一五時に出発すること、釜山から博多まで約一〇時間かかることが記されており、第八十二号（一二月一〇日付）には、第一〇列車が一二日一五時に出発、第一一列車は一六日の予定とある。J氏が京城から引揚げたのであれば、おそらく一二月八日の第九列車か一二日の第一〇列車に乗り、釜山で船を待ったのち、博多港に上陸したものと見られる。なお、同会報には、「日本の情況寸信」などの記事も見られ、そこでは「帰国した人々が、職業紹介所を訪ふなれば、失業することはないといつてゐる。それは石炭増産に対する炭鉱への挺身である」などとあって（第八十三号、一二月一二日付）、朝鮮人帰還後の労働力需要を補充するものとして、日本人引揚者が想定されていたことをうかがわせる。

表6－4　朝鮮鉄道従事員の群馬県への引揚げ後（1966年）の職業

職種	人数
国鉄	10
私鉄等の鉄道関係	3
農業	7
商業・サービス業主	5
建築業・大工	2
国会議員	1
教員	1
公務員・農協等	8
会社員	7
工員	2
無職	2
計	48

出所：森枝修編著『群馬県海外引揚誌』（群馬県海外引揚誌編纂委員会、1966年）より。

2　再就職

朝鮮総督府官吏の帰国後の再就職については、やはり松田利彦が、総督府は「引揚日本人官吏は内地官庁へ斡旋」する方針を決めたという新聞記事を引用し（『京城日報』一九四五年一〇月一日付）、また内務省への「推薦名簿」や上司の斡旋などによって、高級警察官僚は内地警察への再就職の道が開けていたとしている[32]。

帰国後もJ氏は、日本内地で交通局の残務整理に従事していたようであるが、再就職をめざすべく、運輸省下関地方施設部に出願する。この当時、閣議決定（一九四六年一月二二日）「外地（含樺太）官庁職員ノ措置ニ関スル件」にみるように、（二）内地ニ引揚ゲタル官吏ニシテ（一）ノ㈡（内地ニ於テ残務整理ニ従事セシムル者）ニ該当セザル者ニ付テハ為シ得ル限リ優秀ナル者ヲ多数各省若ハ各省所管署又ハ地方府団体其他ノ諸団体ニ転職又ハ就職セシムル様努力シ殊ニ之等官公署団体ノ新設又ハ増員ニ際シテハ優先的ニ転職又ハ就職セシムル様考慮スルコト」とあって、外地における官吏の再就職の道を開くべく、閣議決定によってできるだけ多く官庁筋で雇用するよう指示がなされる。J氏もそうした動きに期待をかけて、旧来の職種に関連し、実家と同一県内である運輸省下関地方施設部に応募している。結果は不採用であったが、その後、県内にある法務省刑務官の職を得る。国家公務員の職を得たのは、朝鮮総督府鉄道局におけるキャリアと、先の政府の閣議決定による「官庁筋」への採用指示が作用したものとみられる。J氏は少年矯正施設に移ったのち、一九七八年に同所が閉鎖されるまで勤務したのである。

鉄道従事員に関して、群馬県の引揚者の事例によって、再就職の実態についてみてみよう。群馬県全体の引揚者の数は、一九六四年の「在外資産実態調査票」による調査によれば、約五八〇〇人であり、そのうち朝鮮からの引揚者は七五一人であった。さらにそのうち朝鮮総督府鉄道局（一九四四年以降は交通局）等の鉄道関係に従事していたものは七七人で、全体の約一割にのぼった。さらに朝鮮総督府鉄道局従事員は六七人で、他の一〇人については満鉄が七人、私鉄が三人であった。この六七人のうち戦後故人となったため、白紙空欄は一九人にのぼり、残り四八人の現職を示したのが表6－4である。最多は国鉄の一〇人、ほかの鉄道関係をあわせると一三人となり、四分の一強ということになる。さらに公務員等および国会議員・教員を加えるならば二三人となって約半数ということになる。[33]

これは、小林英夫の、植民地・勢力圏における鉄道従業者が引揚後も鉄道関係に就職できたわけではなかったという結論とは、少し異なるように思われる。[34]すなわち満鉄は鉄道以外にも多様な事業展開をしていたことを勘案する必要があるだろうし、また国鉄以外の鉄道関係や公務関係を加えると判明分の三九五人中一〇一人となって四分の一を上回る。当時の日本におけるとくに地方公務員の待遇が植民地における鉄道局・交通局とは比べものにならないくらい劣悪であったことはいうまでもないが、多くの引揚者が一九六〇年代においても農業に従事していたことを勘案すれば、一定の地位を確保し得ていたと見ることができるだろう。

3　「鮮交会」への参加

朝鮮総督府交通局の従事員は、敗戦後日本内地に引揚げ、ほどなくして「鮮交援護会」を組織し、再就職の道や生活難、そして共済組合資産処分、一定期間の給与・恩給の支払いについて運動を展開していく。そして雑誌『鮮交人』が一九四六年後半以降発行され、第二号では「物故者追悼会」の模様、「退官退職賞与はどれ位か」、「就職路極めて難渋」、「俸給の支払状況」など、この時期の差し迫った要求・課題に関する記事が並ぶ。以後、「運輸省の外地鉄道職員の採用　十二月十五日で受付打切り」、「生活困窮者には生活扶助費」、「残務整理状況報告」（第三号）とか、「未届者はゐないか——早く帰国届を出して欲しい」（朝鮮関係残務整理所）、「鮮交援護会議事録」（創立総会、第1～4回常任理事会議事等）（第四号）、「諸給与金支払ひいよいよ進捗」（第五号）、「会員の動静」（第六号）、「評議員会議録、「各地支部たより」、「待ちに待つたソ連よりの引揚始まる」、「最近の帰還者名簿」（第七、八、十号）などの記事が掲載されている。この時期の引揚者たちの動静をうかがう上で貴重な資料を提示しているといえよう。(35)

一九五五年からは、鮮交会による雑誌『鮮交』が発行される。鮮交会とは、発会の「趣意書」（一九五一年）によれば、朝鮮総督府交通局共済組合に関する法律や政令が出されていくのに鑑み、組合員に対する給付金や組合の内地資産処分につき、旧組合員が一致団結してその要望をとりまとめるため、「全国鮮交共済組合会」を組織するに際して作成されたものである。その会則の第一条は、「本会は元朝鮮総督府交通局共済組合員の緊密なる連絡を図り、共同の利益を擁護し、再起復興に資するを以て目的とする」とあり、相互に連絡を図り、共同の利益を擁護し、それを通して日本の再起復興に貢献しようとするものであったことがうかがえる。

委員長は元総務課長の田中保太郎が、副委員長には元総務課要員の河野道久と元監督課の涌坂弘が就任した。このほか顧問には元朝鮮総督府鉄道局長の山田新十郎など総督府の重鎮が並ぶという構成になっていた。前述の「鮮交援護会」が引揚げ後の生活救援・就職を主たる目的としたものであったのに対して、この鮮交共済組合会はその後のメンバーの諸権利の擁護を目的とするものであったということができる。ただし、組織は順調に発展したわけではなく、一九五三年八月に『鮮交会報』を創刊するものの、長続きはしなかった。それが軌道に乗ってくるのは、一九五五年一月に復刊をみ、四月に募集によって誌名を『鮮交』として以降のことのようである。

こうして『鮮交』は、誌面を通じて、在外資産補償問題の主張、在朝鮮時代の「記憶」・「思い出」（引揚の苦労、なつかしみ）の掲載、内地ＯＢ間の交流、韓国ＯＢとの交流、会員の文芸作品発表、訪韓企画（一九六六年の招待に続き、一九六七年以降毎年実施）、日韓条約締結等国際情勢の分析、引揚者慰労金の受領告知などを行っていく。とりわけ「在外資産の問題」（第五号、田中保太郎委員長「主張」）では、日韓会談の進行状況にふれつつ、「財産の所有者個人から言へば、財産そのものを返還してもらうか、それが無理としても正当な対価を韓国側から払つて呉れれば問題はないが、若し韓国政府の主張する如く之等の財産が一切戦争の賠償として取上げられたものとすれば、日本政府は当然所有者に対し補償しなければならない。それをしないというならば、戦争犠牲を外地居住者にのみ不当に重からしめる結果となる。」と述べ、あくまで在外財産の補償を求める主張を行っている。「補償獲得」運動の盛り上がりの中で、『鮮交』もまた安定的な発行を行っていったといえよう。(36)

J氏の名前は、一九五五年以降の会誌に掲載された新入会員名簿や山口支部の出席者名簿からは確認できていない。もちろん一九六六年以降は欠号（学習院東洋文化研究所所蔵分）も多く、その間に入会したことも考えられる。一九〇号前後を所持（山口県文書館所蔵）していたことから、一九九三年（七三歳）ころ、つまり晩年に入会したとも考えられる。当初より会員でなかったとすれば、それは、①現業部門の参加者が多く、また運輸関係に再就職できなかった、②生活に余裕がなかった、③朝鮮にあまりよい印象がなかったなどのことが考えられる。いずれにしろ、こうした『鮮交』誌上の状況は、J氏も共有していたと見てよいように思われる。

おわりに

多くの日本内地人が戦時下の外地へ、好条件の就職先を求めて渡航していった。彼らと入れ替わるように、朝鮮人の日本内地への労働動員が実施される。それは大部分が非常に厳しい労働で知られる炭坑や土木建築現場に就労するものであった（一九三五年ころ在朝日本人数と在日朝鮮人数が逆転したこと、日本人は朝鮮以外へも多数進出したことも想起しなければならない）。J氏の就職はまさにそうしたものの一つとして位置づけることができよう。そしてその際の越境は、朝鮮人従事員に対して優越的地位を保持しつつ、判任官という官吏としての地位を昇って行くことになった。引揚げ後は、官吏たる前職のキャリアに準じて、また閣議決定による政府の指示もあって、国家公務員としての職を得ることができた。官吏でない場合、たとえば満洲農業移民の引揚者などの場合は、戦前期には忌避した炭坑に就職するものも少なからずいたという(37)。また群馬県の事例でみたように、朝鮮で官吏（警察官）や会社員であっても、引揚げ後に農業（開拓農業及びそれ以外）に従事するケースも少なからずあり、引揚者のあいだで一定の格差が生じていたこともまた事実であった。そのような中で、敗戦と引揚げの混乱状況はあったものの、J氏の朝鮮での就職とそこでのキャリアは、彼の人生において大きな意味を持つものとして位置付けることができよう。

本章では、戦時戦後における一日本人の、二度にわたる境界を越えた行跡を追った。それを通して、J氏は、最初の越境において日本内地とは異なる、より有利な条件のもとで就職・就業し、高級ホワイトカラーに近づき、加俸を得つつ朝鮮人より優越的地位を保持した。敗戦による次の越境によって資産と職を失うが、朝鮮でのキャリアは残り、それによって農業や炭坑で働くものたちとは異なり、内地でより有利な職を得ることができた。日本の大陸への膨張政策とその破綻のもとで、境界を越えた一個人のライフヒストリーを浮き彫りにできたのではないかと考える。

注

（1）前者に関する分析としては、木村健二［二〇〇二］「在朝鮮日本人植民者の「サクセス・ストーリー」」（『歴史評論』第六二五号、歴史科学協議会）を、後者に関する実業家に限定した伝記資料の概略については、木村健二［二〇一二］「在朝日本人史研究の現状と課題——在朝日本人実業家の伝記から読み取り得るもの」（『日本學』第三五輯、東國大學校日本學研究所）を参照のこと。

（2）朝鮮から群馬県への引揚者の旧職と現職を比較検討したものとして、木村健二［二〇一八］「敗戦後朝鮮からの引揚者の旧職と現職——『群馬県海外引揚誌』所載名簿の分析を通して」（『海峡』第二九号、朝鮮問題研究会）がある。

（3）「京城三越」は、一九〇六年一〇月に出張所が設置され、一九二九年に支店に昇格、一九三七年には地下一階、地上五階の新館を建設し、「業績は逐年向上の一途に邁進」というありさまだったという。一九三九年には従業員数は、男三〇五人、女一六一人を数え、日本人側の四軒の百貨店としては三中井に次ぐ規模であった（百貨店新聞社『日本百貨店総覧』一九三九年版、五四四～五四六頁、一九四二年版、四七九頁）。

（4）農林省農政局『大都市近郊並に殷賑産業地帯に於ける農地事情調査』一九四一年三月、四三三～四三四頁。

（5）朝鮮総督府官房調査課編纂［一九四四］『朝鮮昭和十五年国勢調査結果要約』二二～二五頁。この間の人口の社会増を算出すると、一九三三年から四二年まで一万人から三万人台の増加（一九三八年のみマイナス三四四七人だが、一カ年平均一万七四一一人の増加）をみている（『朝鮮総督府統計年報』各年より、対前年末人口を差引き、出生数から死亡数を差引いて算出）。

（6）「就職希望児童の性能検査を行ふ　山口県社会課が新機軸」（『関門日日新聞』一九三八年二月八日付）。

（7）「山口県の全校を職紹の指導下へ　労力資源の統制成る」（『関門日日新聞』一九三八年二月七日付）。

（8）「少年職業戦士の志願者卅九名　山口職紹の連絡区拡張と時局が齎す影響」（『防長新聞』一九三八年一月二二日付）。

（9）商店員の払底に関しては、「少年店員の飢饉時代来る」（『関門日日新聞』一九三八年二月二五日付）や、「如何にして小店員を募集するか」（『関門日日新聞』一九三八年三月一日付）などの記事にもうかがうことができる。とくに前者においては、下関職紹管内小学校卒業生求職児童五百名中、工場志願者は六割、商店は一・五～二割、銀行・会社は二割であったという。工場における給与・厚生面での厚遇が影響したものと見られる。

（10）「中等学校卒業式」（『防長新聞』一九三八年三月三日付）。

（11）「労力不足にＳ・Ｏ・Ｓ　小野田町各炭坑の坑夫飢饉」（『関門日日新聞』一九三八年二月九日付）、「軍需景気はなげく　宇部各炭坑夫の払底に引抜き潜行戦憂慮さる」（同、二月一五日付）。

（12）「労働者の天下　仕事のより喰ひ　小野田町地方好況時の悲喜劇」（『関門日日新聞』一九四〇年一月一〇日付）。

（13）「朝鮮総督府巡査募集」（『大阪毎日新聞』一九二〇年六月二二日付）、「関東庁巡査募集」（『防長新聞』一九二三年三月二日付）、「関東庁の警官増員　巡査五百名、巡補一千名」（『防長新聞』一九三二年三月三日付）。

（14）「半島から先生やーい　六百名募集」（『関門日日新聞』一九四〇年一月一二日付）、「朝鮮から大量求人　鮮鉄従業員二千五百名を募集　半数は高小卒業生」（『関門日日新聞』一九四〇年一月二一日付）、「鉄路の戦士大陸へ　広鉄局から百七十余名が」（『関門日日新聞』一九三八年二月二五日付）。

（15）林采成［二〇〇五］『戦時経済と鉄道運営――「植民地」朝鮮から「分断」韓国への歴史的経路を探る』東京大学出版会、六七～七二頁。林は日本人従事員の流動化の背景として、入営・応召、満鉄北支事務局への移譲、殷賑産業への転出をあげている（六九頁）。またその結果、年齢構成の若年化と平均勤続年数の一五年から六年への急激な低下、そして「昇格の激しい連鎖」が伴われた（七〇頁）という重要な指摘を行っている。

(16) 一九四二年にも募集広告が出され、その際の募集人員は駅、機関区、検車区、電気区、保線区従事員「若干名」とあり、資格は「国民学校卒業以上ニシテ身体強健思想堅実労務ニ堪へ得ル者」とあり、初任給は職歴に応じて四〇円以上七〇円程度、その他「兵役服務者加給其ノ他手当アリ、赴任旅費支給」など、条件はさらに売手市場となっていたといえる（「朝鮮総督府鉄道局従事員募集」『関門日報』一九四二年三月一七日付）。

(17) 南満州鉄道株式会社［一九三九］『満鉄入社の栞』三六頁。なお満鉄では、「傭員中一定の勤続期間を経、業務に熟練して雇員としての資格を有すと認められたるものは、之を雇員に登格せしめ、雇員にして一定の勤続期間を経、事務或は技術に練達して職員としての資格を有すと認められたるものは之を職員に登格せしむる。登格の認定に就ては試験制度若は銓衡制度を採つてゐる」（同書、三七頁）とある。

(18) 朝鮮総督府警務局［一九二九］『朝鮮警察の概要』四〇頁。

(19) 朝鮮総督府鉄道局『朝鮮鉄道四十年略史』一八〇頁。

(20) 同右書によれば、「然るに昭和十一年以降、京釜、京義両線の広範囲に亘る複線工事されるに及んで、工事の完成を期する点から、関係鉄道事務所に改良係を設けたが、其の後工事施工上の直接指導監督を行ふ必要から、昭和十二年六月一日釜山、京城及び平壌の三改良事務所を設置し、之に庶務、技術の二係を設け各係に主任を置いた」とある（一五六頁）。

(21) 鮮交会［一九七〇］『朝鮮交通史』一八五頁。

(22) 林采成［二〇〇五］一二二～一二五頁。

(23) 一九三九年四月一一日鉄道局長工藤義男、『朝鮮鉄道局局報号外』同日付。

(24) 岡本真希子［二〇〇八］『植民地官僚の政治史――朝鮮・台湾総督府と帝国日本』三元社、第四章俸給制度と民族差別より。

(25) 鄭在貞［二〇〇八］『帝国日本の植民地支配と韓国鉄道』三橋広夫訳、明石書店。

(26) 宣在源［二〇一八］「植民地朝鮮における賃金格差の実態――日本窒素興南工場、一九三六～一九四五」（『東京経済大学会誌――経済学』第二〇七号、二月）五四～五七頁。

(27) 鮮交会［一九七〇］一八八頁。

(28) 渡辺勉［二〇一四］「誰が兵士になったのか⑴・⑵」（『関西学院大学社会学部紀要』第一一九号）。
(29) 松田利彦［二〇〇九］『日本の朝鮮植民地支配と警察――一九〇五～一九四五年』校倉書房、「エピローグ　植民地警察の終焉」七〇七頁。
(30) 林采成［二〇〇五］一八七～二〇〇頁。
(31) 『京城内地人（日本人）世話会々報』は第一号が一九四五年九月二日に発行され、翌年二月一日までの一五三日間に第一二三号まで発行された。その復刻版が『資料所在調査結果報告書（別冊）』として平和祈念事業特別基金より一九九九年に刊行され、檜山幸夫の「解説」が掲載されている。
(32) 松田利彦［二〇〇九］七一一頁。
(33) 木村健二前掲［二〇一八］四六～四七頁。
(34) 小林英夫［二〇〇〇］「引揚げ者の戦後」（『日本企業のアジア展開』日本経済評論社）三八頁。
(35) 以上の資料は、国立国会図書館憲政資料室「プランゲ文庫」に所蔵されている。
(36) 以上の資料は、学習院大学東洋文化研究所「友邦協会資料」に所蔵されている。
(37) 渡辺雅子［二〇一一］『満洲分村移民の昭和史――残留者なしの引き揚げ　大分県大鶴開拓団』彩流社。

参考文献

林采成［二〇〇五］『戦時経済と鉄道運営――「植民地」朝鮮から「分断」韓国への歴史的経路を探る』東京大学出版会
鄭在貞［二〇〇八］『帝国日本の植民地支配と韓国鉄道』三橋広夫訳、明石書店
岡本真希子［二〇〇八］『植民地官僚の政治史――朝鮮・台湾総督府と帝国日本』三元社
松田利彦［二〇〇九］『日本の朝鮮植民地支配と警察――一九〇五～一九四五年』校倉書房
渡辺雅子［二〇一一］『満洲分村移民の昭和史――残留者なしの引き揚げ　大分県大鶴開拓団』彩流社

第七章　在日朝鮮人の「戦時」と「戦後」——協和会末端組織の担い手を中心に

宮本　正明

はじめに

本章は、アジア・太平洋戦争期から日本敗戦後にわたる日本本国の在留朝鮮人（以下、日本敗戦以降の国籍の如何を問わず、在日朝鮮人と表記）の動向について、特に協和会（在日朝鮮人の統制組織）の末端を担った人びと（補導員・指導員）の役割と帰趨を中心に跡付けることを試みるものである。

本章に直接関連する重要な先行研究としては、樋口雄一［一九八六］・外村大［二〇〇四］・塚﨑昌之［二〇一〇］が挙げられる(1)。樋口雄一［一九八六］は協和会に関する本格的な研究の嚆矢であり、協和会の組織・活動実態をはじめその全体像の把握を可能にした成果である。本章で取りあげる協和会末端の補導員・指導員についても、その具体的な言動を通じて協和会の施策をめぐり「面従腹背」の側面があったことを明らかにしている。外村大［二〇〇四］は、在日朝鮮人のなかから一定の社会的上昇をはたした「リーダー層」の登場に着目している。協和会の補導員・指導員についても東京・京都の事例をもとにその属性の検討も行っており(2)、個人に即して日中戦争以前の活動や経歴を明らかにするとともに、「リーダー層」にあたる人びとが補導員・指導員を担っている面のあることを指摘している。塚﨑昌之［二〇一〇］は、大阪を中心に協和会やその他の戦争協力団体の活動実態およびそこに参加した人物の出自・経歴を明らかにしており、特に幹部クラスの主観においては戦時期の戦争協力と日本敗戦直後の在日朝鮮人団体参加との間には矛盾がなく地続きのものとして認識されていた点を指摘している。

近年の研究を通じて、協和会関係者の戦時期の言動のみならず、日中戦争以前および日本敗戦直後における活動とのつながりが明らかにされつつあることをふまえ、本章では協和会末端の補導員・指導員を検討対象として、戦時期の言動と日本敗戦直後の意識、そしてその後の歩みについて、その一端なりとも追究することを目指すものである。とはいえ、補導員・指導員の戦時期の言動に関する同時代の文献史料は豊富ではなく、日本敗戦後の証言や回想などの活用が不可欠となる。関連の証言や回想などは数多く見出すことはできないものの、実名・匿名を問わず補導員・指導員経験者による証言記録や回顧録、あるいは補導員・指導員から監視・抑圧を受ける立場の人物による回顧録の記述を、本文中に組み込んでいる（ただ、これらの証言や回想で提示される人間関係の相関・対立のありようや当人の立場に関する説明をどこまで適切に組み込めているか、という点については充分な確信があるとは言えない）。なお、記録・証言の本文中の引用にあたっては、公刊図書については著者名を明記し、証言者については典拠元で名前がアルファベット表記になっている場合はそのままの形とし、実名表記の場合はアルファベット表記に変えている。記録・証言のなかで登場する人名・地名については、実名表記であってもアルファベット表記に変え、〔　〕を付している。

一　アジア・太平洋戦争期における協和会関係者の位置・役割

1　公職的立場への朝鮮人の進出状況

協和会の検討に入る前に、日中戦争以降の日本本国における公職的立場と朝鮮人との関連について言及しておきたい。

典拠の明示がないものの、一九四三年度末の段階で「官公吏などの有識職業」の従事者が日本全国で七七九二人であったとの指摘がある(3)。ここでは、官庁・議会および町内会・隣組について見ておく。

中央省庁・地方官庁について、まず中央省庁を見ると、文官高等試験の合格者で日本本国の中央省庁に入省する者が戦時末期に散見される。一九四二年七月の合格者では一人（軍需）だが、翌一九四三年七月の合格者では九人（内務三・鉄道二・大蔵一・農林一・軍需一・厚生二）が確認される(4)。日本本国の大学・専門学校卒業者で同じく中央省庁に雇員として入った者は、一九四三年度の卒業者で八九人（内閣九・内務一〇・大蔵一〇・文部一〇・農林九・商工七・逓信一三・鉄道一二・厚生八）となっている(5)。一方、地方官庁に関する史料はあまり見出せないが、一九四四年三月末の大阪府で官公吏三六人という数値がある(6)。

議会においては、衆議院議員の当選者が一人いたことが知られているが、この他に五人の立候補者がいた(7)。むしろ地方議会のほうに当選者が多く、年別推移では一九三七年に二二人（立候補者数七六人）、三八年に二人（一五人）、三九年に五人（二四人）、四〇年に六人（七四人）、四一年に二人（四人）、四二年に三八人（一〇八人）、四三年に〇人（三人）となっている(8)。こうした人びとの出自・属性としては、「親方」層、自営業、「有識的職業」、「融和」を掲げる団体幹部や言論関係者などに加え、労働運動・社会活動の経歴者も一部見られることが明らかにされている(9)。これらの属性は後述する協和会の補導員・指導員のそれと重なる面がある。

ついで、町内会の会長・隣組の組長については全体的な状況は把握できないものの、アジア・太平洋戦争期には、すでに指摘があるように、朝鮮人の町内会長や隣組長が見られた(10)。これは朝鮮人のみの隣組にとどまらず、日本人・朝鮮人の混住地区で朝鮮人の隣組長が一定数存在したり(11)、なかには日本人世帯が多数を占める地区で朝鮮人が町内会長・隣組長をつとめるケースもある(12)。

以上のように、中央省庁への入省者は別とすべきだろうが、地方官庁・地方議会や各地の町内会・隣組において一定の地位を獲得していく人びとの登場が確認される。この背景の一つとして、日本本国での在留の長期化や地域社会との結びつきの深まりと関わっていることは推測される。ただ、町内会・隣組の場合、工場拡張に伴い工事に従事する朝鮮人労働者やその家族で新たに形成された集住地に町内会が新設され、町内会長も選出されるというケースもある。[13]これは、戦時期の各種工事や労働需要の増加に伴う朝鮮人の新規来住により、地域社会との既往の関係がないまま朝鮮人の集住地が新たに現出しうることを示している。他方、朝鮮人の集住地においても日本人の隣組長のほうが多数を占めるという状況もあり、[14]むしろ朝鮮人の集住地に可能な限り日本人を介在させるように見える面もある。そして、隣組常会において日本人と朝鮮人との間で齟齬が見られたり、後述する協和会の末端組織と町内会・隣組などの組織との関係が問題視されていたこともまたすでに指摘されている。[15]

2　協和会体制の整備

日中戦争以降、日本本国に在留する朝鮮人、戦時労働動員に伴い日本本国に送られ使役された朝鮮人に対する管理・統制体制の基盤としてつくられたのが協和会である。朝鮮人の集住地域を抱える府県では一九二〇年代より朝鮮人に対する官設の「融和団体」がつくられていたが、一九三六年以降、それ以外の道県でも協和会組織の整備が進められ、一九三九年六月には各道府県の協和会を束ねる中央協和会が創立された。戦時末期の一九四四年一一月、協和会は興生会へと改称・改組されている。ここでは樋口雄一［一九八六］に依拠しつつ、協和会の組織・役割などの概略についてまとめておきたい。

協和会は警察を中核としていた。機構図（図7-1・7-2）によれば、道府県協和会（会長＝道府県知事）は各地の支会（警察管区／支会長＝警察署長）から構成され、支会のなかには行政単位と職域単位で地方分会と職場分会（分会長＝警察官・町村長・学校長・隣組長・事業主など）があり、その下に補導班や協和訓練隊・勤労補導班といった末端組織が位置付けられた。そして地域によっては、複数の補導班などをまとめた指導区（大阪府や兵庫県では事業区）が置かれていた。本章で主な検討対象とする補導員・指導員は、この補導班や指導区（事業区）のとりまとめ役であり、次のような協和事業の各種措置を実行に移す担い手となった。

協和会の役割は、在留朝鮮人の個別情報の把握、「皇民化」の促進、労働・軍事動員のサポートなどにわたり、戦時末期には空襲対策なども加わった[16]。個別情報の把握は、住所・家族・労働・移動・活動・渡航などに及び、会員に携帯義務のある協和会の「会員章」（協和会手帳）が、この把握のために用いられた。「皇民化」の促進としては、日本語普及、衣服・生活習慣の「内地化」、献金・貯蓄、神社参拝などを通じて、日本社会への適応や「皇民意識」の向上が図られた。労働・軍事動員では、労働動員対象者・徴兵対象者に対する労働・軍事訓練のほか、各種の「勤労奉仕」への動員も担った。空襲対策としては、空襲に伴う動揺防止、罹災者への援護や就職斡旋、防空対応などを行った。

協和会を中心として在日朝鮮人を把握・動員する体制が築かれていくのに伴い、一九二〇年代より活動が見られた朝鮮人の「融和団体」は解体へと向かった。一九四〇年代に入り、相愛会（一九四一年二月）をはじめ、大同協会（一九四一年一二月）、黄人社（一九四二年三月）などが解散している[17]。協和会と「融和団体」の活動内容が重複していたり、経済的支援にあたり同様の団体が複数あることが支障になるといったことにより、「融和団体」は存立の意義を失うことになった。その一方で、新たに朝鮮人団体が設立されるケースも見られた。大阪協和協力会（一九四一年）や地下工場建設一心会（一九四五年一月）がそれに該当する[18]。

図7－1　協和会機構図表（1943年）

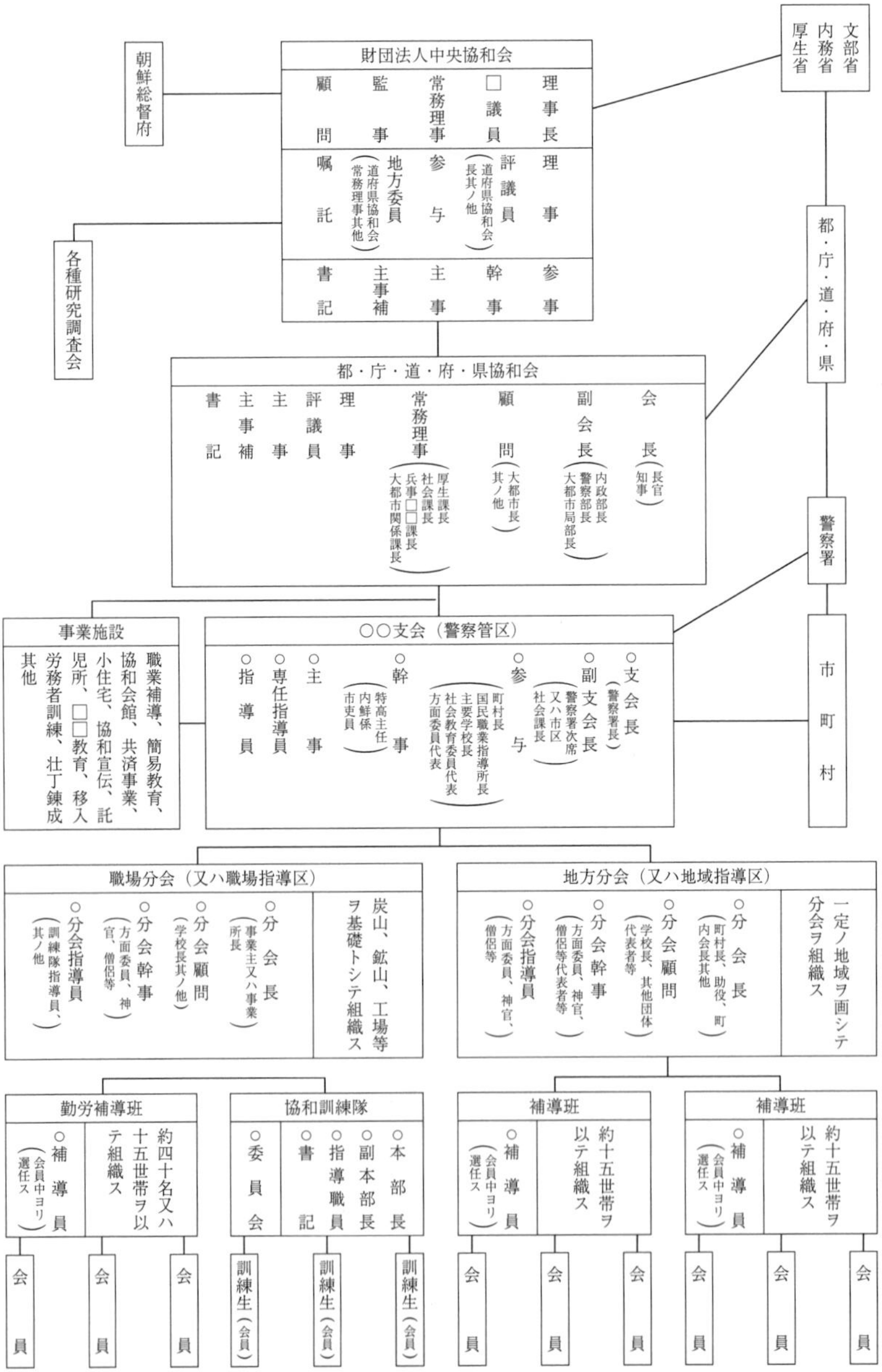

出所：中央協和会『昭和十八年三月現在　協和事業機構調』（樋口雄一編『協和会関係資料集』第1巻、緑蔭書房、1991年、262頁）。　※□は判読困難箇所

図７－２　協和事業機構（1940年）

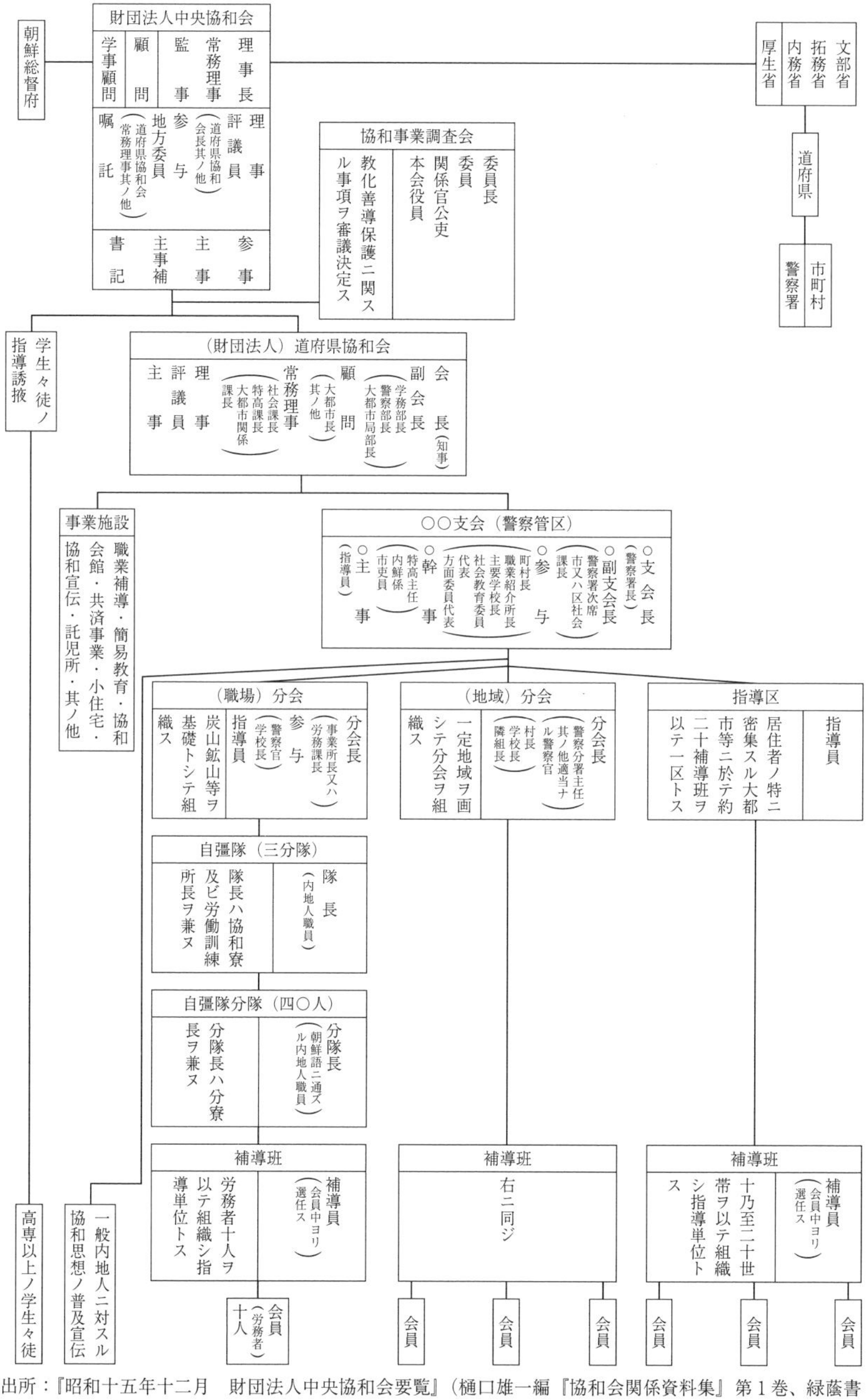

出所：『昭和十五年十二月　財団法人中央協和会要覧』（樋口雄一編『協和会関係資料集』第１巻、緑蔭書房、1991年、246頁）。

3　協和会の補導員・指導員の性格

戦時末期の協和会（興生会）や一心会の幹部クラスの朝鮮人による戦争協力の諸活動については、先行研究による言及がすでにある(19)。ここでは、協和会の補導員・指導員を対象として、その属性や戦時期の言動について検討しておきたい。

協和会には「会員ノ指導保護(20)」を担う存在として指導員および補導員を配置することが定められた。協和会の機構図（図7－1・7－2参照）によれば、補導員は協和会の最末端である補導班（「小聚落（約五乃至十世帯）」単位で設置(21)）に置かれ、指導員は複数の補導班をまとめた指導（事業）区（「居住者多キ地域」の「大聚落」や「居住者ノ特ニ密集スル大都市等」に「約二十班」をもって「一区」を設置(22)）に置かれており、両者は基本的に別個の地位として設定されている。道府県協和会の支会設置規程の雛形では「指導員ハ支会長ノ推薦ニ依リ会長之ヲ委嘱シ補導員ハ支会長之ヲ委嘱ス」とあり、委嘱形式でも指導員は補導員の上位に位置づけられている。ただし、すでに指摘があるように、両者が各道府県の協和会で一元的に制度化されていたわけではない(23)。指導員は日本人で補導員は朝鮮人という形態が多かったと見られるが(24)、道府県協和会レベルの規程によりこの点が確認できるところは少ない(25)。

以後の記述で、東京・広島・大阪・兵庫での補導員・指導員に関わる回想や証言を挙げているが、その「補導員」・「指導員」の名称はあくまでも典拠元での表記に基づいている。兵庫県では指導員が朝鮮人で構成され活動主体になったという指摘があるかたわら(26)、補導員も設置されている(27)。東京府・大阪府では指導員・補導員の存在が確認される(28)が、両者の相違を知るための史料上の手がかりは乏しい。広島県では当初の規程では補導員は置かれず朝鮮人から指導員を選出する形とされたが(29)、後に補導員を別に設置しているようである(30)。地域ごとに補導員と指導員の区分を必ずしも明確にすることができない、という点を前提として検討を進めていきたい。

補導員の位置付けに関する協和会側の公式的な見解は、「其の班〔補導班〕中に於て最も徳望と教養ある者」であり、

「支会、分会から指令された事項の徹底普及及其の班内に於ける世話係」[31]というものであった。「世話係」という、ある意味で実利益に直結しにくい地位であるがゆえに、同時代の史料上には「人の事に金にもならない事を時間を費して本当につまらない」[32]、「指導員に権利〔おそらく権限の意味と思われる〕を与へて欲しい。指導員は一般会員よりも低級に見られてゐる、権利の無いところには指導員は出来ない」[33]といった声が見られ、それだけに「指導員は惜しい日常を棒に振つて国家の為にやると云ふ気持がなければ出来ない」[34]という意識が求められた。補導員経験者の金鍾在氏の回想によれば、「補導員といっても一銭の報酬もなく、警察と朝鮮同胞の間で走り回る小間使い」であり、「酒の密造や牛豚の密殺などであげられる朝鮮人のもらい下げのために、顔をきかせるといった役まわり」であったという[35]。また、指導員経験者のH氏は、「この補導員を教育するのがわたしら指導員のしごと」であり、「わたしらの役割というのは、同胞の教化ですね。日本人に負けじ、日本国民、新日本人として、日本青年に劣らぬよう精神訓練する」ものであったと証言する[36]。同時代の史料にも「指導員の努めは日本精神を会員に呑み込ませることであると思ふ」[37]という声がある。

補導員や指導員の人数であるが、補導員の場合、一九四〇年から一九四三年にかけて一万～一万七〇〇〇人という形で推移している[38]。一万数千人という決して少なくない人びとが協和会末端のとりまとめ役として組み込まれている。他方、指導員については、日本人も含むものと見られるため参考の数値にとどまるが、一九四三年段階で専任指導員が一七五人、指導員（名誉職）が四六五三人となっている[39]。

補導員・指導員として組み込まれた人びとの属性とはどのようなものであったのか。先行研究[40]で明らかにされているところによれば、職業としては商工・サービス業、工場経営、農業といった自営業の人びとが多いが、なかには「市常雇人夫」「牛乳配達」など被雇用者も存在するほか、町会議員・学区会議員・町内会役員といった公職的立場の人物も含まれる[41]。また、経歴面では相愛会・相互扶助団体・民族団体・労働組合・宗教団体との関係を持つ人びとであることもまたすでに指摘されている[42]。

『東亜新聞』における補導員の紹介記事で登場する八人の人物を見ても、「新案国益ジエン式ベルト□〔一字判読困難〕」経営（二九歳・一九二九年渡日・職工から立身・従業員二〇名）、古物商（五〇歳）、圧染工場経営（三二歳）、土木業経営（三三歳・門司で成長・「インテリー」・東亜新聞特派員）、農業（三六歳・一九三一年渡日・三六年以来協和会指導員）、鏡商（三九歳・一九二七年渡日・「風呂屋の三助」九年を経て独立・町会副会長）、合金工場経営（三四歳・一九三三年渡日・労働～炭坑～鋳物職工～独立・合金工場開業、土木請負業・飲食店経営を兼業）、セルロイド加工業（五四歳・一九一九年渡日・セルロイド工場に職工として一〇年勤務・一九二八年独立）といった人びとが見られる[43]。経歴のわかる人物の場合、渡日時期は一九二〇年前後より一九三〇年代前半、在留歴も二〇年近くになる者から数年の者までおり、決して在留歴が長い人びとばかりとも言えないが、数年から数十年にわたり日本で被傭者として各種の労働に従事するなか「独立」を果たして一定の経済基盤を築いている人びとが目立つ。これらの点については外村大〔二〇〇四〕などの指摘と大差がないと言える。

こうした人びとが補導員・指導員をつとめる経緯はどのようなものなのか。これは、自己の意思とは関わりなく、警察の介在によるものが多かったと考えられる。同時代の史料に「実を申しますと今迄私共補導員は警察の命令に依り止むなく時間的に経済的に犠牲を忍び協和会の事業に従事して参りました[44]」という声があり、先のH氏による証言にも「地域の指導員もここ〔警察の特高課〕から任命してくるわけです。至上命令ですから」「それに大学の予科まで出てますと、警察の方で放っておかないですよ[45]」とある。警察サイドでは地域において一定の学歴や社会的地位・経済力などを持つ人物がいれば協和会への取り込みを図ったものと思われる。これは逆に言えば、先行研究による指摘の通り[46]、こうした人物の組み込みなくしては協和会活動に内実が備わらなかった面もあることを示している。

その一方で、外村大〔二〇〇四〕は、強いられたとはいえない形で協和会に参画する人びとの契機について指摘している。そこでは、自己の利益を図るという理由のほか、朝鮮人による自主的な言論・団体活動が禁圧されるなかで、朝鮮人の「生活改善」や朝鮮人の生活擁護といった従来の活動に継続的に取り組むためという動機が挙げられている(47)。外村大［二〇〇四］にも引用があるが、金鍾在氏の場合、警察からの就任打診を拒んでいたものの、補導員を引き受けた他の朝鮮人から説得を受けたとする。その説得の論理は、「私たちは、日本の警察に、協力するのではない。この組織を利用して何とか朝鮮人労務者の面倒を見ようじゃないか。すべての民族運動がつぶされてしまった今となっては、民族をまもるために、こういう方法しかないじゃないか(48)」というものであったという。外村大［二〇〇四］では協和会体制のもとで「補導員らがそれ以前にかかわっていた在日朝鮮人の生活にかかわる事業を継続していた」ことがあわせて指摘されている(49)。ただ、こうした「民族をまもるため」という主観的な意図が民族集団と協和会体制のはざまにあって実際に実現されるのかどうかは今少し詳細な検討を要する課題である。そして、「同胞のため」という名分は、協和会関係者にとって、日本敗戦後の朝鮮人団体への参加を「矛盾」なく可能にするものでもあったが(50)、これは場合によっては戦時期の戦争協力を合理化する方向に作用する可能性もまた存在する。

4　補導員・指導員の戦時期の言動

協和会の末端に組み込まれている以上、補導員・指導員の言動にはおのずから制約が課せられてくる。「創氏改名」（一九四〇年）・徴兵制度実施発表（一九四二年）・義務教育制度実施発表（一九四二年）など、朝鮮統治上の画期として喧伝された諸政策への反応にしても、肯定的な姿勢が目立つ。ただ、それらはあくまでも、日朝間の格差撤廃に向けての一階梯として評価するものであり、日朝間の格差改善への希望とうらはらのものである。さらなる格差の撤廃を要望したり、新たな負担が加わることへの懸念を表明したりする声もなしとしない。例えば、徴兵制実施については、「国民皆兵となつたから内地では協和会などは無くしても好いと思ふ」（幹事）、「是で鮮人《ママ》も一人前になれるが一時帰鮮《ママ》や渡航制限も可成早急に内地人同様にして貰ひたい」（支会補導員）という受けとめ方[51]が、義務教育実施については、「同じ帝国臣民であり乍ら今日迄色々と差別されて来た事を残念に思つて居る。〔中略〕此度の教育制の実施と共に一時帰鮮《ママ》証明書の繁雑なる手続の排除を望むものである」（副支会長）、「斯んな良い事が発表された後には又徴用位がある事だらう」（補導員）といった受けとめ方[52]が散見される。

他方、協和会の日常業務のなかで、日本人の差別的な言動への抗議や日朝間の格差撤廃が補導員・指導員の側から求められており、必ずしも唯々諾々と従う存在であったばかりではないという点もすでに先行研究によって指摘されている[53]。例えば、兵庫県の「協和事業指導者養成講習会」の座談会で出された意見を見ると、「婦人」・青年組織の設置、会員向けの各種講習会・夜学校の開催、教練の実施、服装の「改善」指導などとともに、「一時帰鮮証明書」の発給の緩和、「内地人」に対する朝鮮人認識の啓発もまた要望として多い[54]。また、「隣保班長等の指導者約一〇〇名の錬成会」の講演の際に「鮮人《ママ》はまだ独立運動をして居るものがある」と言及した講師に対し、補導員が「憤慨し、在住鮮人《ママ》協和会幹部二十七名を糾合し右講師を糾弾せんとせり」といったことも見られた[55]。

以上の言動を見る限りでは、補導員・指導員は朝鮮人の一般会員の要望や不満を代弁する役割を果たしていたという見方も成り立ち得る。協和会支会長（警察署長）への贈賄により「一時帰鮮証明書」や協和会手帳を「不正に入手」した指導員処罰の事例も見られる[56]が、これは先に触れたような、渡航規制などをめぐる朝鮮人側のニーズの大きさがその背景にあると見ることができる。しかし、指導員経験者O氏が「若いもの教育したり、仕事せんで遊んどる者やら流れ者、取り締り、まあ言えば、スパイみたいなことさせるんじゃ[57]」と当時の任務を述懐しているように、一般の朝鮮人に対する補導員・指導員の役割として別の側面もまたあった。戦時期に保護観察の対象として監視下にあった朴憲行氏の回想では、指導員は「警察に代わって同胞を監視し、動静を警察に通報すること」や「朝鮮同胞にたいする指導なるもの」を「強制」することをその役割とする一方、「戦時下に警察と結託しているのだから、商売は楽なものであ」ったことからその生活は「普通の同胞達とは、大きな差があり、まあ豊かなもの」であり、したがって「この連中にたいする同胞内の評判は、良いはずもなかった」とする。[58] 一九三〇年代から労働運動に従事してきた張錠壽氏の回想によれば、指導員には「徴用工の推薦も指導員が選別」するという役割があり、自身も目をつけられて「徴用工」にされたという。[59] 以上の回想からは、補導員・指導員の地位自体には公式的な権限が付随していなくとも、警察との結びつきによって様々な便宜供与を受けたり、[60] 一般会員の戦時下の去就を左右する決定に関われるような〝特権的〟な立場となり得たこと、一般会員に対する各種の「指導」も強制性を伴うものであったことが、浮かびあがってくる。後者については同時代の史料にも「濫りに叱つたり親切を忘れたりして強圧的にやると逆効果をもたらすのでないか[61]」という声などが見られ、「指導」が強制性を帯びる可能性をうかがわせる。これまでにもしばしば挙げた指導員からの声のなかには、協和会事業の個々の措置を忠実に実現する方向での言動も少なくない。その「指導」が「国家の為にやる」という真摯な意識のもと「日本精神を会員に呑み込ませる」などといった形で実施される時、多くの朝鮮人にとってそれがどのように受けとめられたのかは想像に難くない。

日本敗戦後、まだ戦時期の状況もさめやらぬ一九四七年刊行の『日本における反朝鮮民族運動史』という小冊子には、協和会について次のように記されている。「協和会の役人になつている朝鮮人は、警察と旨く結託し、いろいろな便宜を与えられ朝鮮人のなかの一部特権的存在としてふるまつてきた。もちろんなかには、下の方の補導員のごとく、警察から定められてきているために致し方なくこれに応じたものもいたであろうが、なかには、またそれを大に活用して、大に朝鮮のわれわれ同胞を苦しめたものもないでもない[62]」。この著者の金斗鎔は、日本の敗戦後、後出の在日本朝鮮人連盟の中央組織の結成過程で旧協和会関係者などの排除を推し進める側に属するが、旧協和会関係者について、「便宜」や「特権」を享受しつつ「大に朝鮮のわれわれ同胞を苦しめた」者と、「警察から定められてきているために致し方なくこれに応じた」者の、二つのタイプがあったとしている。日本敗戦後の在日朝鮮人運動について

「その〔日本敗戦後の在日朝鮮人運動の指導者層の〕戦争中の生き方の違いが、〔朝鮮人〕大衆が左右の支持を決める場合のむしろいちばん大きな基準だったのじゃないか」という指摘[63]があるが、これを補導員・指導員をつとめた人びとにも援用するならば、こうした人びとに対する周囲のまなざしが、先に触れた二つの側面のうちどちらの側にあったと映ったのか、これが補導員・指導員経験者における日本敗戦後の歩みを分かつ要因のひとつになったとも考えられる。

二　日本敗戦後における旧協和会関係者の帰趨

1　日本敗戦直後における旧協和会関係者の意識

アジア・太平洋戦争における日本の敗戦に際し、旧協和会の朝鮮人関係者はどのように受けとめたのか。各地で収集された朝鮮人の言動を通じて、この点を確認していきたい。

旧協和会関係者の言動としては、日本の敗戦に対しては「戦争ニ勝ツテ戴キ度イ許リニ及バズ乍ラ努力シテ参リマシタノニ水ノ泡トナツタカト思ヒバ《ママ》全ク残念デタマリマセン」[64]（補導員A氏）、「吾々半島人ハ実ニ可愛相デス日本人トシテ一生懸命ニ大東亜戦争ニ勝チ抜ク為メニ働イテ来タノニ休戦ノ為日本カラ離レテ又何処へ行クカ解リマセン」[65]（補導員B氏）、「残念デナラヌ相当数ノ飛行機モアリ兵力モ健在デアリ乍ラ原子爆弾一発ノ為ニ負ケルトハ」[66]（補導員C氏）、「天皇ノ御言葉トハ云フモノ、手ヲ挙ゲルトハ何事ダ、内地人ハソレデ良イカモ知レナイガ半島人ヲドウシテ呉レルノダ」[67]（支会世話役E氏）など、悲しみ・困惑・やりきれなさをもって受けとめられている。そして将来については、「日本人トシテ共ニ負ツテ来タ戦争ノ結果ヲ国民ト一諸《ママ》ニ甘受シ苦シクトモ何デモ頑張ツテ行キ度イ」「我々ハ日本人トシテ日本ノ土ニ成レル様内地ノ人々ノ仲間ニ最後迄《ママ》暮シタイ」[68]（副支会長F氏）というように、今後も引き続き日本での在留を希望するものが多い。もとより、これらは警察による情報収集の成果であり、とりわけ警察と直接的な結びつきのあった旧協和会関係者としては、警察サイドの警戒を招くような言動を避けたという解釈もあり得る。しかし、そこには、警察の意向を忖度した発言というよりも、これまで日本の地域社会のために、戦争協力のために最大限尽力してきたという自負に由来する、ある種の本音が表出しているように思われる。

旧協和会関係者の言動のなかには日本に対する強い帰属意識が見出され、それはしばしば日本統治に対する肯定的なとらえかたとも連動している。これらの点は、「日韓合併以来四十年日本トナリ一生懸命ニ遣ツテ朝鮮モ漸ク軌道ニ乗リ吾々モ生活ニ心配ノナイ地位ヲ□〔一字判読困難〕タ処ガ之ハ一朝ニシテ夢ノ様ニナツタ」(69)（補導員B氏）、「自分ハ内地ニ移住シテ二十年ニナリ現在迄内鮮ノ別無ク生活サセテ戴イタコトヲ感謝シテヰルガ」(70)（補導員D氏）といった形で見られる。また、副支会長F氏は「私ハ現在ノ朝鮮ガ従来ヨリ恵レタ状態ニアルトハ信ゼラレナイシ日本人ニ成リ切ツテ日本語シカ知ラナイ私ノ子供達ヲ住居モ何モナイ郷里ニ連レテ行ツテ最初カラ朝鮮人一年生ヲヤラセル気モ又日本ヨリ遥カニ恵レナイ朝鮮ノ姿ヲ見セルニ忍ビナイ」(71)と述べ、「此ノ気持ハ内地ニ永住シ内地ノ良サト内地ノ慣習ヲ生活ノ中ニ入レテ居ル半島同胞ノ全部ノ気持デアラウ」としている。日本で生まれ育った子どもの存在が帰国を逡巡させる要因となること自体は、旧協和会関係者に限定されるものではない。ただ、F氏の発言の場合、日本よりも現状が見劣りのする朝鮮の姿を子どもに見せたくないという考え方が別にあり、朝鮮よりも先進的な日本という認識と結びついている点で特徴的である。

加えて、朝鮮「独立」に対しては、「独立国ノ自由ヲ認メテ貰ツタ処デ結果ハ何レカノ国ニ支配サレル事ハ当然ダ何ノ為ニ朝鮮ニ帰ル必要ガアルノダ」(72)（補導員D氏）というように悲観的な見方を抱いていたり、「仮令独立ニナッテモ〔中略〕其ノ結果ハ之レ以上ニ幸福ニナルノカ怎ウカ疑問デナリマセンシ更ニ一旦独立シタ以上ハ外国人トナル訳デスカラ今迄ノ様ニ自由ニ往復ハ出来マセンデセウシ」(73)（補導員A氏）、「郷里ガ独立シテモソレハ郷里ヲ失ツタダケノ悲シミデアツテ」(74)（副支会長F氏）というように積極的な意義を見出せないでいる。これが、日本への帰属意識とあいまって、日本での在留希望につながっている。そして、その在留希望は〝永住〟に近いものとみなしうる。ただ、「私モコノ儘踏ミ止マツテ居タイト思ヒマスガ只心配ナノハ内地ニ置イテ貰ヘルカドウカ」[75]（補導員C氏）という危惧が表明されている。こうした人びとを積極的に受け入れるだけの素地が、敗戦を迎えた当時の日本社会にあったのか。日本での〝永住〟のためには、少なくともそれがひとつの前提となる。

しかし、在日朝鮮人は、「休戦発表以後」の地域社会で朝鮮人に対する「言語ヤ態度ガ差別的ニ一変」[76]する事態に直面することになる。それは、旧協和会関係者も例外ではなかった。「心無シノ内地人ハ十五日以来『君等ハ独立ガ出来テ良イダラウ』等ト皮肉ノ様ナ事ヲ言フ人モアリマス泣キタクトモ泣ケマセン」[77]（補導員B氏）、「昨日初メテ内地人ニ対シテ憤リヲ感ジタコトハナイ其レハ今迄永年交際シテヰタ〔N〕ノ〔T〕ト言フ人デアルガ『君イツ朝鮮ニ帰ルンダイ帰ルノナラ家財道具ヲ分ケテ貰ヘンカ』ト言ツタ事デアルアンナ男トハ今後絶交ダ」[78]（補導員D氏）などである。「遂ニハ生活ヲ脅カサレ追出サレル様ニナルノデハナイカト心配サレル」[79]という懸念は旧協和会関係者にも充分及び得るものであった。とりわけ日本統治を肯定的に受け入れ、日本社会に溶け込んできたと自認し、戦争協力にも積極的に尽くしてきたという自負を有する人びとであればこそ、日本の敗戦を悔しさや悲しさをもって受けとめた。それだけに、敗戦を機にその姿勢を転換した日本社会に対する憤懣や幻滅は深い。「内地人ノ方ハ今後内地ニ残留スル我々ニ対シテモツト認識《ママ》ノ深メテ貰ヒ度イ自分ハ政府カラノ強制帰国命令ノ無キ限リ絶対帰ラヌ積リテアル」[80]（補導員D氏）というように、日本社会に対する朝鮮人理解の深化を強く要望すると同時に、強制的な命令でもない限りは日本からの退去を要求されるいわれはないという思いをにじませている。当時の朝鮮情勢の混乱のなかでは朝鮮へ戻ったところでただちに生活が行き詰まる状況であり[81]、それは在日朝鮮人の間にも情報として徐々に伝わっていった。だからといって、日本に残留すれば安定した前途が保障されるというわけでは決してなく、「日本人」あるいは日本の地域社会の一員として〝永住〟を望む人びとにとっても、これは無縁のものではなかった。

ただし、同じ協和会関係者のなかでも、これまで見てきた人びととは対照的な姿勢を示す者も、きわめて限定的ではあるが存在する。千葉県下のある地域における複数の補導員たちは「今迄デサヘ同ジ日本人デアリ乍ラ差別待遇ヲサレタノデアルカラ朝鮮ガ独立スルト言フ事ニナレバ一層圧迫ガ激シクナルニ相違ナイ」として意見が一致し、可能な限り多くの在住者を朝鮮に帰すように勧めることになったという[82]。そして、その複数の補導員のうちの一人は、これまでの朝鮮人への差別（参政権・渡航管理）や戦時期の「強制労働」に加え、日本敗戦に伴う朝鮮人への待遇の過酷さを耳にするに及んで、「朝鮮人ハ日本人ニ対シテ恨ミガ骨髄ニ達シ居ル事ハ事実デアル」とした。さらに言葉を継いで次のように述べている。「朝鮮ガ独立スルノデ今後日本内地ニアル朝鮮人ハ強制的ニ帰鮮《ママ》セシメラレナイトモ限ラズ又内地ニアッテモ圧迫ヲ受ケルカモ知レナイガソンナ事ヲシタラ今迄ノ如ク泣寝入リヲシテハ居ラレナイ」[83]。外村大［二〇〇四］の指摘する、「日本人から受ける排除に対する反発」が「いつでも日本帝国主義を否定する民族意識」へと転じる契機は[84]、旧協和会関係者になかったとも言い切れない。

2　在日朝鮮人団体の全国組織成立前後における参加と排除

一九四五年八月一五日を境に日本各地で朝鮮人団体の組織があいつぐが、そこでは、戦前期の社会主義運動や労働運動の担い手の他に、旧協和会や対日協力団体の関係者の参加もまた見られた。東京の在留（在日）朝鮮人対策委員会（一九四五年八月二〇日結成）や大阪の大阪朝鮮人協議会結成準備委員会（一九四五年八月二八日結成）にあたっては旧協和会や地下工場建設一心会などの幹部クラスが加わっていた[85]。張錠壽氏によれば、大阪では「とにかく、なるべく多くの朝鮮人を組織しようという主旨」のもと、「社会主義運動をしたわれわれの同志たちだけでなく〔中略〕最初の段階では、協和会の指導員などをしていた人たちもいっしょに加わ」ることになった[86]。大阪の布施市でも、組織結成準備（一九四五年八月二二日）がなされた際、「参加人員は約四〇数名であったが、七、八人を除く他は当時の協和会指導員達であった」という[87]。

まもなく各地の朝鮮人団体を一元化する動きが起こり、一九四五年九月から一〇月にかけて全国組織の中央・地方機関の整備が順次進められ、一〇月一四・一五日には在日本朝鮮人連盟（朝連）の中央総本部結成大会が開かれるに至った。朝連中央総本部の結成準備や各地における朝連支部組織の整備に際しても、引き続き旧協和会関係者の関与が見られた。在日本朝鮮人連盟中央結成準備委員会（東京都代々木、一九四五年九月一〇日成立）には旧協和会の幹部クラスが役員として名を連ねていた[88]。千葉の朝連組織結成に際し、先の副支会長F氏は東京から来訪した朝鮮人との会話のなかで、興生会（旧協和会）が将来消滅するのならば「現在勧メラレテキル会（朝連）ニ入会セネバナラズ」という意向を示すとともに、「先達モ館山ノ興生会ノ人達ガ二回バカリ来テ在日本朝鮮人連盟ニ館山興生会モ入会シタカラ鴨川モ之レニ入会スル様ス丶メニ来マシタ[89]」と述べ、旧協和会関係者も朝連の組織整備に参画したことを伝えている。

戦時期に戦争協力を行った旧協和会関係者が「日本の敗戦とともにすぐに民族陣営に加わっていけた」、その内的論理については、塚﨑昌之［二〇一〇］において、幹部クラスの事例検討がなされている。そこでは、幹部クラスの人びとからすれば「必ずしも自分の保身、利益のために権力者に接近したのではなく、厳しい情勢の中でも民族的意識を保持し続け、権力者に対して朝鮮人の権利擁護、差別撤廃を働きかけたといった『自負』があった」（しかしその「上からの『差別』の改善」に向けた働きかけは実効性がなく「大衆的基盤」を伴わなかった）と指摘される[90]。先に触れたように、布施市での朝連支部結成準備に際して集まった人びとの「大半は協和会の指導員」であったが、その人びとに対しては「民族愛と愛国精神」「民族感情の大義名分」「わが民族のため」といったように民族意識に訴える形で組織づくりへの参加が呼びかけられている[91]。

とはいえ、朝連の組織整備の過程で旧協和会関係者に対する反発も見られ、摩擦や対立がしばしば表面化している。

千葉では、朝連千葉県支部準備委員会委員において「朝鮮人ニシテ戦争中警察当局及日本人ニ対シ友好且親善関係ニアリタル人物ニ対シテハ相当反感ヲ抱持[92]」するのに対し、「従来ノ興生会員（定住者）ノ一部」では「連盟ノ半強制的帰鮮《ママ》ノ従慂ニ対シテテ《ママ》好感ヲ持セザル如キ模様[93]」を示していた。大阪では「〔朝連の〕支部や分会の結成はどこでもすんなりといったわけではない。〔中略〕元協和会の連中とケンカして、もめていたことがあ[94]」り、札幌で結成された朝鮮民族統一同盟（一九四五年一〇月一六日結成）は朝連との直接的な連動関係を持たずに独自に組織されたが、旧協和会幹部をめぐる内紛から分裂に至っていることが指摘されている。[95]

協和会関係者に対する反発の背景のひとつには、日本敗戦直後の段階では朝鮮人団体が警察との関わりを断ち切れないでいるという現況があった。張錠壽氏によれば、旧協和会関係者が「大阪府の特高係と一脈通じていて、特高刑事と連絡をつけて」、「どんどん情報を持ち出して特高に流す」ことがあったという。[96]敗戦直後に叢生した朝鮮人団体も実質上警察の管轄下にあった旧協和会の施設・組織をベースにして成立した面があると思われる。[97]千葉の朝連支部・分会の整備過程の場合、「近ク千葉銚子、茂原、館山ノ四ケ所ニ支部ガ設ケラレ尚分会ハ警察署単位ニ出来ルト言フ事デス」というように、警察署単位で分会が設置される見通しであることが旧協和会関係者から語られており、[98]初期段階においては警察との関係をある程度前提にせざるをえない当時の状況がうかがわれる。

全国組織としての朝連の創立および地方組織の拡充のなかで、旧協和会や対日協力団体関係者の排斥があいつぐようになる。朝連中央では中央総本部の創立大会の二日目に社会主義者を中心とする左派勢力により旧協和会の幹部クラスが大会から強制排除された。[99]朝連第一〇回拡大中央常任委員会（一九四五年一一月一八日）は、協和会のほか相愛会・一心会・東亜連盟などの関係者三六人を糾弾対象として指名し、各地方本部へ通達した。[100]こうした旧協和会関係者の排斥の動きは地方組織にも及んだ。例えば大阪では、朝連大阪府本部の臨時大会（一九四六年一月二三・二四日）で、戦時期に大阪協和協力会の周辺にいた前歴のある委員長などが退任に至った。[101]その当時の状況について張錠壽氏は、「それよりも、四六年になってからの各支部の第一回大会のときが忙しかった。役員をみんな入れ替えたからだ。朝連中央で民族反逆者除外の方針が出ていたから、過去に傷のある者をより分けなければならなかった」と述べている。[102]とはいえ、旧協和会関係者が一律に排斥されたというわけでもない。同じく張錠壽氏は「民族反逆者の問題で衝突が起これば、〔朝連〕大阪本部からわれわれが出て行っては仲裁をとる。そして本当に反逆していない者や、悔い改めて自己批判を徹底的にし尽くす者はそのまま置いて活用した」としている。[103]鳥取では、同様の経緯によるものかどうか不詳であるものの、県下の協和会支会の補導員や地方興生会の指導員をつとめた人物が日本敗戦後、朝連山陰本部の執行委員長や朝連鳥取県本部の委員長・顧問を歴任しているケースが確認される。[104]

朝連から排除された旧協和会の幹部クラスの人びとは、社会主義を拒む民族主義者の勢力などとともに新たな団体の創立に向かい、在日本朝鮮居留民団の結成（一九四六年一〇月三日）へとつながる。朝連と民団の分立はもちろん、日本統治・戦争への協力という契機だけによるものではなく、朝鮮での南北分割占領・分断国家の成立に伴う様々な対立軸が錯綜している。とはいえ、対日協力・戦争協力という前歴よりも「反共」が優先されるがゆえに、旧協和会関係者などにとって、民団の存在がひとつの受け皿となった側面はあった。

3　補導員・指導員経験者のその後

日本敗戦後の朝鮮人団体の動向のなかで、補導員・指導員の経験者たちはどのような歩みをたどることになるのか。本章をまとめる過程で把握の及んだ事例は決して多くはないが、いくつかの経路を挙げることができる。

(1) 在日本朝鮮人総連合会（朝鮮総連、一九五五年五月結成）での活動

先に触れた張錠壽氏の回想にあったように、朝連では旧協和会関係者であってもおしなべて排斥したわけではない。

幹部クラスの人びと以外では、「民族反逆」行為が認められない人びとや徹底した「自己批判」を行った人びとについては、朝連組織で許容した面があったと見られる。「だから協和会の指導員をやっていた者で、いまだに朝鮮総連に入っている者もいるし、北へ引き揚げた者もいる」[105]というように、朝鮮総連結成後、総連に身を置いて活動を行ったり、なかには朝鮮民主主義人民共和国へ渡った人びともいることが証言としてある。実際に、補導員・指導員経験者が朝連・朝鮮総連において積極的な活動に従事するというケースが見られる。一九六六年に聞き取りに応じた指導員経験者O氏の妻は日本敗戦後のO氏の活動について、「いま、この〔A〕支部総連の委員長しおるんよ。なんでも、先頭に立つ人での、主人は――。朝連時代からいままで、役に就かんときがなかった」、「あのとき〔K〕、朝鮮学校つくるに、そうとうなムリしとるけえ……。うちのしごともみんでのう、バラス採りして、学校、工事で働いたんじゃ。ひる弁当もぬいて……」と証言している。[106] O氏自身は、自己の指導員経験を次のように振り返っている。「わし警察からいうてきて〔K〕の指導員しておったんじゃ。〔中略〕そりゃ、ええもんじゃなかった。警察が自分らの都合ええようにこしらえてあったんじゃ。ええもんじゃなかった」。[107] O氏の場合、その指導員経験は深い悔恨とともにきわめて苦い思い出として想起されるものであった。O氏が朝鮮総連の組織活動や朝鮮学校の建設に邁進する背景にはもとより様々な思いが去来しているのだろうが、戦時期における指導員経験もまた、こうした献身的な尽力の原動力の一つになっていると考えるのは、あながち穿ち過ぎの見方とも言えないように思われる。

(2) 在日本大韓民国居留民団（一九四八年一〇月に在日本朝鮮居留民団から改称。韓国民団）での活動

戦時期に補導員をつとめた金鍾在氏は、当初は朝連に参加していたが、社会主義勢力への反発や朝鮮の信託統治をめぐる朝連の方針に同意できなかったことなどがあいまって、在日本朝鮮居留民団の前身団体の一つである新朝鮮建設同盟が結成される（一九四六年一月二〇日）と、朝連を離れてその地方本部の準備に参画した。[108] 居留民団結成時には金鍾在氏は中央の内務部長に就任し、その後も民団中央の監察局長や東京韓国学園長など韓国民団で要職を歴任することになる。自身の回想に「ここで協和会補導員を引きうけたことが、戦後になってたたり、親日派として二〜三回、つるしあげを食うことになるのであるが(109)」とあるように、日本敗戦後は補導員としての前歴がしばしば糾弾の対象・口実となった。

金鍾在氏と同様の歩みは他にも確認される。北海道では、戦時期以前より地域在住朝鮮人団体の中心を担い、戦時期には道下で協和会支部の指導員をつとめた人物が、朝連への参加を経て、北海道に韓国民団が設置されるとともに道下の民団地方支部の団長に転じている(110)。

また、指導員経験者H氏も聞き取りに応じた一九六九年時点で韓国民団につとめている(111)。H氏は自身の指導員経験について、「わたしは無事つとめあげましたから、時勢でしたからね、当時の、これに逆らってもどうなるものでない」と、当時としては仕方がなかったと振り返る。自己の境遇については「とくをしたというか、うまくたちまわったということはないが、県庁や日本の有識層とのつながりは、かなりありましたからね、よくしてもらいました」と特別な立場にあったことを認めている。「日本人なみに待遇すれば名分もたちますがね、そうでない」という日朝間の差別の現実には「矛盾は感じておりましたよ」とし、朝鮮人の自由往来が認められていないことを「内鮮一体」に反すると主張して協和会で「大喧嘩」になり「手きびしい査問」に至ったというエピソードを挙げる。そして、「誠意をもって、同胞の世話役をやっておりました」と述べ、指導員として「精神的な苦痛はありましたが、指令にもとづいて、誇りを失わぬよう、日本青年にけっして劣らぬように、わたしは最善の指導をはたしたつもりです」と、自身の当時の活動のことをむしろ最善を尽くしたという形で披瀝している(112)。

(3) 日本国籍取得

指導員経験者のなかには、「ご存知のように、戦後帰化して、県庁に勤務しておりますが[113]」というように、日本国籍を取得しているケースも見られる。

旧協和会とのつながり自体は確認できないため本章の直接的な検討対象からは少し外れるが、ある聞き取り（一九六五年）のなかに、相愛会の地方幹部→「女郎屋」経営→朝連支部委員長→日本国籍取得という遍歴を経てきたM氏がいる。M氏は自身の歩みを振り返り、「わしは力もなかけん、労働もできにゃ……頭脳的に何すればできんこともなかったが、そんな面は朝鮮人は使わん、わしは中途半端な人間になってしもうて、ナニもできんでしょう」と自身の無力さを嘆いた。しかし、M氏をよく知る在地の朝鮮人の評価はM氏の自己認識とはまったく異なるものであった。「Mさんはこの島のボスじゃ。日本人でもアタマ上がらんでしょうが。警察にもカオきくし……。〔中略〕Mさんそこで一時、炭坑の労務やっとったですよ。日本人Mで通しておったです。〔中略〕裏切り者たい、朝鮮人の……。〔中略〕島の朝鮮人の面倒はいっさい見んし、つきあわん[114]」。

周囲の人びとによれば、M氏はその地域社会の「ボス」であり、日本社会や警察とのパイプも持ち、炭坑では朝鮮人労働者の管理担当として朝鮮人に抑圧的な姿勢で臨んでいた。戦時期に抑圧的な行為を行った補導員・指導員経験者の場合、「わたしを徴用工に推薦した〔K〕という協和会の指導員が、解放と同時に姿をくらましてしまった[115]」、「彼等も、今まで自分が一体何をしていたのか、よく知っていたから逃げ出したのだろう。家族は置いたまま、皆しばらくは姿を消して隠れ回っていたようだ[116]」というように、日本の敗戦と同時に姿を消したことが伝えられている。これに対し、M氏は日本敗戦後も引き続き地域社会での優位を保持することができた。逃亡することもなく地域の有力者としてとどまり、日本国籍を取得して他の朝鮮人との関係を断ち切った。補導員・指導員の経験を有したかどうかは不明であるものの、補導員・指導員経験者のその後の歩みを考えるうえで、一つの可能性としてM氏の軌跡をとらえることができるように思われる。

おわりに

筆者は以前、日本敗戦直後の在日朝鮮人の「帰国」を検討した際、日本での残留を希望する人びとの多くは同時に「帰国」の念願を保留している点で〝永住〟志向とは性格が異なることを指摘した[117]。これに対し、旧協和会の補導員・指導員経験者における日本での残留希望は〝永住〟と呼び得るものと解される。こうした人びとには「長年内地ニ住ミ付イタモノ」として「朝鮮ニ帰リタイトモ思ツテ居ナイ[118]」（副支会長F氏）というのを自然な感情としている面が見られるが、この〝永住〟志向は、日本での在留期間の長さや日本生まれの子どもの存在そのものに由来するというよりも、日本の地域社会のなかで積み重ねられた定着のための努力が、日本統治に対する肯定的評価や積極的な戦争協力などとも結びつく形で、「日本人」になりきる意識を培ったことによるところが大きいように思われる。そして、そうした意識は日本が敗戦を迎えてもなお故郷との断絶を辞さないものであり、場合によっては「朝鮮人」としての民族性を改めて取りもどすこともかなわないほどのものであったと想像される。しかし、敗戦後の日本社会は、戦時期には表にこそ出さなかった〝境界〟を顕在化させ、こうした朝鮮人の受け入れを拒んだのである。

他方、補導員・指導員経験者にとって、戦時期の協和会での経験は、その後の歩みのなかで疼き続け、自身の思いとは関係なく図らずも時として呼び起されるものとなった。本文中でしばしば証言を引用した指導員経験者H氏はインタビュアーに対して次のように問い返した。「あなたは、これを、なにかのかたちで発表するつもりですか、まさか北鮮系《ママ》の雑誌などにつかわないでしょうね。〔中略〕わたしは現在、居留民団の幹事をしておりますしね、〔中略〕これがアカに利用されでもしたら、韓国の国是に反しますから、〔中略〕とにかく、いま、韓国に忠誠、誓うものですからね」[119]。朝鮮の南北分断状況が韓国民団に身を置くことを可能にしている一方、それがために自陣営と対峙する「アカ」の勢力によって自身の戦時期の経験を利用されることを懸念し、ナーバスになっているさまがはっきり示されている。戦時期の経験を純粋な〝経験談〟として語ることは南北分断によって許されない。現在進行形の時代状況や新たな事態の現出に応じて、その経験が語られる際の形態は流動的・可変的である。その経験は当事者を追いかけることをやめず、自身でもその経験の何たるかを確定しきれない。それは、南北分断状況が続く現在もなお、いわば〝経験化されない経験〟としてあり続けているのではないか。

さらに言うならば、H氏に対する聞き取りにあたり、自身も在日朝鮮人であるインタビュアーは「あの時代の朝鮮人の実態をしらべている、一人の日本人」と自己紹介し、「日本人の振りをして」面談に臨んでいる[120]。インタビュアーはこの面談について次のように記す。

しかし、事件や人物のかんじんなデテールについては、かれは容易に語らないのである。この人たちの沈黙から、真実の断片を引きだすことには、限界がある。そのもどかしさ、いら立たしさ、そして自分をいつわっていることの負目と恥ずかしさ――。日本人といつわることによってしか、まじわれない、広島の、いやわたしたち内部の黒い恥部――[121]。

日本の朝鮮統治や戦時期の協和事業を通じて在日朝鮮人のなかに持ち込まれた様々な分断は、日本の敗戦、朝鮮の南北対立という激変を通じて、在日朝鮮人同士の関係をさらに複雑な、歪なものとした。H氏への聞き取りは、H氏のほうでインタビュアーが「朝鮮人」であることを知っていたならば成立しなかった可能性が高い。在日朝鮮人の人間関係における分断もまた〝境界〟と表現するのであれば、その両者を隔てる〝境界〟を超えてH氏からいくばくかの証言を辛うじて引き出せたのは、「日本人」という媒介だったのである。

注

（1）協和会に関する全般的な研究動向の整理としては、木村健二［二〇一七b］「『協和会』研究の成果と課題」（『在日朝鮮人史研究』第四七号）がある。

（2）この他、木村健二［二〇一七a］『一九三九年の在日朝鮮人観』（ゆまに書房）では山口県協和会の補導員・指導員に関する属性分析がなされている（一七一～一七四頁）。

（3）坪江汕二［一九六五（原刊一九五三）］『在日本朝鮮人の概況（前編）』巌南堂書店、一七二頁。この点については梁永厚［一九九四］『戦後・大阪の朝鮮人運動一九四五‐一九六五』（未来社）ですでに言及がある（三四頁）。

（4）秦郁彦編［一九八二］『戦前期日本官僚制の制度・組織・人事』東京大学出版会、六二四～六四三頁。なお、「朝鮮人学校卒業者就職状況報告ノ件」（川岸文三郎朝鮮奨学会理事長から内務次官あて、一九四三年一〇月三〇日、「本邦ニ於ケル教育制度並状況関係雑件　朝鮮奨学会関係　昭和一六年一月」、広瀬順晧編［二〇〇三］『戦中期植民地行政史料　教育・文化・宗教篇』マイクロフィルム版・第二二リール、ゆまに書房）添付の「高等文官試験合格者中央官庁内定者」によれば内務四人・鉄道二人・逓信二人・農林一人・文部一人・大蔵一人・商工一人とある。具体的には、金星鏞（一九四二年合格、軍需）、金東祚（四三年合格、厚生）、申鉉碻（四三年合格、商工・軍需）、陳懿鍾（四三年合格、内務）、康龍玉（四三年合格、農林）などが挙げられ、後に大韓民国で中央省庁の長官や国務総理になる者も含まれる。

（5）前掲「朝鮮人学校卒業者就職状況報告ノ件」添付の「中央官庁就職者名簿」、「各庁新規採用ニ係ル朝鮮出身雇員ニ関スル件」一九四三年一〇月一一日起案（前掲「本邦ニ於ケル教育制度並状況関係雑件」に所収）。

（6）坪江汕二前掲［一九六五］一七三頁。

（7）松田利彦［一九九五］『戦前期の在日朝鮮人と参政権』明石書店、一一四～一一五頁。唯一の衆議院議員は朴春琴（一九三二・三七年当選、一九三六・四二年落選）である。加えて、南樺太において町会議員の立候補者・当選者が確認される（山田伸一編［二〇〇七］「『樺太日日新聞』掲載在サハリン朝鮮民族関係記事　目録と紹介」『北海道開拓記念館調査報告』第四六号、一三六・一四四・一五一頁）。

（8）松田利彦前掲［一九九五］八一頁。

（9）同右、八六～九三頁。
（10）外村大［二〇〇四］『在日朝鮮人社会の歴史学的研究』緑蔭書房、三一九頁。木村健二［二〇一七a］七四～七五頁。朝鮮人の集住地区で朝鮮人のみの隣組がつくられるなか、朝鮮人集住地で隣組が未組織の地区も見られた（平野才一「協和会員と隣組」『協和事業』第三巻第三号、一九四一年三月、一五～一六頁。朴慶植編［一九八二］『朝鮮問題資料叢書』〔以下『叢書』〕第四巻、三一書房、三六一～三六二頁）。
（11）前掲「協和会員と隣組」一五～一六頁（『叢書』第四巻、三六一～三六二頁）。
（12）衣川利三次「新体制と協和事業」『協和事業』第三巻第三号、一九四一年三月、一二頁（『叢書』第四巻、三六〇頁）。
（13）「集団朝鮮人の配給米詐欺事件検挙の件」司法省刑事局『経済月報』第四巻第一号、一九四四年一月、六二頁。
（14）前掲「協和会員と隣組」一五～一六頁（『叢書』第四巻、三六一～三六二頁）。
（15）外村大［二〇〇四］三一九～三二〇頁。樋口雄一［一九八六］『協和会』社会評論社、一二六頁。
（16）塚﨑昌之［二〇一〇］「アジア太平洋戦争下の大阪府協和会・協和協力会・興生会の活動と朝鮮人」（『東アジア研究』第五四号、大阪経済法科大学アジア研究所）三七～三八頁。
（17）内務省警保局『社会運動の状況』および『特高月報』の「在日朝鮮人運動日誌」（朴慶植編［一九七六］『在日朝鮮人関係資料集成』〔以下、『集成』〕第四巻、三一書房、一〇九〇・一〇六三・一〇六九頁）。
（18）塚﨑昌之［二〇一〇］。金斗鎔［一九四七］『日本における反朝鮮民族運動史』郷土書房。
（19）塚﨑昌之［二〇一〇］三八～三九頁。松田利彦［二〇一五］『東亜連盟運動と朝鮮・朝鮮人』有志舎、一四〇～一四一頁。
（20）「何々道府県協和会支会設置規程　例」『協和事業彙報』第一巻第二号、一九三九年一〇月、一二頁（『叢書』第四巻、四三頁）。
（21）「協和事業標準機構」『協和事業彙報』第一巻第二号、一九三九年一〇月（『叢書』第四巻、三九頁）。「協和事業機構」『財団法人中央協和会要覧』一九四〇年一二月（樋口雄一編［一九九一］『協和会関係資料集』第一巻、緑蔭書房、二四六頁）。
（22）前掲「協和事業標準機構」・「協和事業機構」。
（23）樋口雄一［一九八六］一一四～一一五頁。正確は期し難いが、『紀元二六〇〇年奉祝全国協和事業大会参会者名簿』（一九四〇年一二月）によれば、指導員と補導員が併存しているのは一五府県である。
（24）樋口雄一［一九八六］一一五頁。
（25）新潟県・京都府では指導員が日本人、補導員が朝鮮人として規定されている（樋口雄一編［一九九一］『協和会関係資料集』第三巻、緑蔭書房、七五・四八九頁）。なお、支会レベルで置かれる支会副会長・参与・幹事など、警察・行政・学校の幹部・吏員などの就任を想定している役職（前掲「協和事業機構」。「協和会事業機構図表」、中央協和会『昭和十八年三月現在　協和事業機構調』〔樋口雄一編［一九九一］『協和会関係資料集』第一巻、二六二・四一〇頁〕）において、朝鮮人を充当している道府県が見られる（この点は樋口雄一［一九八六］一一四頁にも指摘がある）。前掲『紀元二六〇〇年奉祝全国協和事業大会参会者名簿』において、名前から明らかに朝鮮人と特定し得るのは、支会副会長で五県、支会（支部）参与で三県、支会幹事で一一道県である。

（26）樋口雄一［一九八六］一一五頁。

（27）『兵庫県社会事業』（兵庫県救済協会発行）の「協和会のページ」に掲載される各支会の活動報告には補導員の存在が散見される。一九四三年二月の「指導員会に於ける指示並に主なる協議事項」の一つとして「補導員廃止の件」が挙げられている（『兵庫県社会事業』一九四三年四月号。樋口雄一編［一九九一］『協和会関係資料集』第四巻、五五四頁）ので、一九四三年に入り補導員を廃止した可能性がある。

（28）樋口雄一編［一九九一］『協和会関係資料集』第三巻・第四巻。

（29）「広島県協和会支会準則」『社会時報』第一〇巻第一号、広島県社会事業協会、一九四〇年一月（樋口雄一編［一九九一］『協和会関係資料集』第四巻、六一六頁）。

（30）前掲『紀元二六〇〇年奉祝全国協和事業大会参会者名簿』においては、広島県協和会からの参加者として三二人の「補導員」が名を連ねている（三六～三七頁）。

（31）武田行雄「協和読本（第一回）」『協和事業彙報』第二巻第三号、一九四〇年四月、三三頁（『叢書』第四巻、一三八頁）。

（32）補導員講習会に対する「感想」『協和事業彙報』第一巻第三号、一九三九年一一月、二〇頁（『叢書』第四巻、七一頁）。

（33）高見繁「密集地区懇談会記録抜粋」『協和教育研究』兵庫県協和会、一九四三年三月、九一頁（『叢書』第四巻）。

（34）同右、九三頁（『叢書』第四巻）。

（35）金鍾在述・玉城素編［一九七八］『渡日韓国人一代』図書出版社、一〇三・一二〇頁。

（36）朴壽南［一九七三］『朝鮮・ヒロシマ・半日本人――わたしの旅の記録』三省堂、一一九頁。

（37）前掲「密集地区懇談会記録抜粋」九三頁。

（38）具体的には、一万〇七一〇人（一九四〇年末）～一万三一九七人（一九四一年末）～一万七〇二七人（一九四二年末）～一万七三二二人（一九四三年三月）となっている（内務省警保局『社会運動の状況』一九四〇・四一・四二年版の「協和事業機構表」〔『集

成』第四巻、五〇九・七三二・九五二〜九五五頁）、前掲『協和事業機構調　昭和十八年三月現在』（樋口雄一編［一九九一］『協和会関係資料集』第一巻、二六五頁））。

(39) 前掲『協和事業機構調　昭和十八年三月現在』（樋口雄一編［一九九一］第一巻、二六五頁）。専任指導員は一九四三年四月に設置が指示されたもので、「原則トシテ朝鮮人」を充当することとされた（樋口雄一［一九八六］一一五頁）。しかし、山口県では、指導員として朝鮮人の他に日本人も推薦されており（木村健二［二〇一七a］一七一〜一七三頁）、道府県によって対応が異なっていたものと見られる。

(40) 外村大［二〇〇四］二三八〜三三二頁。木村健二［二〇一七a］一七一〜一七四頁。

(41) 京都府協和会の補導員では、古鉄業・染色工場・伸銅職工・肥料業・古物業・乾物商・箒製造業・朝鮮料理業・民族食品販売・友禅・砂利採取・自動車運搬業・織物商・新聞販売・市常雇人夫（外村大［二〇〇四］三三〇頁）、山口県協和会の補導員・指導員では、牛乳配達人・料理店経営・呉服商・貿易店勤務・パン製造業・農業（木村健二［二〇一七a］一七一〜一七四頁）となっている。

(42) 外村大［二〇〇四］三二九〜三三二頁。

(43) 『東亜新聞』一九四二年九月二九日付、一〇月一〇日付、一〇月二三日付、一一月一八日付、一九四三年二月六日付、二月一四日付、二月二七日付、三月五日付の各記事（外村大解説［一九九七］『戦時下在日朝鮮人新聞資料　東亜新聞』緑蔭書房、第二巻六一・九三・一五七頁、第三巻二九・一六九・一九三・二二七・二四一頁）。

(44) 前掲・補導員講習会に対する「感想」二〇頁（『叢書』第四巻、七一頁）。

(45) 朴壽南［一九七三］一一八・一一九頁。

(46) 外村大［二〇〇四］三三五頁。

(47) 同右、三三三〜三三四頁。

(48) 金鍾在［一九七八］一〇三頁。

(49) 外村大［二〇〇四］三三四頁。

(50) 同右、四三一〜四三三頁。

(51) 「朝鮮に対する徴兵制度実施に伴ふ在住朝鮮人の動向」『社会運動の状況』一九四二年版、八六一・八六二頁（『集成』第四巻、八九一・八九二頁）。

(52)「義務教育制実施に対する在住朝鮮人の動静」『特高月報』一九四二年一二月分(『集成』第四巻、一〇一三頁)。
(53)樋口雄一[一九八六]一二五～一二六頁。
(54)「兵庫県協和事業指導者養成講習会好成績裡に終了」(『兵庫県社会事業』第五巻第一号、一九四一年一月)五九～六一頁。
(55)「在日朝鮮人運動日誌」一九四三年七月一七日条(朴慶植編[一九七六]『集成』第五巻、三一書房、六〇〇頁)。
(56)司法省刑事局刑事課『刑事月報』第二巻第四号、一九四四年八月、三一～三二頁。補導員・指導員の絡む「犯罪」については史料上からあまり見出せないが、補導員の地位であったことを利用した労働者の引き抜き行為に関する記録がある。ある飯場の「親方」が、以前に飯場を経営していた地域に動員中の朝鮮人労働者に対し、「補導員に従事中自己の補導員たるの地位が在住朝鮮人より信用ある奇貨とし」て現在の飯場への引き抜きを企図したとされる(「在日朝鮮人運動日誌」一九四二年一一月一〇日〔『集成』第四巻、一〇八〇頁〕)。
(57)朴壽南[一九七三]一二六頁。
(58)朴憲行[一九九〇]『軌跡──ある在日一世の光と影』批評社、一二五・一二六頁。
(59)張錠壽[一九八九]『在日六〇年・自立と抵抗──在日朝鮮人運動史への証言』社会評論社、一二九頁。
(60)自己の利益を図る「打算」が補導員就任の動機になったこと、補導員就任で得た「信用」が経済的な成功につながったことを、外村大[二〇〇四]が同時代の史料を提示して指摘している(三三二頁)。
(61)前掲「密集地区懇談会記録抜粋」九二頁(『叢書』第四巻)。
(62)金斗鎔[一九四七]四〇頁。
(63)梶村秀樹[一九九三(初出一九八〇)]「解放後の在日朝鮮人運動」(『梶村秀樹著作集 六 在日朝鮮人論』明石書店)一五三頁。
(64)糸魚川警察署長「休戦ニ伴フ在住朝鮮人ノ動静ニ関スル件」一九四五年八月二四日(朴慶植編[一九九〇]『叢書』第一三巻、四〇八頁)。
(65)三条警察署長「在住朝鮮人ノ動向並ニ指導取締ニ関スル件」一九四五年八月二一日(『叢書』第一三巻、三一五頁)。
(66)神奈川県知事「大東亜戦争終結ニ伴フ民心ノ動向ニ干スル件」一九四五年九月八日(粟屋憲太郎・川島高峰編[一九九四]『敗戦時全国治安情報』第二巻、日本図書センター、二一七頁)。
(67)富山県知事「大詔渙発ニ伴フ在住朝鮮人ノ反響ニ関スル件」一九四五年八月一七日(『叢書』第一三巻、三六二頁)。
(68)千葉県湊警察署長「興生会副支会長ノ朝鮮独立ニ対スル意嚮内査ニ関スル件」一九四五年九月一四日(『叢書』第一三巻、七六〜七八頁)。
(69) 三条警察署長「在住朝鮮人ノ動向並ニ指導取締ニ関スル件」一九四五年八月二一日(『叢書』第一三巻、三一六頁)。
(70) 富山県知事「大詔喚発ニ伴フ在住朝鮮人ノ動向ニ関スル件」一九四五年八月一七日(『叢書』第一三巻、三九八〜三九九頁)。
(71) 千葉県湊警察署長「興生会副支会長ノ朝鮮独立ニ対スル意嚮内査ニ関スル件」一九四五年九月一四日(『叢書』第一三巻、七七〜七八頁)。
(72) 富山県知事「大詔喚発ニ伴フ在住朝鮮人ノ動向ニ関スル件」一九四五年八月一七日(『叢書』第一三巻、三九九頁)。
(73) 糸魚川警察署長「休戦ニ伴フ在住朝鮮人ノ動静ニ関スル件」一九四五年八月二四日(『叢書』第一三巻、四〇九頁)。
(74) 千葉県湊警察署長「興生会副支会長ノ朝鮮独立ニ対スル意嚮内査ニ関スル件」一九四五年九月一四日(『叢書』第一三巻、七八頁)。
(75) 神奈川県知事「大東亜戦争終結ニ伴フ民心ノ動向ニ干スル件」一九四五年九月八日(粟屋憲太郎・川島高峰編[一九九四]第二巻、二一七頁)。
(76) 十日町警察署長「時局急変下ニ於ケル管下在住朝鮮人ノ動向ニ干スル件」一九四五年八月二一日(『叢書』第一三巻、三四八頁)。
なお、この発言者は旧協和会関係者によるものではない。
(77) 三条警察署長「在住朝鮮人ノ動向並ニ指導取締ニ関スル件」一九四五年八月二一日(『叢書』第一三巻、三一六頁)。
(78) 富山県知事「大詔喚発ニ伴フ在住朝鮮人ノ動向ニ関スル件」一九四五年八月一七日(『叢書』第一三巻、三九九頁)。
(79) 十日町警察署長「時局急変下ニ於ケル管下在住朝鮮人ノ動向ニ干スル件」一九四五年八月二一日(『叢書』第一三巻、三四八頁)。
(80) 富山県知事「大詔喚発ニ伴フ在住朝鮮人ノ動向ニ関スル件」一九四五年八月一七日(『叢書』第一三巻、三九九頁)。
(81) ブルース・カミングス(鄭敬謨他訳)[二〇一二]『朝鮮戦争の起源』第一巻、明石書店、四〇〇〜四〇二頁。
(82) 千葉県東金警察署長「帰鮮并引続居住希望者調査方指令ニ関スル件」一九四五年九月二九日(『叢書』第一三巻、一一六頁)。
(83) 千葉県東金警察署長「終戦後ノ朝鮮人取扱ニ対シ極度ノ不平不満ニ関スル件」一九四五年九月二八日(『叢書』第一三巻、一一七〜一一九頁)。この発言者については肩書の明記がなく、注(82)の史料に登場する、同一人とおぼしき人物は「興生会補導員」とある。双方の名前(創氏名)の間には一文字の相違があるが、ここでは同一人物と解して取りあげる。
(84) 外村大[二〇〇四]四三二頁。
(85) 東京では権逸(「満洲国」審判官・中央興生会指導課長)・朱基栄(地下工場建設一心会勤労部長)・鄭寅学(相愛学院院長・地下工場建設一心会会長)などが参加メンバーとして見られ(金鍾在[一九七八]一二三頁。権逸[一九八七]『権逸回顧録』権逸回顧録刊行委員会、九〇頁）、大阪では金達寛（大阪協和協力会の周辺に存在）を委員長に擁立していた（塚崎昌之［二〇一〇］三三頁）。

(86) 張錠壽［一九八九］一三五頁。

(87) 姜鐵［一九八四］『わが想い出――姜鐵遺稿集』私家版、三四頁。鄭栄桓［二〇一六］「解放直後の在日朝鮮人運動と『戦争責任』論（一九四五 - 一九四九）――戦犯裁判と『親日派』処罰をめぐって」（『日本植民地研究』第二八号）ではこれ以外にも、協和会関係者が朝連の地方組織に参加した事例を挙げている（二五頁）。

(88) 権逸が副委員長・外務部長、康慶玉（大阪協和協力会副委員長・地下工場建設一心会常務執行委員）が地方部長として参加していた（権逸前掲［一九八九］九〇～九一頁）。

(89) 千葉県鴨川警察署長「朝鮮人ノ動向ニ関スル件」一九四五年一〇月二日（『叢書』第一三巻、一二八・一二九頁）。

(90) 塚﨑昌之［二〇一〇］四三頁。

(91) 姜鐵［一九八四］三六頁。

(92) 千葉警察署長「在日本朝鮮人連盟千葉県支部準備委員会動静ニ関スル件」一九四五年九月二九日（『叢書』第一三巻、一一二頁）。

(93) 館山警察署長「在日本朝鮮人連盟館山分会結成大会開催状況ニ関スル件」一九四五年一〇月一日（『叢書』第一三巻、一四二～一四三頁）。

(94) 張錠壽［一九八九］一六四頁。

(95) 函館市史編さん室編［二〇〇二］『函館市史・通説編』第四巻、函館市、八〇頁。朝鮮民族統一同盟の分裂後、最終的には朝連小樽支部（一九四五年一〇月三一日結成）が朝連北海道本部に昇格している（同前八〇頁）。

(96) 張錠壽［一九八九］一三六頁。

(97) 樋口雄一［二〇〇九］「協和会から興生会体制への転換と敗戦後への移行」（『海峡』第二三号）一〇〇頁。

(98) 千葉県鴨川警察署長「朝鮮人ノ動向ニ関スル件」一九四五年一〇月二日（『叢書』第一三巻、一二九頁）。

(99) 朝連中央結成準備委員会に加わっていた権逸・康慶玉・朱基栄などが強制排除の対象となった（権逸前掲［一九八九］一〇〇～一〇一頁。呉圭祥［二〇〇九］『ドキュメント在日本朝鮮人連盟』岩波書店、一四頁）。

(100) 朴慶植［一九八九］『解放後在日朝鮮人運動史』三一書房、六〇～六一頁。

(101) 塚﨑昌之［二〇一〇］四一頁。

(102) 張錠壽［一九八九］一六五頁。
(103) 同右、一六四・一七二頁。
(104) 前掲『紀元二六〇〇年奉祝全国協和事業大会参会者名簿』三四頁。内藤正中［一九八九］『日本海地域の在日朝鮮人』多賀出版、一九七頁。「在日本朝鮮人連盟第二回臨時大会中央総本部地方部報告」一九四六年二月二七日。在日本朝鮮人連盟『全体組織統計表』一九四八年三月（朴慶植編［二〇〇〇］『在日朝鮮人関係資料集成　戦後編』第二巻、不二出版、三〇頁）。
(105) 張錠壽［一九八九］一六四・一七二頁。
(106) 朴壽南［一九七三］三〇六・三〇七頁。
(107) 同右、一二六頁。
(108) 金鍾在［一九七六］一二七頁。
(109) 同右、一〇三頁。
(110) 前掲『紀元二六〇〇年奉祝全国協和事業大会参会者名簿』七頁。函館市史編さん室編前掲［二〇〇二］八二頁。「函館支部結成」『北海民団時報』第二号、一九四九年二月一五日付。「函館支部の大活動／今后の活動に期待」『北海民団時報』第三号、一九四九年三月一五日付。
(111) 朴壽南［一九七三］一二二頁。
(112) 同右、一二〇～一二三頁。
(113) 同右、一一八～一一九頁。
(114) 朴壽南［一九六七］「在日朝鮮人のこころ――半日本人の現実から」（『展望』第一〇三号）一四九・一五一・一五二頁。
(115) 張錠壽［一九八九］一三三頁。
(116) 朴憲行［一九九〇］二一三頁。
(117) 宮本正明［二〇一六］「在日朝鮮人の『帰国』――一九四五～四六年を中心に」（今泉裕美子・木村健二・柳沢遊編著『日本帝国崩壊期『引揚げ』の比較研究』日本経済評論社）六三頁。
(118) 千葉県湊警察署長「興生会副支会長ノ朝鮮独立ニ対スル意嚮内査ニ関スル件」一九四五年九月一四日（『叢書』第一三巻、七六頁）。
(119) 朴壽南［一九七三］一二二頁。
(120) 同右、一二一頁。

(121) 同右、一二一頁。

参考文献

梶村秀樹［一九九三（初出一九八〇）］「解放後の在日朝鮮人運動」（『梶村秀樹著作集　六　在日朝鮮人論』明石書店
姜鐵［一九八四］『わが想い出――姜鐵遺稿集』私家版
金鍾在述・玉城素編［一九七八］『渡日韓国人一代』図書出版社
木村健二［二〇一七a］「一九三九年の在日朝鮮人観」ゆまに書房
木村健二［二〇一七b］「『協和会』研究の成果と課題」（『在日朝鮮人史研究』第四七号）
張錠壽［一九八九］『在日六〇年・自立と抵抗――在日朝鮮人運動史への証言』社会評論社
鄭栄桓［二〇一六］「解放直後の在日朝鮮人運動と『戦争責任』論（一九四五－一九四九）――戦犯裁判と『親日派』処罰をめぐって」（『日本植民地研究』第二八号）
塚﨑昌之［二〇一〇］「アジア太平洋戦争下の大阪府協和会・協和協力会・興生会の活動と朝鮮人」（『東アジア研究』第五四号、大阪経済法科大学アジア研究所）
外村大［二〇〇四］『在日朝鮮人社会の歴史学的研究』緑蔭書房
長澤秀［一九九一］「千葉県における八・一五解放前後の朝鮮人の状態とその運動」（『在日朝鮮人史研究』第二一号）
朴慶植［一九八九］『解放後在日朝鮮人運動史』三一書房
朴壽南［一九六七］「在日朝鮮人のこころ――半日本人の現実から」（『展望』第一〇三号）
朴壽南［一九七三］『朝鮮・ヒロシマ・半日本人――わたしの旅の記録』三省堂
朴憲行［一九九〇］『軌跡――ある在日一世の光と影』批評社
樋口雄一［一九八六］『協和会』社会評論社
樋口雄一［二〇〇九］「協和会から興生会体制への転換と敗戦後への移行」（『海峡』第二三号）

第八章　送還と帰還――植民者二世・小林勝の戦後

崔　範洵

はじめに

高浜虚子が一九一一年六月一九日から『東京日日新聞』と『大阪毎日新聞』に連載をはじめた「朝鮮」の導入部には、下関から釜山にわたろうとしている人びとをながめる高浜虚子夫婦のつぎのような対話が記されている。

「でも、あの大勢の家族連が飯櫃を紐でからげたのを持って居ったり、一人旅らしい女が子供を背にくくりつけたりしているのを見ると何だかすぐ御近所にでも行くようですわね。」

「そうさなあ、けれどもその無造作なようなところに淋しい心持があって、本土を離れる人というような感じが強いじゃないか。(1)」

以上のような日本人の移住はこのあと増え続け、一九四五年八月の時点で朝鮮半島には約七七万の在朝日本人が居住していた。(2)同じ時期の在日朝鮮人は、二〇〇万人ないし二一〇万人であったとされる。(3)ところが、朝鮮半島と日本との間で一九四五年まで続いた移住の流れは、日本の敗戦をきっかけとして一挙に逆流するようになる。それによる戦後日本の引揚者は約六四〇万人で、当時の総人口の八～九％にあたった。逆に、日本から朝鮮半島に引揚げた人口は、一九四六年三月の時点で南朝鮮だけで一五〇万人余で、当時の南朝鮮人口の一〇％にあたった(4)。このような具体的な数値は、一九四五年八月までの長い時間に行われた人の移動・移住が短期間に逆方向に進められていたうずまきのような状況を想像させる。一九四五年までの移動の歴史は、一九四五年のあとには混乱をともなう逆流の形で続いたのである。一九四五年以前の問題は、敗戦によって消滅もしくは断絶されるのではなく、戦後の問題として継続したのである。その意味で、日本における「帰還」は、「植民」の戦後的な名称である。

「送還と帰還」は、戦前まで続いた朝鮮半島と日本とのあいだの人の移動・移住が戦後に残した問題、または新たに派生させた問題を包括する枠組みである。送還と帰還は、戦前の移動・移住の戦後的なあり方なのである。このように「送還と帰還」の観点から戦後における朝鮮半島と日本のあいだの人の移動を点検しようとするとき、小林勝の小説「ある朝鮮人の話」（一九五二）と「赤い壁の彼方(5)」（一九五八）は、注目すべきテキストとして受け止められる。なぜなら、「ある朝鮮人の話」は朝鮮戦争期に強制送還される朝鮮人を描いており、「赤い壁の彼方」は在朝日本人・植民者二世少年の経験した敗戦と戦後を描いているからである。

小林勝は、一九二七年に朝鮮の晋州《チンジュ》で生まれ、一九四四年三月に大邱《テグ》中学校を卒業したのち、同年の春に陸軍予科士官学校に進学するために、生まれてはじめて日本の地をふむ。以降、一七歳で敗戦をむかえた小林勝は、一九四八年に日本共産党に入党することで、陸軍予科士官学校の時とはまったく違う道をあゆむ。一九四八年には新日本文学会に入会し、翌年には早稲田大学の夜間部のロシア文学科に編入学する。おおむね、この時期から文学に関心をよせはじめたと思われる。それ以来、一九五二年から一九七一年三月に永眠するまでの二〇年間、おもに『新日本文学』と『人民文学』を中心として文学活動を行った。このような小林勝のはじめての小説が「ある朝鮮人の話」なのである。朝鮮戦争中に強制送還される朝鮮人の登場するこの作品は、本論で詳しく述べることになるが、戦後の日本政府が一九四五年までの移動の歴史をどのように処理したのかを「送還」の側面から告発している。「ある朝鮮人の話」の告発している朝鮮戦争期における朝鮮人の強制送還は、一九四五年以前の移動・移住の本質を事後的にあらわす。つぎに、「赤い壁の彼方」は、戦前の移動・移住が戦後に「帰還（引揚げ）」の形で継続しながら派生した問題の深淵を伝えてくれる小説である。「帰還」問題の深淵は小説の植民者二世少年の「慟哭」としてあらわれているが、この「慟哭」は一九四五年というテキストのなかの時間とは別に、作品の発表された一九五八年の慟哭、あるいは絶望としても読まれる。詳しいことは、のちに述べることとする。

小林勝文学は「引揚げ文学」のカテゴリーに入る。ところで、引揚げ文学そのものがそうであったように、小林勝が日本の戦後文学史のなかで言及されることはほとんどなかった。帰還が植民とつながるものであるためか、「『加害者としての日本』を含む物語は、戦前とは異なるはずの『戦後日本』では受けとめられる余地がなかった」[6]のである。言い換えれば、戦後日本の文壇は植民地関連の記憶を忘却の領域に排除してきたといえる。端的な例として、平野謙から「民主主義文学の生んだほとんど唯一の才能ある新人」[7]として評価された小林勝文学への関心が、かれの亡くなった直後の『新日本文学』の「追悼」特集と一九七五〜七六年にわたる全五巻の『小林勝作品集』の刊行のあとから一九九〇年代半ばまでのあいだ、ほとんど消えてしまうのはどこか問題的にうつる。[8]さらに、このような様相が引揚げ文学にもそのまま適用できるということは偶然の一致にはみえない。小林勝文学および引揚げ文学への無関心と回避は、一九四五年までの移動・移住の歴史に対する戦後日本の認識と通底している。このような状況において、小森陽一・成田龍一・岩崎稔の三人が「五〇年代後半から新たな段階に入ったという歴史像がつくられてきたせいもあり、五〇年代の前半はとても捉えにくい時期となって[9]」いることを指摘しながら、一九五〇年代の入り口で植民者二世として発言をはじめた森崎和江と小林勝を再評価すべき存在としてとりあげたのは注目すべきである。[10]小林勝は同じく在朝日本人であった梶山季之とともに植民地の経験と記憶を文学的に表現し始めた先駆的な存在でもある。また、かれの「朝鮮をなつかしいといってはならぬ」といった言葉は、在朝日本人史研究の先駆者・梶村秀樹に、「植民者の歴史的体験の再生の回路はこの言葉のなかにだけ含まれている」と評された(11)。本章は、このような先行の考察をもふまえて、日本の戦後記憶から抜け落ちてきた一九五〇年代前半と「五五年体制」が存在感を発揮しはじめた一九五〇年代後半を、小林勝の作品をもって再検討しようとする試みである。小林勝の作品は、いつからか定型化し固着化してしまった日本の戦後記憶に亀裂を入れられる記録として読まれる。では、小林勝のふたつの小説が、戦後における朝鮮半島と日本の境界をめぐる問題をどのように描いているのかを送還と帰還の観点から検討することとする。

一　朝鮮戦争期の強制送還と戦後日本

小林勝のはじめての小説である「ある朝鮮人の話」は、「一九五二年二月の或る雪の降っている日のあけ方」という時間設定のうえで、戦争中の朝鮮半島に強制送還される「キン・コオ・ネン」という朝鮮人を登場させている。おそらく韓国の金という苗字をもった人物であると思われるが、なぜか作品の最初から最後まで名前の表記は、カタカナ書きのフルネームで一貫している。掲載雑誌を基準として一三頁ほどの短編小説であるが、小林勝はこの作品のなかに強制送還をめぐる注目すべき事実や問題を多く盛り込んでいる。断定することはできないが、「ある朝鮮人の話」は、日本の戦後文学のなかで強制送還問題をとりあげた最初の小説である可能性が高い。

「ある朝鮮人の話」が一九五二年一二月の『人民文学』に掲載されたことと、小林勝が同年六月から翌年一月まで小菅刑務所に収監されていたことをあわせて考えると、この小説は小林勝が刑務所で聞いたり目撃したりした事実に基づいたものであるといえる。小林勝は、朝鮮戦争および破防法に反対するデモで火炎瓶を投げたという嫌疑で逮捕され、半年ほど収監されていた。ところで、小林勝は、一九五二年からながい時間のたった一九七〇年に、自分の文学の出発について次のようにふれている。

私は戦後になって、はじめて自分の国がその過去に朝鮮に対して何をやってきたかを知りました。私のせいではないとはいえ、私が日本人としてそこにうまれ、そこで育ったことの意味を考え、つらい気持になりました。そして敗戦からわずか五年で朝鮮戦争が起こり、そのおかげで、日本資本主義が息をふきかえし、再編強化されはじめた姿をふるえる思いでみつめていました。「過去」は「過去」ではなかったのです。日本資本主義経済は、またしても、朝鮮の血によって蘇生したのです。私は敗戦によって、醜悪な日本資本主義がうちのめされた姿を見ていたばかりだったので、私の頭には、からからにかわいて死にたえたような蛭のぺらぺらした体が、朝鮮の血を吸いつづけてむくむくふくれあがり、勢いよくのび縮みし、全身を黒紫色にてらてら光らせながら成長していくいまわしい姿が浮んでいました。そして、私は警視庁留置所で、冷酷無惨にも朝鮮へ送還されていく朝鮮人たちにぶつかったのです。私は憤怒につらぬかれました。(12)

これは小林勝が亡くなる一年前の一九七〇年に出版された小説集『チョッパリ』(13)の後書の一部である。引用文そのものは一九五二年の収監中の「覚え書き」ノートに書かれていたものなので、この「憤怒」は一九五二年のものである。小林勝は、引用部に引き続き、「その時から私の文学ははじまったのだ」と書いている。一九五二年の「憤怒」は、かれの文学の出発につながったのである。この点で、小林勝が自分の最初の小説のなかで、朝鮮戦争中の強制送還を取りあげたのは必然だったといえよう。これまで小林勝は、植民地朝鮮の記憶と経験を描いた小説家としてイメージ化されてきた。ところが、引用文は、小林勝の文学をかれの戦後体験という観点から再検討する必要性を訴えている。

小林勝はたしかに植民地朝鮮を背景とした小説を多く書いたが、それは戦前の時間に閉ざされているものではなく、一九五二年の経験、言い換えると戦後の経験から朝鮮という存在の意味を戦後日本の問題として再発見したことに基づいたものだったのである。小林勝文学は、これまで戦後日本が排除・封印・忘却してきた世界を伝える文学的な記録としてとらえなおす必要がある。

「ある朝鮮人の話」の発表された一九五〇年代前半は、引揚げ体験を記録したテキストが出現しはじめた時期でもあるが、その多くのものは苦労と被害の経験に焦点を置きながら、一九五二年四月のサンフランシスコ講和条約の発効をきっかけとして本格化する日本の戦後ナショナリズムの流れとかみあって、被害の記憶の構築に貢献した側面がある。発言できる余裕をもっていた限られた発言者によって、「ある種の被害者の位置取りが強い規定力を持って定着」しながら、[14]それが戦前の「臣民」の代わりに「国民的な求心力――共同性の回復の求心力」[15]の形成に貢献したのである。このようなことから考えると、朝鮮戦争中の強制送還をとりあげた小林勝の「ある朝鮮人の話」は、当時の引揚げ体験を語る動きの裏にあった戦後日本の別の側面に照明をあてようとしたものとして重要であろう。では、朝鮮戦争中の強制送還はどのような問題を含んでいたのであろうか。

敗戦のあと、日本における朝鮮人の送還は、ＧＨＱ（General Headquarters, 連合国軍最高司令官総司令部）によって始まるが、それはすぐ強制と制約をともない始めた。一九四六年三月一九日には朝鮮半島の情勢を理由として三八度線以北に本籍がある朝鮮人の送還は中止され、同年六月一二日には「日本への不法入国の阻止」（SCAPIN 1015）とともに再入国する朝鮮人を収容所に送る措置をとるようになる。そして、一九四九年に至って、強制送還をめぐる大きな変化が起きる。ＧＨＱは一九四九年一一月三日に「不法入国抑止に関する覚書」を発表するが、この覚書は不法入国防止にかんする権限と責任を日本政府に移管したことに最も重要な意味があった。この覚書のあと、日本政府は一九五〇年八月二九日に「出入国管理施設の設置に関する件」を発表するとともに出入国管理庁を設置し、同年一〇月には「退去強制手続に関する政令」を発表する。政令の目的は、「外国人登録令又は北緯三〇度以南の南西諸島に本籍を置く者に対する渡航制限に関する臨時措置令による行政処分を適切に実施する」とされているが、この措置は「臨時措置」としての「行政処分」という表現とはうらはらに、非人道的な強制送還の根拠として活用される。朝鮮戦争期の朝鮮人の強制送還は、植民地支配の歴史を消去する行為であったとともに、戦争難民を拒否する非人道的な措置であったのである。(16)

小林勝の「ある朝鮮人の話」には、強制送還されるキンを護送する出入国管理庁の木田部長と山下警備官が登場する。木田は、服役を終えたにもかかわらず手錠がかけられたまま護送される状況を疑うキンに対して、「今はこうして規則だから手錠なんてかけてるがね、そこは自由なもんだよ。え？　ほんとうさ。ベッドでね、たばこだって何だって吸ってるよ、君……行政的な問題だけなんだもの……え、君、わかるかね、行政問題だけさ(17)」と説明する。そして、続く場面でも一連の過程は単なる「行政処分」であるとくりかえし強調する。しかし、小説は、木田と一緒に護送の任務にあたっている山下警備官の内面をかりて、木田の説明が虚偽であることをすぐ暴露する。山下はこれまでの護送経験から、「二、三日どころか二タ《ママ》月近くも留置所にほおりこまれたあげく、大村へ送られ、強制送還されてしまうのが普通だった」ことを思い浮かべる。そして、朝鮮人のキンも「警視庁の審査」を受ける手続きがあると聞いたとき、直感的に強制送還されることを悟る。ところで、ここで強調したいのは、小説に登場する語彙や用語と横浜収容所・警視庁・大村収容所へと続く一連の過程が、一九五〇年一〇月の政令と一致するということである。木田がくり返し言及する「行政処分」という単語は、さきほど確認した政令の目的のところにあった「臨時措置令による行政処分」に基づいたものであり、横浜収容所のような地域別の収容所から警視庁審査を経由して大村収容所へ護送されるプロセスは、ほかでもなく「強制退去」の具体的な手続きそのものなのである。小林勝は一九五二年に強制送還される朝鮮人たちと遭遇したことから自分の文学が出発したのだと述べたが、その経験の衝撃はフィクション・テキストのうえに強制送還に関連するさまざまな事実情報を配置して、最終的には該当処置の虚偽性と非人道性を告発する努力へつながっていったのである。

強制送還をめぐる措置において最も注目したいところは、日本政府が出入国管理庁の設置および関連措置を本格的にスタートしたときが、一九五〇年八月であったことである。この事実は、戦後日本の強制送還が一九五〇年六月二五日に勃発した朝鮮戦争と歯車のようにかみあっていたことを意味する。朝鮮戦争の勃発と直結されていた強制送還は、あの戦争が冷戦体制のもとで起きたものであることから推測できるように、イデオロギー性を強く帯びたものであった。小林勝が小説の主人公キンを共産党活動に参加した政治思想犯として設定した理由は、当時に行われた強制送還のイデオロギー的な側面を浮きぼりにするためであったのである。小説のなかの朝鮮人キンは、戦前の「長い間、日本の炭坑で働いていて、〔中略〕その後党の組織に加わってからは、その炭坑組織という、一番地味な苦しい仕事に全力をうちこんで」いるうちに、三年半の収監生活をおくるようになった人物である。小説には、夜明けの秘密護送の前日に、正式の出獄時刻にあわせて、五〇～六〇名の人びとが刑務所のまえで赤旗を振りながらインターナショナル歌を合唱していた場面がある。二人の警備官は、そのような様子を見てから翌日の夜明けの秘密護送を計画したのである。

朝鮮戦争期に日本政府が強制送還の主な対象としていた在日朝鮮人の政治思想犯とかれらをめぐるイデオロギー的な状況は、サンフランシスコ講和条約の協議過程においても重要なものであった。日本の吉田茂首相は、講和条約の署名国から韓国政府を排除するため、一九五一年四月二三日の書簡のなかに、日本にいる在日朝鮮人の大部分が「遺憾ながら、共産系統である事実も、また、考慮にいれなければならない」[18]という文章を盛り込む。この文章は在日朝鮮人を強制送還させるためのものであったが、これに対してマッカーサーは「今帰すと、帰された者は韓国政府によって首を切られる。人道的な立場から今はその時期ではない」と回答したようである。ところが、吉田は「朝鮮人は帰ってもらわぬと困る」と述べながら、「日本共産党は、かれらを手先につかい、かれらの大部分は赤い」(19)と再三主張した。結局、このような日本の主張が受け入れられて、サンフランシスコ講和条約は非常に変則的なものとなり、朝鮮人の強制送還はより本格的に進められるようになったのである。これらの事実は、朝鮮戦争期の強制送還がいかに強力なイデオロギーの磁場に置かれていたのかを示すと同時に、いかに非人道的な措置であったのかを示すものでもある。

ところで、朝鮮戦争期の強制送還をとりあげた小林勝の「ある朝鮮人の話」は、当時の日本とアメリカの問題だけではなく、強制送還問題に映し出される韓国の李承晩《イスンマン》政府の衝撃的な姿をも後代に伝えている。小説のなかのキンが、一連の状況が強制送還のための措置であることを見抜いたところで、小林勝はつぎのような場面を挿入している。

それは現実には、彼にとって、死を意味した。それは、大袈裟なことでも何でもなかった。共産党員として、李・スン・マンの政府に送られる運命が意味するものは、はっきり、わかるのだった。

「ねえ」——とキン・コオ・ネンは若い山下を見て、むぞうさに言った——「オレは、朝鮮へ送られれば、死ぬな。」

山下は急に青ざめた、そしてこの一見、鈍重に見える朝鮮人が、先の運命を、ズバリとみぬいていう事に殆んど恐怖さえ感じた。

ある人は引用文の事実性について疑いをもつかもしれない。しかし、さきほど紹介した吉田とマッカーサーの書簡は、右のような事情がそれこそ「大袈裟なことでも何でもなかった」ということを裏付ける。「今帰すと、帰された者は韓国政府によって首を切られる」といったマッカーサーのことばは、当時のアメリカと李承晩政府との関係を考慮すれば、キンの直感した「運命」の信憑性を保証するものになる。

朝鮮戦争が起きた直後である一九五〇年七月一二日に、李承晩は駐日公使の金龍周に送った書簡のなかで、「朝連の左翼系列に属する悪質分子は日本政府と交渉して、捕まえて本国に送る」ことを指示する。また、戦争の続いていた一九五二年九月二日の第七一回国務会議においても「日本へ渡航したものについては、内務部と税関が連絡を取り合いながら徹底的に調査する」ことを指示した。さらに、国会議員の会議においては「密航で国内から脱出・逃避しようとするものは銃殺する」ことまでも決議した。[20] ところで、ここでもう一度、日本政府が一九五〇年八月に朝鮮戦争中の強制送還を本格的に始めたことを思い出す必要がある。李承晩が駐日公使に強制送還を指示した書簡の直後に日本政府が強制送還を始めたのは偶然の一致であろうか。サンフランシスコ講和条約の準備協議でも確認できたように、「在日朝鮮人＝共産党」というフレームをつくって歴史責任を回避しようとした日本政府にとって、李承晩の指示はいかにも歓迎すべきものであっただろう。これらのことをふまえると、一九五二年の小林勝の小説「ある朝鮮人の話」は、戦後日本だけではなく、当時の韓国政府の措置をも反省させながら、強制送還という問題をめぐる東アジアの戦後の状況をより深く検討すべきであることを訴える作品なのである。

二　大村収容所と朝鮮人の強制送還

「ある朝鮮人の話」のキン、言い換えれば戦後日本から強制送還された朝鮮人たちが最終的に送られた場所は、長崎県の大村市に設置されていた「大村収容所」であった。大村収容所を経由して強制送還されることを看破したキンは、護送される列車の車窓をながめながら、「そうやって、沢山の人間が送りかえされたのだ。……土地もなく、家もない人間たちが……その大半は戦力増強の名のもとに、戦争中、日本へひっぱってこられて、炭坑や、工場へたたきこまれた人間たちなのだ、またはその子供たちなのだ」という想いにふける。小林勝は、キンの内面をかりて、朝鮮人の強制送還をめぐる歴史的な倫理性を追求しようとしたのである。

ところで、小林勝の「ある朝鮮人の話」に出てくる大村収容所は、その存在すらあまり知られていない。たとえば、一九八〇年に大村収容所に収監された体験を記録した『韓国・日本・大村収容所』のなかで朴順兆は、「もうひとつ驚くことは、大村収容所に対して、人々の関心が全く払われていない点である。そのほとんどの者が存在すら知らない。これはマスコミにもよるであろう。……大村収容所は、ジャーナリズムの網の目にもかからないというのだろうか[21]」と疑問を提示しながら、自分の経験した大村収容所は、「ナチス政権下に於けるユダヤ人収容所と変わりはない」と述べている。それでは、このように封印されていた大村収容所は、どのような場所であったのだろうか。

敗戦直後の日本には、大村収容所の前に佐世保（一九四五・一一～一九五〇・五）、仙崎（一九四五・一一～一九四六・一二）、博多（一九四五・一一～一九四七・五）の三カ所に最初の朝鮮人収容所が設置されており、その後の一九四六年七月には長崎県針尾島に新たに針尾収容所が設けられた[22]。そして、一九五〇年一〇月に外務省の針尾入国者収容所が旧日本海軍の針尾海兵団に設置されたことをきっかけにそれまで分散されていた朝鮮人収容所は統合され、その名称も同年一二月に大村収容所として改称されると同時に大村海軍航空廠の本館に移転した。小林勝の小説「ある朝鮮人の話」に登場する大村収容所は、いくつかの朝鮮人収容所が統合されて、一九五〇年一二月に誕生したものである。のちに、日本政府は一九五二年一一月に大村収容所を二倍に拡張する計画をたて、一九五三年九月に総工事費一億六〇〇〇万円で、収容定員一〇〇〇名、九棟の収容所を新設する。このような一連の過程は、大村収容所がいかに朝鮮戦争期に朝鮮人を強制送還するための空間であったのかを如実に示す。そして、同じ観点から小林勝が自分の最初の小説で大村収容所の存在をとりあげた理由を説明することができる。新設された収容所は外壁によって外部と完全に遮断される形であったが、このような構図は、さきほど朴順兆が大村収容所の内部がユダヤ人収容所のようだったと証言したこととあわせて、収容所の実態に多くの疑問を抱かせる。

日本政府が一九五二年一一月に大村収容所の拡張計画をたて、翌年に非常に閉鎖的な形で新設したのは、直前に起きた「大村収容所事件」による部分もあったと考える。サンフランシスコ講和条約の発効される直前である一九五二年三月二九日の衆議院会議録からは、同年一一月に起きることになる大村収容所事件の前兆が確認できる。

不法入国した者を捕え、各地で収容保護し、これを大村収容所へ移し、長きは数箇月にわたって保護を加え、数百人となったとき、これを一団として釜山へ送還するのであるが、その手数と費用とはおびただしいものであります。しかも、韓国における受け入れ態勢の不備と責任観念の欠如からか、同一人間により数回も不法入国が繰返されるとすれば、これはわが国民のとうてい耐え得るところではありません(23)。

引用した記録は、一九四五年八月以前の歴史や一九五〇年六月に起きた朝鮮戦争の状況についての認識の欠如という問題を示すとともに、朝鮮戦争期に韓国と日本とのあいだに送還をめぐる問題が存在していたことを伝えている。このような状況は、サンフランシスコ講和条約が発効されてからの最初の強制送還を韓国政府が拒否する「逆送還事件」にもつながる(24)。すなわち、占領体制の終わったあとの最初の強制送還者を韓国政府が日本に（大村収容所に）送り帰したのである。この逆送還により、強制送還反対と逆送還者の即時解放を要求する団体行動が起きたが、これがいわゆる一九五二年一一月の「大村収容所事件」である。そして、日本政府は、強制送還した朝鮮人が逆送還されてきたり、かれらによる団体行動が起きたりする状況から、収容所の拡張計画をたてる。一九五三年二月二五日の衆議院予算委員会の第二分科会会議録からは、前年の逆送還事件から大村収容所事件に至る時期の具体的な状況と統計が確認できる。

たとえば昨年五月一日から本年一月末までにおける大村収容所の収容者総数は、朝鮮人を主といたしまして二二六七名、この期間の朝鮮人送還者数は、自費出国一名を入れまして一九八七名、そのうち逆送還された者が第八次送還の際の一二五名を入れまして現在一二八名となっておるのに対しまして、大村収容所の収容能力はせいぜい七〇〇名どまりであるために、今後の強制送還や収容措置の強化促進に伴いまして、はなはだしい不足を来すのでありますので、さきの補正予算による第二大村収容所を目下建設中であります。(25)

引用文からは、朝鮮戦争中に大村収容所が収容能力をはるかに超える人数を収容していた状況がうかがえる。このような状況のうえに逆送還まで発生したので、収容者の不満が爆発したのであろう。その不満は敗戦のあと植民地支配の責任を回避しようとする日本政府に向かっていたのはもちろんであるが、それに加え当時の韓国政府が在日朝鮮人や自国民に対してとっていた態度にも向かっていたはずである。とくに、前節で確認したように、李承晩政府が政治思想を基準として特定の在日朝鮮人と自国民の強制送還を要請していたことから考えると、韓国政府に対する不満も並大抵ではなかったと思われる。朝鮮戦争期の強制送還と大村収容所の問題は、在日朝鮮人の歴史全体にわたるディアスポラの問題とともに、朝鮮戦争期の特殊なディアスポラについて考えさせる。

ところで、小林勝の「ある朝鮮人の話」には、これまで確認した大村収容所にかんする記録では見られなかった内容が含まれていて、より注目をひく。朝鮮人キンが、大村収容所に向かう列車のなかで木田の言葉を疑いながら「大村はやっぱり刑務所と同じかい」とたずねると、木田は「ぐるりだけは、鉄条網だがね。中には売店だってあるし、煙草だってすえるし。ダンス・パーティをやったりするよ。中には君、その中で結婚する者もいるしさ」とこたえる。しかし、この木田の言葉は隣りにいる山下の内面の言葉をとおして直ちに否定される。

そりゃ一般人のことだ……と山下は思った。木田部長は、最後まで、うそをつきとおすつもりなんだな……彼は云いたかった。キン君。君は大村へ行くと、収容所の中につくられた特別収容所にいれられますよ。それは厳重な監視ずき《ママ》で、そうです、まぎれもない牢獄ですよ。……君の事は、もうC・I・Eの手で、すっかり調査されて、釜山に送られてあるんですよ……[26]。

引用文は「特別収容所」の存在にふれているが、このような空間についての言及はこれまで見た大村収容所関連の記録にはなかった。具体的な資料がみつけられないので、「特別収容所」の実態を明らかにすることはできないが、「共産党員として、李・スン・マンの政府に送られる運命」は「死を意味した」という部分と合わせて考えると、特別収容所の実態と用途はほぼ推測できる。おそらく特別収容所は、敗戦後に日本共産党とともに活動した在日朝鮮人を隔離・送還するための特殊な空間であったのであろう。

一九六五年の韓日基本条約のはるか以前である朝鮮戦争期に韓日政府のあいだで、特定の政治思想を持っていた朝鮮人を対象とする緊密な協調関係があったという事実は、驚きである。そして、引用文に登場する「C・I・E」(Civil Information and Education Section, GHQの民間情報教育局)という機関を含むアメリカの存在をも検討からはずすことはできない。本章でその検討を進めることはできないが、これまで埋もれてきた小林勝の「ある朝鮮人の話」という短編小説が、「送還」の側面から東アジアの戦後を再検討することの必要性を訴えているということが確認できたのをとりあえずの成果としたい。

三　植民者二世・軍国少年の敗戦

小林勝は一九五八年一月に「赤い壁の彼方」という小説を『文学界』に発表する。この小説は陸軍航空士官学校の生徒として訓練を受けているうちに敗戦をむかえた一七歳の植民者二世少年が、敗戦直後に経験する混乱と彷徨、そして挫折を描いている。この少年は、一九二七年に朝鮮で生まれ、一九四四年の春に陸軍予科士官学校に進学した小林勝と等身大の人物であるといえる。そして、「植民者二世・軍国少年」という設定は、この中心人物の特徴を形成している。

ところで、小林勝はなぜ一九五八年の時点で一九四五年八月一五日まで時間をさかのぼっていったのだろうか。この問いについて考えるとき、「一七歳の植民者二世・復員軍人少年」という設定は重要である。作品のなかで「一七歳」という年は、くりかえし想起される。となると先ほどの質問は、「なぜ一九五八年の時点で、一七歳の植民者二世・軍国少年の敗戦経験をとりあげたのであろうか」という形に変えて考えることも可能である。この際、作家論的な説明を提示することはたやすい。しかし、そのような説明はそこまでである。さきほどの問いは、作家個人を越えた次元から答えを求めることがより有意義である。

小林勝の一九五八年の小説「赤い壁の彼方」が、一九四五年八月に廃虚になった東京をながめる一七歳少年の視点から始まるのは、意味深い設定である。「丸腰の軍服姿」で、「池袋駅のプラットフォームに立ちすくんでいる」一七歳の少年は、つぎのような風景を目撃する。

八月末だというのに、緑の葉をつけた一本の立木さえ見えないのだ。東京とはこんなにひどいでこぼこの地形だったのか。小さな丘や谷が見渡す限りつづいている。丘はどれもこれも赤茶けており、谷はどす黒い影にそめられている。無数のさびついた鉄の柱が、おれまがったり倒れかかったりしながら丘という丘を覆っている。なまぬるい風が吹いていた。嘗てはビルのかげへかくれて行った太陽が、今では鉄の林の彼方、かさなりあった丘陵の向う側へ落ちていこうとしている。太陽は病んでいるように、どろっとした黄色味を帯びていた。

眺めていると、このシュール・レアリズムめいた鉄の林の風景が、そっくりそのまま私の体の中にはいりこんで来るようである。あるいは、プラットホームにぼんやりと立ちすくんでいる私の方が、この風景の中にとけていってしまって、どれだか見分けのつかない鉄の棒になってしまうようである。(27)

引用文は、一九四五年三月から続いた東京大空襲によって廃虚になった東京の風景を実感させる。小林勝は、一七歳少年の目をかりて、空襲が変貌させた東京を非常に繊細な感覚で描いている。シュール・レアリズムのような現実を目撃した少年は変貌した風景の前でとまどい、「プラットホームに立ちすくんでいる」うちに、風景がそのまま体のなかに入り込んでくるような経験をする。これは、廃虚の風景が内面化する瞬間を感覚的に表現した場面である。「立ちすくんでいる」姿は、一七歳少年のおかれた不安な状況と内面をあらわすものでもある。廃虚の風景を目撃した少年は、引き続き数カ月前に目撃した東京大空襲の記憶を想起する。

もう幾月も前の夜、私は此処から数十キロメートル離れた飛行場の片隅で、銃をしっかりにぎりしめたまま、夜空の半分を赤く染めあげている巨大な火をみつめていた。私の周囲には数人の男たちがいたが、みんな黙りこくったまま、すきとおった赤い壁をみつめていた。誰も口を開こうとしなかった。私は生れて以来、空の半分を生々しく赤くいろどった、そのような炎を見たことがない。燃えているのは、私たちの主都であった。私たちはそのことを知っていた。知っていたからこそ、何も言えなかったのである。

——東京が燃えている。あんなに、燃えている。私の銃を持つ手がかすかにふるえていた。

夜の真黒な体を染めている赤紫の色は、美しいとか凄惨だとかいう言葉を私に許さなかった。炎は、その時、銃をしっかりにぎっている私の体をも焼いていたのだ。それはＢ29の焼夷弾攻撃による主都の炎上という事実以上の何ものかを十七歳の私に告げていた。(28)

引用文は一九四五年三月の東京大空襲を数十キロメートルはなれた陸軍航空士官学校から見守っていた少年の内面を印象深くとらえている。「炎は、その時、銃をしっかりにぎっている私の体をも焼いていたのだ」という文章は、士官学校の候補生という身分とも重なって、戦争期に形成されたアイデンティティーをもって東京大空襲を見守っていた一七歳少年の内面をリアルに描いているのである。引用文は、自分を「主都」東京、さらには帝国日本と一体化した状態から東京大空襲を受け止めている軍国少年の内面をよく伝えている。おそらく、小説のなかの少年と同じアイデンティティーを持っていたはずの現実の多くの軍国少年たちも、「銃を持つ手がかすかにふるえ」るような恐怖感を経験しながら、「主都の炎上という事実以上の何ものか」を直感したであろう。そして、恐怖感は「赤い壁」の向こうの状況に対する不安感をともなったはずである。引用文にある「赤い壁」ということばが「赤い壁の彼方」という形で小説のタイトルに収まっていることは、この小説が赤い壁の向こうの状況に対する不安、言い換えれば東京大空襲ないしは敗戦のあとの時間に対する不安を描いていくことを小説の冒頭で暗示しているようである。

さきの引用文にもすでに出ているように、「赤い壁の彼方」という小説は、冒頭から「十七歳の私」という形で「十七歳という年令」をくり返し強調している。小説の冒頭部の三つのページだけでも四回もでてくる。まるで読者の記憶に刻印させるかのように強調されている、この年齢のもつ意味は何であろうか。この疑問を解いていくなかで、この世代が戦前のどの世代よりも職業軍人を志望する割合（二三・七％）が非常に高かったという統計は注意をひく。片瀬一男は、このような統計とともに、この世代の「父親もしくは親族には日露戦争経験者が少なくなかった」という意味深い相関要因をも付け加えている。[29]「赤い壁の彼方」の一七歳少年は、まさにさきの統計のなかの世代なのである。時間を巻き戻すと、この世代は昭和の始まりとともに生まれた世代なので、昭和の第一世代ともいえる。そして、この世代は戦前に「軍国少年」として非常に特殊な内面を形成させられたのである。

「赤い壁の彼方」の一七歳少年の特徴を形成するものは、もう一つある。小説の冒頭の東京大空襲の記憶に続くところで、小林勝は、「私の両親は外地にいるのだった、外語の学生だった兄は出征して音信不通だった、海軍の衣糧廠に勤めている姉が兄と一緒に住んでいた東京の下宿へ行く以外に私の行くところはなかった」という文章をもって、少年が植民者二世であることを付け加えている。小林勝の作家論的な情報と士官学校の候補生という設定から考えると、この少年は敗戦直前に日本に渡ってきたことになる。すなわち、小説のなかの少年はほとんどの成長過程を植民地朝鮮で送ったことになる。といっても、この少年が「軍国少年」の枠組みから外れることはない。小林勝の代表作ともいえる小説「フォード・一九二七年」には、中国の済南で敗戦を迎え引揚地を目指している陸軍二等兵が登場し、かれが小学生時代を送った植民地朝鮮の「洛東江のみなもとの山深い町」での記憶が展開される部分があるが、そのなかで描写される少年雑誌の雰囲気は、物理的な空間は異なっても、軍国少年としての特殊な内面が形成されていた状況は同じであったことを示す。たとえば、「雑誌のどのページからも、硝煙のにおいがたちのぼっていた、この町と地続きの、しかし遥か遠いところで戦争が起っていた、雑誌の中の絵も文字もそれをぼくに告げていた、ぼくは覚えたばかりの歌をじだらくな調子で口ずさんだ、朝に一城おとしいれ／夕に二城をほふり去り」といった場面を読むと、軍国少年を養成していた状況が植民地朝鮮でも変わらなかったことがわかる。「フォード・一九二七年」のなかの少年は、ふだん父の持っている「ベルギー製五連発の猟銃」を触ることを固く禁止されていたが、さきの硝煙の匂いのたちのぼる雑誌を読んだ日には、「遠いところでおこっている戦争がぼくを無性に興奮させていた」ため、朝鮮人の「女中」であるスンギーの目を盗んで父の銃をとりにいく。そして、「ふすまをねらう真似をした」ときに、思いがけなく襖を開けて現われたスンギーの顔へ銃口がまっすぐに向いてしまう状況になる。スンギーの「顔はみるみるうちに青くなり、そして白くなった」が、それをみた少年は「不意に気違いじみた嬉しさが、ぼくの体を熱く」するのを感じる。この場面は、「おやじがいつも弾丸を抜いておくのを知っていた」ため不幸な事件にはつながらない。ところが、雑誌の硝煙に興奮させられて銃に触れ、いたずらでありながらも朝鮮人「女中」をおどす植民者二世少年の姿は、そのまま軍国少年の精神世界をあらわすものでもある。じっさい、植民者二世と軍国少年は同じ世代でもある。

「赤い壁の彼方」の一七歳少年は、士官学校に在学しているときには戦争以外のことは考えたことがなかったため、敗戦によって大きな空虚感と不安感につつまれる。これに身のよりどころのない植民者二世少年という状況は、その不安感をさらに高める。何をしていいのかわからないまま、一日中家に引きこもってひとり言をいう場面は、敗戦とともに士官学校から復員した一七歳少年の心理状態をよくあらわすものである。そのようなある日、「復員省と文部省と協議した結果、大量に復員した軍学校の生徒たちを、その学年程度に応じて、高等学校、専門学校、大学へ転入学させることになった」というラジオのニュースは、少年に「一つの希望」を与える。そのニュースは、「現実の生活の中へどうにかもぐりこんでいくことが出来る希望」を与えたのである。しかし、このニュースはさらなる挫折を味わわせる結果になってしまう。姉との相談のうえ、希望する高等学校への転入学願書をもらいにいった少年は、学校の入り口のところで自分を含む「復員学徒」を「軍国主義者、職業軍人」であると規定しながら「特権的な転入学」に反対するという学校の「自治委員会」の声明文に突きあたる。そして、少年はすぐさま、学校に来るあいだに感じた「とんでもない場違いな処に来たような感じ」の実体と、自分より先に来たと思われる「海軍兵学校」の制服を着た二人の少年の目が「濡れたように光って」いて、「何かを憎悪している眼」に見えた理由を悟る。声明文の一句一句に至ってはほとんど理解することができなかったが、少年は「たった一つのこと、最もかんじんなことを理解した、私は軍人だった、そして学生たちは私を拒否した」ことを感知したのである。このように同年代の学生たちに「拒否」された少年は、転入学を諦めてそのまま戻ってしまうが、その心のなかでは「おれが軍国主義者ならお前らや先輩たちは一体何だったのだ」という叫びが響いていた。

転入学を諦めた少年は、新橋の闇市をうろつく。そこは海軍の衣糧廠で働いている姉の代わりに買い物をする場所でもあったが、「拒否」された少年がうろつける数少ない場所でもあったのである。「けわしい、つっかかるような眼つきをして」うろついていた少年は、自分と同じような境遇の復員学徒や復員軍人たちに出会う。「野獣」のような感情につつまれていた少年は、フル・スピードでトラックを持ってきて、「戦闘開始」という号令とともに「何一つ無駄がなく、完全に統制がとれ」た態勢で冷凍イカを売りさばく同年代の五人の復員軍人少年のすがたに魅了され、「殺伐な声で笑っている自分」に気づいたりする。そして、かれらの送る「同類意識」のこもった視線を受けながら、「おれもどうやら、復員くずれらしいや」と呟く。

「赤い壁の彼方」の闇市の場面に挿入されている、「復員くずれという言葉が、新聞に現れはじめていた」という文章は、敗戦直後の復員軍人をめぐる実際の状況をあらわすものである。一九四五年一一月ごろから復員軍人の「転落」を慨嘆する声が増え続けるなか、「特攻隊員」出身者の犯罪がとくに問題とされながら「特攻くずれ」ということばがあらわれる。「赤い壁の彼方」のなかでも、「またしても兇悪な強盗、という見出しの横に、犯人は陸軍士官学校からの復員軍人」という本当の記事の見出しを引用したかのような文章が出てくる。志賀直哉が「特攻隊の再教育」を提唱し、天皇が人間宣言の直後に「転落した復員軍人」を憂慮し「善導」する方法をたずねたという記事もさきのような状況によるものである。[30]ところで、現在から考えると、小林勝の「赤い壁の彼方」のなかの少年の置かれた状況と敗戦直後の状況は、直前まで軍国主義のもとで美化した存在を敗戦後には一八〇度かわった態度と視線で接した国家の無責任と豹変を浮きぼりにするものである。これまで見てきたような、多くの復員軍人と復員学徒、混乱と絶望、そして現在までに続く問題をもたらしたのは、ほかでもなく日本の国家であり、その国家の起こした戦争であった。ところが、戦争後の状況において小林勝の小説「赤い壁の彼方」に登場する植民者二世・軍国少年のような存在については、だれも責任をとらなかったように思われる。

ところで、植民者二世・軍国少年が経験した敗戦とそれにともなった絶望は深淵の深いものであった。そして、その絶望は「慟哭」を経由して、戦後日本がほとんど注意をはらってこなかったある現象としてあらわれる。その詳しい内容については、次節で述べることとする。

四　「慟哭」の行方と五〇年代の青年自殺

闇市における同年代の復員軍人の様子と復員軍人による強盗事件の記事などに接したことで、さらなる挫折感に陥った一七歳少年は、闇市を出てから「どこへも行くあてがなかったので、すぐ横にある映画館へふらりと」入っていく。そして、画面から烈しい拍手が湧き起こっている、つぎのようなフィルムを見るようになる。

不意にカメラがその男〔講壇にいた男――引用者〕に近付いていった。眼鏡をかけて、不精ひげをはやした男の顔が大うつしになった。それはまるで一匹の小さな肉食獣だった。分厚い唇がひらくと、大きな歯が、何かを噛みさき噛みとるような鋭さで動いた。男は叫んだ。全身の力をふりしぼったような高い声が、私の耳にとびこんできた。それは、はっきりと聞えた。

――戦争犯罪人……テンノウ・ヒロヒト！

するとすさまじい拍手が沸き起った。

わあっと私の耳が鳴った。猛獣のような、薄汚れた男が叫んだその言葉が、私を真向からぶちのめした。私は、その名前にすべてをかけて嘗て死んでいこうとしていたのだった。その私の死ぬ覚悟を支えていた名前を、そのどこの誰だかわからない薄汚い男が、よびすてにしたうえ、犯罪人の名称までかぶせたのだ。(31)

引用文においてもっとも注目を引くのは、フィルムのなかの男の「叫び」に対する少年の反応である。廊下へ飛びだした一七歳の軍国少年は、引用に続くところで、「戦争犯罪人、天皇ヒロヒト」という声を思い浮べながら、「のたうちまわり、吠え狂っている」自分の心や「自身の叫び声」を感じとる。この「吠え狂う叫び声」は、小説のなかだけにとどまるのではなく、おそらく現実のなかの多くの軍国少年たちの内面でもあったのであろう。そして、このような反応は、敗戦と廃虚を確認したにもかかわらず、依然として残っている軍国少年としてのアイデンティティーをあらわしている。生まれてから、十五年戦争（アジア・太平洋戦争）とともに育った植民者二世・軍国少年にとって、フィルムの男の叫びはアイデンティティーの根幹をそれこそ「ぶちのめす」ものであったといえる。言い換えると、それまでみじんも疑わなかった価値体系の崩壊なのである。ところでフィルムの男の叫びは、一七歳の軍国少年に「吠え狂う叫び声」を起こしたのと同時に、ある種の真実を苦しい形で悟らせたと考える。少年は、「吠え狂う叫び声」とともに、「あのかん高い声が一つの大鉈となり、正確に私の心にぶちこまれたこと」を感じたと吐露する。「吠え狂う叫び声」は、悟りにともなう辛さでもあったのである。

映画館で天皇を糾弾するフィルムに接したあと、少年は「ひと頃のように無闇に興奮したり、激情的になったりすること」がなくなる。ところが、「昭和二十年が終わろうとしていた」ある日に、「シンイチセンビョウシス」という電報をうけとる。それは、兄の晋一が戦病死したことをつげるものであった。

私はくたくたと坐りこんだ。こんな簡単に終ってしまっていいのだろうか、と私は思った。特攻要員で死ぬ訓練をうけていた私が生きて帰って来たというのに、十箇月にも満たない軍隊生活をした兄が死んでしまったのだ。――もう逢うことが出来ない。こんなに待っていたのに。もう兄は何処にも居ない。何を質問することも出来ない。私が恐らく生涯で一番必要としている時に、私はもう逢うことが出来ない。島原が死んだことだけで、もうそれで十分つらいのに、兄まで死んでしまった、ひどすぎる、余り、ひどすぎる。

私は、復員してはじめて、声を放って慟哭した。〔中略〕

復員して以来、こらえにこらえていた一切の感情が溢れ出していた。(32)

生まれてからすぐ十五年戦争期に入り、軍国少年として成長させられ、帰還と敗戦と廃虚を経験した一七歳の少年の「慟哭」は多くのものを含んでいる。植民者二世・軍国少年の「慟哭」は、まずは崩壊と喪失による絶望を含んでいる。少年はすでに、廃虚になった東京の風景の前で、そして闇市の隣りの映画館で接したフィルムの男の叫びからある種の崩壊を経験した。ところが、「父母はまだ引揚げて来ない」不在の状況で、少年が頼りにしていた兄の「戦病死」はもっとも決定的な喪失であっただろう。この植民者二世・軍国少年のおかれている状況は、それまでの価値体系の崩壊、植民から急激な帰還（引揚げ）への切り替えによる父母の不在、父母のかわりに家父長的な存在であったはずの兄の戦病死といった状況である。いいかえれば、それまで植民者二世・軍国少年を支えてきたもののすべてが崩壊した状況なのである。この意味で、「生涯で一番必要としている時に、私はもう逢うことが出来ない」という言葉は、少年の「慟哭」に含まれている喪失感と絶望感をよくあらわしている。

「赤い壁の彼方」の最後のところにある「慟哭」する少年と、仕事から帰って同じ電報を読んだあと畳のうえに倒れてしまう少年の姉が歩んだ戦後の時間について考えたとき、小林勝が作品を発表した一九五八年という時間に注目するようになった。なぜ小林勝は、「もはや戦後ではない」ときに、また五五年体制とともに経済成長の入り口に立っていた時期に、言い換えれば敗戦から一三年もたった時に、「赤い壁の彼方」のような小説を書いたのであろうか。そこでまず発見できたのは、小林勝が一九五八年九月に『新日本文学』に掲載した「戦争の傷痕と十三年」というルポルタージュである。その内容は、それこそ「境界を超えた」想像力と観点から戦争の傷の継続を提示するものであるが、そのなかで小林勝が最も言いたかったのは、「戦争の傷痕を、戦後十三年たった今日、消し去るどころか、一属《ママ》鮮烈に傷痕たらしめている条件を破壊し変貌させ得る力をどのような仕方で結集させるかであろう[33]」という文章に凝縮されている。小林勝は、戦争の傷をまるで完了・解消された過去のようにとり扱おうとする同時代の傾向に異見を示している。ようするに、小林勝は、五五年体制と「もはや戦後ではない」というキャッチフレーズによって「戦争の傷痕」が封印されようとする状況に問題提起したのである。そして、その観点から、一九五八年の時点で一九四五年の時間を想起させる「赤い壁の彼方」のような小説を執筆することを考えたのであろう。「赤い壁の彼方」という小説は、一九五八年という五〇年代後半の文脈のうえにあったのである。

「赤い壁の彼方」の植民者二世・軍国少年という人物を一九五〇年代後半の文脈で理解しようとした時、日本の青年自殺者の長期推移のグラフ（図8-1参照）は多くのことを示唆する。

日本の青年自殺者の長期推移グラフを見た人は、だれもが一九五五～五九年に注目するであろう。グラフは、日本の二〇代青年たちが、一九五〇年代の後半にほかの時期とは比べられならないほどの異常な自殺率を示している。一九五〇年代は日本で初めて自殺死亡率がその他の総死亡率を上回る時期であり、当時の日本の自殺率はすでに世界のなかでもかなり高かった[34]。ところで、このように特殊な日本の一九五〇年代の自殺においても、後半期の二〇代青年の自殺はあまりにも目立つので、衝撃的である。この現象の特殊性は、二〇代青年層がこれほどの自殺率をみせた例が世界にもないというところからも確認できる。なぜ、当時の日本の若者は自ら命を絶っていったのであろうか。こ

図8-1　日本の青年自殺者の長期推移

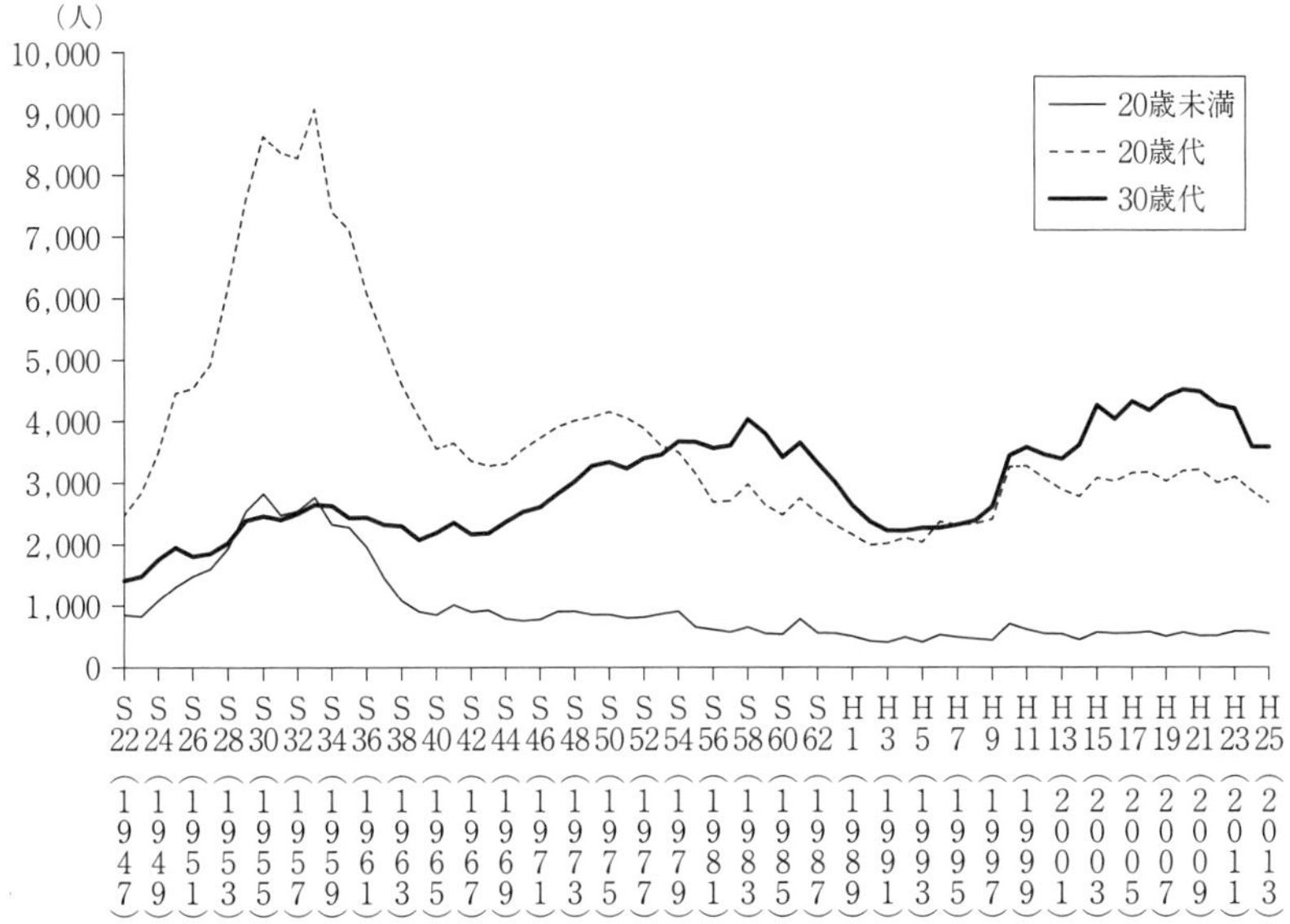

出所：厚生労働省（https://www.city.kimamoto.jp/common/UploadFileDsp.aspx?c_id=5&id=12213&sub_id=1&flid=80342）より作成。

のような問いを立てたとき、「赤い壁の彼方」に登場していた一七歳の植民者二世・軍国少年の「慟哭」がふたたび思い浮かぶ。敗戦の時点で一七歳であった少年は、一九五〇年代の後半には二〇代の青年になっていたはずである。

「赤い壁の彼方」の一七歳の植民者二世・軍国少年の「慟哭」と一九五〇年代後半の青年自殺との関連を推論しようとするとき、山田宗睦の『戦後思想史』（三一書房、一九五九年）の導入部の叙述は注目をひく。

> 治安維持法が成立した年にうまれ、満洲事変の年に小学校にあがり、中学に入った年に中日戦争がはじまり、旧制高校に入った年には太平洋戦争がおこり、大学入学の年に第一次学徒出陣をおくった、そういう世代のコースは、国家体制の枠そのものに自己の存立をかけ、そこに短期的な生、つまり死を予測する体系をつくりあげるよりほかに、みちはなかった。そういう

日々にとつぜん敗戦がとびこんできた。敗戦はいっさいの崩壊であった。わが生はそこでたたれ、生きているものはもはやじぶんではなかった。天皇の放送のあった八・一五の正午をさかいに、時間は死んだ。

「治安維持法が成立した年」に生まれた山田宗睦は、一九二六年生まれ、すなわち昭和時代の始まりとともに生まれたことになる。この意味で、引用文は、昭和という時代とその第一世代の歴史についてあらためて考えさせる。本章でとりあげている小林勝が一九二七年生まれであるから、引用文の状況はそのまま小林勝にも適用できるし、小説「赤い壁の彼方」の植民者二世・軍国少年にも適用できる。山田宗睦も個人の観点ではなく、「そういう世代のコース」として述べていた。そして、もうひとつ興味深いことは、『戦後思想史』が一九五九年に出版されたということである。小林勝の「赤い壁の彼方」が一九五八年の小説であったことをもあわせて考えると、一九五〇年代の後半に昭和の第一世代が自分たちの特殊性を見つめようとしたという仮説を想定できなくもない。そして、そのような動きの背景に当時の青年の異常な自殺問題があったのかもしれない。さきの引用文が示すように、この世代の精神世界の特殊性のひとつは、「短期的な生、つまり死を予測する体系をつくりあげる」ことにあったが、このような生き方と精神構図は、自殺と非常に隣接している。

もしも、一九五〇年代後半を「もはや戦後ではない」というキャッチフレーズの描くようなイメージと「戦後復興」というかたちだけで記憶するのであれば、「赤い壁の彼方」の一七歳の植民者二世・軍国少年の「慟哭」はどのように癒やすことができるのであろうか。おなじく、五五年体制のときから頂点を示して五九年まで続く一九五〇年代後半の日本の二〇代青年の衝撃的な自殺率はどのように説明することができるのであろうか。また、「もはや戦後ではない」という宣言と同時に、復員軍人たちを問題視する関心やニュースすらきれいに消えてしまうという事実[35]は何を意味するのであろうか。このような一連の同時性は、決して偶然ではない。日本の戦後は、十五年戦争のもとで日本本土や植民地地域で軍国少年として成長させられた少年たちの「慟哭」と、その慟哭の世代が一九五〇年代後半に示した世界的にも例のない二〇代自殺の状況を消しながら、あるいは忘却のなかに封印しながら始まったのである。「赤い壁の彼方」の一七歳少年の世代にとっては、「もはや戦後ではない」というキャッチフレーズは、希望的なメッセージではなく、それとは正反対にかれらの挫折と不安を葬ろうとするものとして受け止められたのであろう。当時の新聞は、青年自殺の最も大きな原因として「厭世」を取りあげていたが、その「厭世」は決して抽象的なものではなく、その裏には「国家とは何か」という問いにつながる、日本社会内部の重い歴史責任の問題が横たわっていたのである。

おわりに

本章は、一九四五年以前の朝鮮半島と日本との間で行われた人の移動と移住の歴史が、一九四五年以降にどのような問題を派生させながら継続したのかを、植民者二世であった小林勝の二つの小説をとおして考察してみた。

まずは、小林勝の最初の小説「ある朝鮮人の話」の場合は、「送還」という観点から朝鮮戦争期に行われた朝鮮人に対する強制送還に焦点をあてた。具体的には、冷戦体制のもとで起きた朝鮮戦争のときに行われた強制送還措置の持っている問題とそれにかかわる大村収容所という空間の歴史的な性格を検討した。そのなかで小林勝の「ある朝鮮人の話」という小説が朝鮮戦争期の強制送還をめぐる多くの情報を含んでいる点を明らかにしたが、大村収容所に関しては持続的な資料調査を進めなければならない状態でとどまっている。

つぎに、小林勝のもうひとつの小説である「赤い壁の彼方」の場合は、「帰還」という観点から主人公である植民者二世・軍国少年の敗戦経験に注目しながら、その世代が日本の一九五〇年代後半の衝撃的な青年自殺とどのような内的関連性を持っているのかを検証しようとした。本章における試みは、一九五〇年代の青年の自殺がこれまであまり注目されてこなかったという点ではある程度の意味を持つと考えるが、最初の目論見からみると「帰還」がのちの青年自殺とどのような因果関係を持っているのかを具体的に示すところまでには至らなかった。本章で注目した問題は、これまで見過ごされてきた問題でもあるので、今後も関連研究と資料を調べるつもりである。

本章の試みのなかで新たな事実と観点を得た部分もある。たとえば、「送還と帰還」という相互的な観点は、東アジアの戦後をより総合的に検証するのに有効な枠組みである。専攻外なので慎まねばならないかもしれないが、日本も韓国も戦後の「送還と帰還」にかんする問題において、どちらかというと「帰還」のほうに焦点をあててきたと考える。これは、言い換えれば、自国中心の観点にとどまっていたということになる。しかし、自国から送還させた人びとやその送還のやり方も、自国民の帰還とともに重要である。そして、その「送還」の中に映し出される各国の問題を反省的に検証するとき、東アジアの戦後に対する新しい理解も生まれてくると考える。一方、本章の対象としたものに限っていえば、戦後日本における送還と帰還は、共通してある種の排除・疎外の側面を持っていたということをも見過ごしてはならない。朝鮮戦争期における朝鮮人の強制送還は、一九四五年以前の歴史責任の回避と戦後日本にかかっていた冷戦体制といった観点からその排除の背景を説明することができるが、それとともに注意をはらうべきことは、復員を含む帰還においても日本社会の内部における排除と疎外が見られたということである。この点では、送還と帰還をめぐる問題における排除・疎外の側面により多くの関心をむける姿勢が、現時点では必要である。

最後に付け加えると、一九五〇年代後半の青年の自殺問題は、該当時期だけにとどまらないものである。一九五〇年代の青年自殺の問題は、それ以降の戦後日本を理解することにおいても注目すべき観点を与える。本章は自殺に注目したが、同世代がみな亡くなったわけではない。残った人びとはそれぞれの生を継続していかなければならなかった。それで、ある人びとは一九六〇年代から本格化する高度経済成長のなかで、以前の「軍国少年」のアイデンティティーを「経済戦士」のようなアイデンティティーに切りかえて経済成長を支えたのであろう。ところが、かれらは一九九〇年代になって「バブル崩壊」というもう一つの崩壊を迎えるようになる。かれらが、一九四五年に経験したものが国家主義体制の崩壊であったとすれば、一九九〇年代に経験したものはかれらの戦後の時間に意味を与えてくれた経済神話の崩壊であったといえる。そして、軍国少年世代とともに始まった昭和時代はバブル崩壊というもうひとつの崩壊とともに終焉を告げたのである。バブル崩壊から十年近い時間のたった一九九七年から日本の六〇代男性の自殺が急速に増えていくことが確認できる。その頂点の高さは、同世代が一九五〇年代後半に示した高さとほぼ同じである。すなわち、戦後日本におけるもっとも目立つ自殺の二つの頂点は、昭和時代の第一世代もしくは軍国少年世代と名付けられる特定の世代が、戦後の歴史のうえに残した傷跡なのである。この意味で、本章の注目した一九五〇年代後半の青年の自殺という問題は、戦後日本をつらぬく問題としてより注意をはらうべきであると考える。

注

（1）黒川創編［一九九六］『〈外地〉の日本語文学選　朝鮮』新宿書房、九～一〇頁。

（2）高崎宗司［二〇〇二］『植民地朝鮮の日本人』岩波書店、一九二頁。敗戦時の在朝日本人は、南朝鮮に約五〇万人、北朝鮮に約二七万人であったという。

（3）水野直樹・文京洙［二〇一五］『在日朝鮮人　歴史と現在』岩波書店、八〇頁。

（4）浅野豊美監修・解説［二〇〇五］『故郷へ――帝国の解体・米軍が見た日本人と朝鮮人の引揚げ』現代史料出版、三頁。

（5）「ある朝鮮人の話」は、一九五二年一二月の『人民文学』第三巻一二号に掲載。「赤い壁の彼方」は、一九五八年一月号の『文学界』に掲載。

（6）朴裕河［二〇一六］『引揚げ文学論序説』人文書院、二四頁。朴裕河は、「「引揚げ」という集合的体験――植民地・占領地からの帰還――が学問的な考察の対象となることは最近まであまりなかった」（二四頁）と述べており、「「日本近代文学」関連のどの文献を見ても「引揚げ文学」という項目が見当たらない」（一五頁）とも述べている。

（7）藤井徹［一九七五］「解題」（野間宏ほか編『小林勝作品集　第一巻』白川書院）三五八頁。

（8）小林勝にかんする先行研究として分類できる文献の数は、これまで確認したところ、三三編である。一九九〇年代のものは四編で、残りの二九編は二〇〇〇年以降のものである。二〇〇〇年代の先行研究も二〇〇八年以降に集中している。この意味で、小林勝研究は最近になってやっと始まったといえる。ただ、ほとんどの先行研究は、初期の作品集『フォード・一九二七年』と後期の作品集『チョッパリ』に収録されているごく限られた作品に集中している。

（9）岩崎稔ほか編著［二〇〇九］『戦後日本スタディーズ――四〇・五〇年代』紀伊国屋書店、一一頁。

（10）同右、一七頁。

（11）高崎宗司［二〇〇二］二〇五頁からの再引用。

（12）野間宏ほか編［一九七六］『小林勝作品集　第四巻』白川書院、二五五～二五六頁。

（13）小林勝［一九七〇］『チョッパリ』三省堂。

（14）岩崎稔ほか編著前掲［二〇〇九］一四頁。

（15）同右、二〇頁。

（16）ジョン・ガプセン［二〇〇九］「朝鮮戦争期の大村収容所における在日朝鮮人の強制追放に関する研究」＊（『ジェノサイド研究』第五号）一八～二二頁。

（17）小林勝［一九五二］「ある朝鮮人の話」（『人民文学』第三巻一二号）八九頁。

（18）内海愛子［二〇〇九］「サンフランシスコ講和条約と東アジア」（岩崎稔ほか編著［二〇〇九］）一四五頁。

（19）同右、一四六頁。

（20）ジョン・ガプセン［二〇〇九］三五頁・四〇頁。

（21）朴順兆［一九八二］『韓国・日本・大村収容所』ＪＤＣ、四二頁。

（22）姜徹［一九八七］『在日朝鮮人の人権と日本の法律』雄山閣、五六～五七頁。

（23）日本国会議事録検索室サイト。一九五二年三月二九日の衆議院本会議会議録。http://kokkai.ndl.go.jp/cgibin/KENSAKU/swk_dispdoc.cgi?SESSION = 53403&SAVED_RID=2&PAGE = 0&POS=0&TOTAL=0&SRV_ID=1&DOC_ID=52427&DPAGE=1&DTOTAL=11&DPOS=1&SORT_DIR=1&SORT_TYPE = 0&MODE = 1&DMY = 63034

（24）在日本韓国ＹＭＣＡ　http://www.ymcajapan.org/ayc/jp/cutmix3/kiroku/season3_2.html

在日朝鮮人をめぐる「密航者」としての管理は、戦後日本のナショナリズムに結びつくことで、米軍占領期以後も継続することになる。一九五二年五月、講和条約発効後の第一回目の強制送還を韓国政府が受け入れ拒否した「逆送還事件」が起き、その結果強制送還反対と逆送還者の即時解放を求める闘争へとつながっていった。

(25) 日本国会議事録検索室サイト。一九五三年二月二五日の衆議院予算委員会、第二分科会記録。http://kokkai.ndl.go.jp/cgibin/KENSAKU/swk_dispdoc.cgi?SESSION=53403&SAVED_RID=3&PAGE=0&POS = 0&TOTAL=0&SRV_ID=1&DOC_ID=51625&DPAGE=1&DTOTAL=12&DPOS=1&SORT_DIR=1&SORT_TYPE=0&MODE=1&DMY=44666

(26) 小林勝［一九五二］「ある朝鮮人の話」九七頁。

(27) 野間宏ほか編［一九七五］『小林勝作品集　第一巻』三〇三頁。

(28) 同右、三〇四頁。

(29) 片瀬一男［二〇一三］「軍国少年たちの戦前・戦後」（『人間情報学研究』第一八集）二〇頁。

(30) 加納実紀代［二〇〇九］「〈復員兵〉と〈未亡人〉のいる風景」（岩崎稔ほか編著前掲［二〇〇九］）八四頁。

(31) 野間宏ほか編［一九七五］三四二頁。

(32) 右同、三四三～三四四頁。

(33) 小林勝［一九五八］「戦争の傷痕と十三年」（『新日本文学』一九五八年九月号）一〇一頁。

(34) 渡辺真［一九八七］「青少年期の自殺に関する一考察」（『横浜国立大学教育紀要』第二七号）一一二頁。

(35) 加納実紀代［二〇〇九］九五頁。

参考文献

日本文

浅野豊美監修・解説［二〇〇五］『故郷へ――帝国の解体・米軍が見た日本人と朝鮮人の引揚げ』現代史料出版

岩崎稔ほか編著［二〇〇九］『戦後日本スタディーズ――四〇・五〇年代』紀伊国屋書店

片瀬一男［二〇一三］「軍国少年たちの戦前・戦後」『人間情報学研究』第一八集

姜徹［一九八七］『在日朝鮮人の人権と日本の法律』雄山閣

黒川創編［一九九六］『〈外地〉の日本語文学選　朝鮮』新宿書房

小林勝［一九七〇］『チョッパリ』三省堂

高崎宗司［二〇〇二］『植民地朝鮮の日本人』岩波書店

野間宏ほか編［一九七五］『小林勝作品集 第一巻』白川書院
野間宏ほか編［一九七六］『小林勝作品集 第四巻』白川書院
朴順兆［一九八二］『韓国・日本・大村収容所』ＪＤＣ
朴裕河［二〇一六］『引揚げ文学論序説』人文書院
藤井徹［一九七五］「解題」（野間宏ほか編『小林勝作品集 第一巻』白川書院）
水野直樹・文京洙［二〇一五］『在日朝鮮人 歴史と現在』岩波書店
渡辺真［一九八七］「青少年期の自殺に関する一考察」『横浜国立大学教育学部紀要』第二七号

韓国文

ジョン・ガプセン［二〇〇九］「朝鮮戦争期の大村収容所における在日朝鮮人の強制追放に関する研究」（『ジェノサイド研究』第五号）

あとがき

そもそも人間は移動する存在であるが、境界（国境）を越える人間の移動は決して新しい現象ではない。国際的な移動が顕著になったのは一九世紀の近代国家が成立するようになってからのことで、それによる人の移動と移住こそが、現在もわれわれが見かけている多民族国家や国際社会を生み出した原動力の一部になったともいえよう。それでは何が境界を越える移動を特殊なものにし、取り組むべきものにしたのであろうか。本書ではこの問題を正面から取り扱い、学問的な創造性を発揮しようとした。

序章で示されたように、一九四〇年時点で、朝鮮の境界を越えた海外在留朝鮮人は、二九六万五三四六人で、全朝鮮人の一〇％強に達している。この割合は、現在の韓国（北朝鮮をも含む）の海外同胞（ディアスポラ）の数字とほぼ同じであり、韓国は世界中でユダヤ人の次にディアスポラの比率が高い国家（民族）になっている。主に日本の植民地支配を背景にした朝鮮人ディアスポラは、現在は、隔年で開催されている「韓商大会」を始めとして、さまざまな領土横断的なトランスナショナル・ネットワークを形成している。領土と結びついた近代的な境界（国境）の概念を抜け出て、朝鮮（韓国）人にとって境界とは何なのかを吟味せざるを得ないところである。以上のような問題意識を深めるために開催した国際シンポジウムが本書刊行のきっかけになった。本書が刊行されるまでの道のりについて簡単に触れておこう。

啓明大学校国境研究所は、韓国研究財団の韓国社会科学支援事業（Social Science Korea）を行うために二〇一一年に設立され、国家を背景にする境界（国境）に関連している諸現象についての研究活動を行ってきた。移民、多文化なども研究主題の一つであった。その一環として二〇一八年一月一三日に、近代日本の移民問題を歴史学的に考察してきた木村健二・柳沢遊・宮本正明・今泉裕美子を招へいし、国際シンポジウムを開催した。彼らは、ほかのメンバーとともに『日本帝国崩壊期「引揚げ」の比較研究』（日本経済評論社、二〇一五年）を出版した。この著作は、一九四五年の日本帝国敗北後の日本人・中国人・朝鮮人の「引揚げ」「帰還」「送還」「遺骨返還」などの実態について、国際関係的視点と地域史的視点から検討したものであり、従来の「引揚げ史」研究に、実証面でも方法論の面でも一石を投じるものであった。同国際シンポジウムの開催にあたっては金明洙教授が共同研究において不可欠の橋渡しの役割を果たしてくれた。

一月一三日の国際シンポジウム「近代朝鮮の国境を越えた人々」（主催・啓明大学校国境研究所、後援・啓明大学校人文力量強化事業団）は、外の寒さとは裏腹に、熱っぽい八時間に及ぶ一大研究会となった。六本の研究報告とともに優れたコメントと活発な討論が行われた。この時の研究報告をベースにして、シンポジウムを主催した国境研究所所長・李盛煥と、崔範洵の論文を加えて、日本と朝鮮をめぐる人的移動にかんする論文集を出版することにした。共同研究の内容の確認と、本書全体の「課題と視角」の統一のために、八月一六日には、再度、木村健二と柳沢遊が来韓し、それぞれの論文の内容について、相互に到達点と課題を確認するとともに、「序章」を木村健二が執筆することなどを決定した。一六世紀の朝鮮人俘虜の日本各地での「定着」を扱った第一章の尹論文を補完すべく、宮本正明が鹿児島県の帰化朝鮮人「陶工村」出身者に対する処遇と差別についての「補論」を執筆することも決定された。

論文の締め切りは、当初一〇月上旬と決定したが、韓国側、日本側ともに、さらに、一カ月余を要することになった。勤務先の大学の業務が始まるなかで、執筆時間の確保に大変な苦労を要した。特に、韓国側の執筆者は、韓国語から日本語論文への翻訳などに一定の時間と労力をかけた。日本側も、それぞれの個別的事情から原稿の提出が遅れたのである。

こうして、一カ月余の遅れがありつつも、本書が刊行にこぎつけたことは、ひとえに日本経済評論社の新井由紀子氏のスピーディで精緻な編集作業に負うところが大きい。粘り強く原稿到着を待ってくださった日本経済評論社にお礼を申し上げたい。また、本書刊行にあたり、啓明大学校の人文力量強化事業団（CORE）から一〇〇万円相当の刊行援助を受けた。李炳魯事業団長と関係者に厚く御礼申し上げたい。

二〇一九年は、植民地下朝鮮における民族抵抗運動である三・一独立運動から一〇〇年にあたる。第二次世界大戦中の「徴用工」に対する韓国の最高裁判決を契機に、「日韓条約の日韓請求権協定で、すべて問題は解決済み」という立場に固執する日本政府のかたくなな姿勢が目立つようになり、両国の研究者は、戦後七三年経って、「継続する植民地主義」の潮流に直面している。そのような時代に、私たちの共同研究が、日本において出版されることの意義は小さくない。戦争や植民地支配が、人びとの「移動」の契機になるとともに、その後長期にわたって、個々の人間の心身に傷を与え、支配側の民衆の「忘却」の流れのなかで、問題解決の途が時として屈折させられ、遠のいていくケースがあることを、本書のいくつかの章は明らかにしているからである。私たち八人の研究者は、シンポジウムと執筆過程の双方で、歴史学的省察を深め合い、文章表現に至るまで率直な議論を重ねつつ、最終的な自己判断の作法を重視して、共同の力で本書を作り上げてきた。

「東アジアの未来」を担う韓国と日本国の学生教育に携わる私たちは、誠実で率直な史実の究明こそが、歴史の逆流を許さない条件形成となることを、熟知している。二〇一八年に行った「草の根からの研究交流」が、近現代の韓国と日本との不均衡な関係、「境界」を越えた交流の実態を学問レベルで明らかにするのみならず、二一世紀の両国間の平和的交流と、友好関係の増進にも貢献することを執筆者一同信じてやまない。日本に暮らす多くの歴史研究者、学生、市民に、本書のメッセージが届くことを、心から期待している。

李盛煥・柳沢遊

李盛煥（イ スンハン）※　第４章

啓明大学校国際学大学・教授、同国境研究所所長
1957年生まれ
筑波大学大学院社会科学研究科・法学博士（1989年）
主要業績：『近代東アジアの政治力学』（錦正社、1991年）、『伊藤博文と韓国統治』（共編著、ミネルヴァ書房、2009年）、『近代日本と戦争』（光陽出版社、2009年）

今泉裕美子（いまいずみ ゆみこ）　第５章

法政大学国際文化学部・教授
1963年生まれ
津田塾大学国際関係学研究科国際関係学博士後期単位取得満期退学
主要業績：「太平洋の「地域」形成と日本」（李成市ほか編『岩波講座日本歴史　第20巻　地域論　テーマ巻１』岩波書店、2014年）、「南洋群島の日本の軍隊」、「コラム９　サイパン島・テニアン島の「玉砕」」（坂本悠一編『地域のなかの軍隊７　帝国支配の最前線　植民地』吉川弘文館、2015年）

宮本正明（みやもと まさあき）※　第１章補論、第７章

早稲田大学大学史資料センター・嘱託
1970年生まれ
早稲田大学大学院文学研究科博士後期課程単位取得退学
主要業績：「朝鮮の「解放」と日本」（趙景達編『植民地朝鮮――その現実と解放への道』東京堂出版、2011年）、「金達寿――日本敗戦直後における在日朝鮮人作家の役割」（趙景達ほか編『講座　東アジアの知識人　５　さまざまな戦後』有志舎、2014年）、「日本敗戦後における朝鮮奨学会の改変と活動――1945～50年の時期を中心に」（『立教学院史研究』第12号、立教学院史資料センター、2015年）

崔範洵（チェ ボムスン）　第８章

嶺南大学校文科大学・日語日文学科・教授
1972年生まれ
神戸大学大学院文化学研究科博士後期課程修了・学術博士
主要業績：「植民地朝鮮の「レ・ミゼラブル」と大邱の朝鮮扶植農園」（朴美貞・長谷川怜編『日本帝国の表象――生成・記憶・継承』えにし書房、2016年）、『朝鮮大邱一斑』（韓国語への翻訳、嶺南大学校出版部、2016年）

著者紹介（※印は編著者、執筆順）

木村健二（きむら けんじ）※　序章、第6章

下関市立大学・名誉教授
1950年生まれ
早稲田大学大学院商学研究科博士課程後期単位取得満期退学
主要業績：『在朝日本人の社会史』（未来社、1989年）、『日本帝国勢力圏の東アジア都市経済』（柳沢遊ほかと共編著、慶應義塾大学出版会、2013年）、『日本帝国崩壊期「引揚げ」の比較研究』（今泉裕美子、柳沢遊と共編著、日本経済評論社、2016年）、『一九三九年の在日朝鮮人観』（ゆまに書房、2017年）

尹裕淑（ユン ユスク）　第1章

東北亜歴史財団・研究委員
1967年生まれ
早稲田大学大学院文学研究科文学博士学位取得（2002年）
主要業績：『近世日朝通交と倭館』（岩田書院、2011年）、『近世朝日関係と欝陵島』（＊ヘアン、2016年）

金明洙（キム ミョンス）　第2章

啓明大学校人文国際学大学・副教授
1970年生まれ
慶應義塾大学大学院経済学研究科・博士（経済学）
主要業績：「植民地期における在朝日本人の企業経営――朝鮮勧農株式会社の経営変動と賀田家を中心に」（『経営史学』第44巻3号、2009年）、「韓末日帝下日本人土木請負業者荒井初太郎の韓国進出と企業活動」（＊『経営史学』第26巻3号、2011年）、「永登浦工場地帯の形成と日系企業の集積」（柳沢遊ほか編著『日本帝国勢力圏の東アジア都市経済』慶應義塾大学出版会、2013年）、『仁取盛衰記――米穀取引所仁川米豆取引所の興亡盛衰』（仁川大学校仁川学研究院、編訳、2015年、日韓対訳）、「戦時期における朝鮮社会の動向と朝鮮実業倶楽部」（柳沢遊・倉沢愛子編著『日本帝国の崩壊――人の移動と地域社会の変動』慶應義塾出版会、2017年）ほか。

柳沢　遊（やなぎさわ あそぶ）　第3章

慶應義塾大学経済学部・名誉教授
1951年生まれ
東京大学大学院経済学研究科博士課程単位取得退学
主要業績：『日本人の植民地経験――大連日本人商工業者の歴史』（青木書店、1999年）、『戦時下アジアの日本経済団体』（木村健二と共編著、日本経済評論社、2004年）、「東京における中小商業企業整備」（原朗・山崎志郎編著『戦時日本の経済再編成』日本経済評論社、2006年）、「大連埠頭」（松村高夫ほか編『満鉄労働史の研究』日本経済評論社、2002年）

近代朝鮮の境界を越えた人びと

2019年 2 月26日　第 1 刷発行　定価（本体4200円+税）

編著者　木村健二
李盛煥
宮本正明

発行者　柿﨑均

発行所　株式会社　日本経済評論社
〒101-0062　東京都千代田区神田駿河台1-7-7
電話　03-5577-7286　FAX　03-5577-2803
URL：http://www.nikkeihyo.co.jp/

装幀＊渡辺美知子　印刷＊文昇堂・製本＊誠製本

ISBN978-4-8188-2519-2